公关与礼仪修养

主　编◎王安娜
副主编◎李　昕　魏绍峰　蒋玉兰
　　　　王艳霞　原锦林　赵心怡
　　　　潘艳君

北京理工大学出版社
BEIJING INSTITUTE OF TECHNOLOGY PRESS

版权专有 侵权必究

图书在版编目（CIP）数据

公关与礼仪修养 / 王安娜主编. —北京：北京理工大学出版社，2020.8重印
ISBN 978-7-5682-2405-5

Ⅰ. ①公… Ⅱ. ①王… Ⅲ. ①公共关系学-礼仪-中等专业学校-教材 Ⅳ. ①C912.3

中国版本图书馆 CIP 数据核字（2016）第 121731 号

出版发行 / 北京理工大学出版社有限责任公司
社　　址 / 北京市海淀区中关村南大街 5 号
邮　　编 / 100081
电　　话 / (010) 68914775（总编室）
　　　　　 (010) 82562903（教材售后服务热线）
　　　　　 (010) 68948351（其他图书服务热线）
网　　址 / http://www.bitpress.com.cn
经　　销 / 全国各地新华书店
印　　刷 / 北京佳创奇点彩色印刷有限公司
开　　本 / 710 毫米 × 1000 毫米　1/16
印　　张 / 13　　　　　　　　　　　　　　　　责任编辑 / 陈莉华
字　　数 / 267 千字　　　　　　　　　　　　　文案编辑 / 陈莉华
版　　次 / 2020 年 8 月第 1 版第 6 次印刷　　　责任校对 / 周瑞红
定　　价 / 37.50 元　　　　　　　　　　　　　责任印制 / 李志强

图书出现印装质量问题，请拨打售后服务热线，本社负责调换

前言

礼仪是指人们在社会交往中由于受历史传统、风俗习惯、宗教信仰、时代潮流等因素而形成，既为人们所认同，又为人们所遵守，以建立和谐关系为目的的各种符合交往要求的行为准则和规范的总和。总而言之，礼仪就是人们在社会交往活动中应共同遵守的行为规范和准则。

我国拥有五千多年的文化底蕴，素有礼仪之邦之称。进入21世纪已经有一段时间，而礼仪的标准和规范也在随着21世纪的发展而变化着。

中等职业技术学校的学生作为一种阶段性职业技术学习，在学习专业技能之外，还应该掌握一些公关礼仪知识来提高自身的修养，这在人际交往过程中起到了树立自身形象的重要作用。

据此，我们根据教育部颁布的教材大纲，结合新世纪对公关礼仪的要求以及实际应用，组织这方面的专家学者编写了此书。

本书共分为7章，主要内容包括：个人礼仪、日常礼仪、学校礼仪、家庭礼仪、商务礼仪、餐饮礼仪和涉外礼仪等。每一章开头设有教学目标和教学要求，结尾处设有课后习题，以供学生复习巩固。

本书既可作为中等职业技术学校学生的教材，也可以作为从事相关行业人员的参考书。

由于编写人员水平有限，书中不足之处，恳请广大读者批评指正。

Contents 目录

第一章 个人礼仪

知识点 1 个人的仪容仪表   2
知识点 2 个人的举止   13
知识点 3 个人的言语谈吐   26

第二章 日常礼仪

知识点 1 称　呼   33
知识点 2 介　绍   37
知识点 3 日常会面   40
知识点 4 馈赠与受赠   45
知识点 5 公共场所   50
知识点 6 交通礼仪   55

第三章 学校礼仪

知识点 1 学生的日常礼仪规范   61
知识点 2 校园中的礼仪   65
知识点 3 求职中的礼仪规范   69

第四章 家庭礼仪

知识点 1 家庭礼仪的基本概念   78
知识点 2 家人相处的礼仪   80
知识点 3 邻里相处的礼仪   86

第五章　商务礼仪

知识点 1　商务会面简介　　　　　　　　90
知识点 2　微　笑　　　　　　　　　　　92
知识点 3　名　片　　　　　　　　　　　95
知识点 4　商务电话　　　　　　　　　　98
知识点 5　商务宴会　　　　　　　　　　103
知识点 6　商务拜访与接待　　　　　　　108
知识点 7　商务谈判　　　　　　　　　　113
知识点 8　仪典和会务　　　　　　　　　118
知识点 9　商务文书　　　　　　　　　　132

第六章　餐饮礼仪

知识点 1　餐饮礼仪概述　　　　　　　　139
知识点 2　中餐的礼仪规范　　　　　　　141
知识点 3　西餐的礼仪规范　　　　　　　154
知识点 4　各国餐饮的礼仪常识　　　　　167

第七章　涉外礼仪

知识点 1　涉外礼仪概述　　　　　　　　178
知识点 2　日常涉外礼仪　　　　　　　　185
知识点 3　涉外礼宾礼仪规范　　　　　　189
知识点 4　涉外礼仪禁忌　　　　　　　　199

个人礼仪 第一章

教学目标

通过对本章的学习，要求了解个人礼仪的基本要求及规范，了解举止不端、衣冠不整等都会影响到自身形象，并且会增加求职的难度。

教学要求

认知： 能够了解仪容仪表的礼仪规范，举止礼仪的分类和言语谈吐的礼仪细节等。

理解： 随着知识经济的到来，我国服务业也面临着巨大的挑战，同时塑造完美的个人形象也是非常重要的。深入学习礼仪知识和技巧，才能赢得上司、客户、朋友和同事的信赖和尊重。

运用： 通过本章的学习，能够使学生更加注重自己的个人礼仪，并且可以推广到其他人身上。

知识点 1　个人的仪容仪表

一、美发的规范

美发的礼仪，是装束礼仪中不可缺少的部分。通常情况下，人们观察一个人都是从头开始的。形象专家指出："每当人们与一位商务人员陌路相逢时，最追忆对方的，大都是其发型、化妆、着装等方面。"因此说，一名商务人员假如不想使自己形象受损，就不能不在外出应酬时注意美发的礼仪。

1. 如何把自己的头发护理好

主要有以下几点：

① 注意头发的洗涤。
② 重视头发的梳理。
③ 重视头发的保养。

2. 头发的装饰

把头发保护好了，还要注意头发的装饰。头发是个人的门面，如何装饰好自己的门面，对一个人来说至关重要。不论是修剪还是选择造型，都必须以庄重、典雅、大方为主要风格。

在修剪方面要注意：

① 要定期理发。
② 慎重选择理发方式。
③ 时常留意自己头发的长短。

第一章　个人礼仪

在头发造型上，要注意：

1. 要按照自己的性别来选择。
2. 要选择适合自己年龄的发型。
3. 考虑自己的发质。
4. 根据自己的脸型来选择发型。
5. 根据身材选择发型。
6. 根据职业选择发型。
7. 不要在头发上乱加装饰物。

> **想一想**
>
> 王强上课时总喜欢在头发上喷一些发胶，合适吗？

在梳理头发时，要注意：

1. 选择适当的工具。
2. 掌握梳理技巧。
3. 避免在公共场合梳理头发。

3. 职业女性发型的选择

❶ 短直发	要稍微长一点，不要太辣妹了，前面的刘海要小心，切忌蓬乱。
❷ 长直发	注意保持长发的干净和光亮。否则，会显得非常邋遢。
❸ 短卷发	选用适合你发质的护发产品，保持头发的整洁和服贴。
❹ 长卷发	给头发一点蓬松感觉，将头发分层修剪，既整齐，又便于收拾。

　　头发是构成仪容的重要内容。美观的发型能给人一种整洁、庄重的感觉。根据自身的条件修饰头发，选择合适的发型，可以扬长避短，增加人体的整体美。

　　保持头发的整洁是首要问题，所以应当自觉地做好日常护理。弄得自己蓬头垢面，满头油味，发屑随处可见，是很损坏个人形象的，因此不论有无交际活动，平日里都要对自己的头发勤于梳洗。

　　头发从礼仪角度和审美角度看，它仍受到若干因素的制约，不可以一味地只讲自由与个性，而不讲规范。商界对头发的长度大都有明确限制：女士头发不宜长过肩部，必要时应以盘发、束发作为变通；男士不宜留鬓角，发帘最好不要触及衬衫领口。

　　在社会生活里，人们的身份不同、工作环境不同、职业不同，发型也应有所不同。在工作场合抛头露面的人，发型应当传统、庄重、保守一些；在社交场合频频亮相的人，发型则应当个性、时尚一些。

二、化妆的规范

化妆是修饰仪容的一种高级方法，它可以使自己的容貌变得更加靓丽。在商务活动中，进行适当的化妆是必要的。其功能主要有两个：一是有利于塑造良好的组织形象，二是对商界的交往对象表现尊重。在国外的许多地方，参加商务活动而不化妆，被视为缺乏教养的表现。恰到好处的化妆，可以更加充分地展示女性容貌上的优点。

女性在化妆时要注意的问题：

1. 化妆浓淡要适宜

化妆的浓淡要视时间、场合而定。工作时间一般以化淡妆为宜。如果白天也浓妆艳抹，香气四溢，难免给人的印象欠佳。但在夜晚的休闲时间，不论浓妆还是淡抹，都是比较适宜的。化妆的浓淡还应当考虑到场合问题。人们在节假日大多是要化妆的，但是在外出旅游或参加游乐活动时，最好不要化浓妆。

2. 化妆要注意场合

一般情况下，女士不要在公共场所化妆。但有些女士对自己的装饰和形象十分在意，不论是在什么时候，一旦有了空闲，就抓紧时机补妆。殊不知，在众目睽睽之下修饰面容是没有教养的行为，是十分失礼的，既有碍于别人，也不尊重自己。如真有必要化妆或补妆，一定要到洗手间或化妆间完成，切莫当众化妆。

3. 不要评论他人的妆容

由于民族、肤色的差异，每个女士的妆容都不尽相同。因此，不要非议他人的妆容，更不要以为自己的妆容才是最好的。对外宾的妆容不要指指点点，也不要同外宾切磋化妆技巧。有的女士热情过了头，以打扮别人为一大乐事，主动为人家化妆、改妆或修饰，这会让他人感到非常为难。

4. 不要借用他人的化妆品

女性平时不要去借用他人的化妆品，因为这既不卫生又不礼貌。除非有时可能忘了带化妆盒，却偏偏需要化妆，在这种情况下，在他人自愿为你提供方便的前提下，才可以借用他人的化妆品。

第一章　个人礼仪

5. 给皮肤做好基础的保养

众所周知，任何化妆品都有一定量的化学物质，这些化学物质对皮肤多少都会有不良的刺激。面部的皮肤是很娇嫩的，任何不科学的外部刺激都会使它受到不同程度的损伤。所以职业女性还应该懂得一些基本皮肤护理知识，给皮肤做好基础保养。

6. 妆容与整体效果的搭配

妆容应与服饰的色彩和风格相协调。粉底霜、眼影色、面颊红、口红等颜色，是以未化过妆的皮肤颜色为基础添加上去的。在设计面部彩妆时，应该和服装、首饰一起进行整体考虑，才能相得益彰。

妆容要与场合气氛统一。参与不同的活动，出席不同的场合，对女士的妆容有不同的要求。职业女性的工作妆应以淡雅、清新、自然为宜，工作中在脸上涂一层厚厚的粉底，嘴唇鲜红耀眼，让人觉得格格不入。因此，在办公室及商务会谈的场合，不太适合浓妆艳抹。而在宴会中，女性不化妆或过于淡妆素裹会让人觉得不能融入环境，会被认为不懂礼貌。另外，随着时间的改变，女性化妆应有相应的变化。白天自然光下，一般女性略施粉黛即可；浓妆多为参加晚间娱乐活动的女性的装扮。

7. 办公室的化妆礼仪

职业女性在上班前淡淡地化一下妆，不仅给生活增添光彩，而且能使自己更充满活力和信心。当然化妆的效果要与办公室的工作环境相称，给人理智明快的印象。**办公室的女性，要求仪容大方得体，衣着打扮、妆容发型，无论色彩还是式样，都不应显得过于活跃，应与性格、修养、气质和工作环境相统一**。另外，女士最好不要使用大量浓香型的香水和香粉，把自己搞得香气四溢，这样会让人在电梯和会议室等通风不良的地方感到难受、憋气。

你知道吗

化妆的魅力

1960年9月，肯尼迪和尼克松在电视上举行他们竞选总统的第一次辩论。当时，大多数评论员预料，尼克松素以经验丰富的"电视演员"著称，一定可以击败比他缺乏电视演讲经验的肯尼迪，但事实并非如此。原因是肯尼迪事先进行了练习和彩排，还专门跑到海滩晒太阳，养精蓄锐。结果他在屏幕上满面红光，精神焕发，挥洒自如。而尼克松除了没有听从电视导演的规劝和十分疲劳之外，更失策的是面部化妆用了深色的粉，因而在屏幕上显得精神疲惫，声嘶力竭。竞选

> 结果出人意料，肯尼迪胜出。肯尼迪的仪容仪表起了非常大的作用，可见，仪容仪表的作用是不容忽视的。

三、服装的色彩搭配与饰物礼仪

1. 服装的色彩搭配

不同的色彩象征着不同的意义。

❶	暖色调	红色，象征热烈、活泼、兴奋、富有激情；黄色象征明快、鼓舞、希望、富有朝气；橙色象征开朗、欣喜、活跃。
❷	冷色调	黑色象征沉稳、庄重、冷漠、富有神秘感；蓝色象征深远、沉静、安详、清爽、自信而幽远；紫色象征高傲、神秘。
❸	中间色	黄绿色象征安详、活泼、幼嫩；红紫色象征明艳、夺目。
❹	过渡色	粉色象征活泼、年轻、明丽而娇美；白色象征朴素、高雅、明亮、纯洁；淡绿色象征生命、鲜嫩、愉快和青春，等等。

服装的色彩是着装成功的重要因素。服装配色以"整体协调"为基本准则。全身着装颜色搭配最好不超过三种颜色，而且以一种颜色为主色调，颜色太多则显得乱而无序，不协调。灰、黑、白三种颜色在服装配色中占有重要位置，几乎可以和任何颜色相配并且都很合适。

着装配色和谐的几种比较保险的办法，一是上下装同色，即套装，以饰物点缀；二是同色系配色，利用同色系中深浅、明暗度不同的颜色搭配，整体效果比较协调。

利用对比色搭配（明亮度对比或相互排斥的颜色对比），运用得当，会有相映生辉、令人耳目一新的靓丽效果。年轻人穿着上深下浅的服装，显得活泼、飘逸、富有青春气息。中老年人采用上浅下深的搭配，给人以稳重、沉着的静感。服装的色彩搭配考虑与季节的沟通，与大自然对话也会收到不同凡响的效果。同一件外套，利用衬衣的样式与颜色的变化与之相衬托，会表现出不同的独特风格，能以简单的打扮达到理想的效果，本身就说明着装人内在的充实与修养。很多人却忽略了这一点，不能不说是打扮意识薄弱之处。

利用衬衣与外套搭配应注意衬衣颜色不能与外套相同，明暗度、深浅程度应有明显的对比。着装配色要遵守的一条重要原则，就是根据个人的肤色、年龄、体形选择颜色。如肤色黑，不宜穿着颜色过深或过浅的服装，而应选用与肤色对比不明显的粉红色、蓝绿色，最忌用色泽明亮的黄橙色或色调极暗的褐色、黑紫等。皮肤发黄的人，不宜选用半黄色、土黄色、灰色的服装，否则会显得精神不振和无精打采。脸色苍白不宜穿着绿色服装，否则会更显病态。而肤色红润、粉白，穿绿色服装效果会很好。白色衣服任何肤色效果都不错，因为白色的反光会使人显得神采奕奕。体形瘦小的人适合穿色彩明亮度高的浅色服装，这样显得丰满；而体形肥胖的人用明亮度低的深颜色则显得苗条等。大多数人体形、肤色属中间混合型，所以颜色搭配没有绝对性的原则，重要的是在着装实践中找到最适合自己的搭配颜色。

2. 饰物礼仪

饰物指与服装搭配对服装起修饰作用的其他物品，主要有领带、围巾、丝巾、胸针、首饰、提包、手套、鞋袜等。饰物在着装中起着画龙点睛、协调整体的作用。

胸针适合女性一年四季佩戴。 佩戴胸针应因季节、服装的不同而变化，胸针应戴在第一与第二粒纽扣之间的平行位置上。

首饰主要指耳环、项链、戒指、手镯、手链等。**佩戴首饰应与脸型、服装协调。** 首饰不宜同时戴多件，比如戒指，一只手最好只戴一枚，手镯、手链一只手也不能戴两个以上。多戴则不雅而显得庸俗，特别是工作和重要社交场合，穿金戴银太过分都不合礼仪规范。巧用围巾，特别是女士佩戴的丝巾，会收到非常好的装饰效果。

男士饰物一定不宜太多， 太多则会少了些阳刚之气和潇洒之美。一条领带，一枚领带夹，某些特殊场合，在西服上衣胸前口袋上配一块装饰手帕就够了。鞋袜的作用在整体着装中不可忽视，搭配不好会给人头重脚轻的感觉。着便装时穿皮鞋、布鞋、运动鞋都可以，而穿西服、正式套装时则必须穿皮鞋。男士皮鞋的颜色以黑色、深咖啡、深棕色较合适，白色皮鞋除非穿浅色套装在某些场合才适用。黑色皮鞋适合于各色服装和各种场合。正式社交场合，男士的袜子应该是深单一色的，黑、蓝、灰都可以。女士皮鞋以黑色、白色、棕色或与服装颜色一致或同色系为宜。

社交场合，女士穿裙子时袜子以肉色相配最好， 深色或花色图案的袜子都不合适。长筒丝袜口与裙子下摆之间不能有间隔，不能露出腿的一部分，那很不雅观，不符合服饰礼仪规范。有破洞的丝袜不能露在外面。穿有明显破痕的高筒袜在公众场合总会感到尴尬，不穿袜子倒还可以。总之，饰物的选用也应遵循一定的原则，以"和谐"为美。

四、西服的穿着

西服以其设计造型美观、线条简洁流畅、立体感强、适应性广泛等特点而越来越深受人们青睐，几乎成为世界性通用的服装，可谓男女老少皆宜。西服七分在做，三分在穿。西装的选择和搭配是很有讲究的。选择西装既要考虑颜色、尺码、价格、面料和做工，又不可忽视外形线条和比例。西装的面料不一定讲究高档，但必须裁剪合体，整洁笔挺。**选择色彩较暗、沉稳且无明显花纹图案，但面料高档的单色西服套装，适用场合广泛，穿用时间长，利用率较高。**

穿着西装应遵循以下礼仪原则：

❶ 西服套装上下装颜色应一致。在搭配上，西装、衬衣、领带其中应有两样为素色。

❷ 穿西服套装必须穿皮鞋，便鞋、布鞋和旅游鞋都不合适。

❸ 配西装的衬衣颜色应与西服颜色协调，不能是同一色。白色衬衣配各种颜色的西服效果都不错。正式场合男士不宜穿色彩鲜艳的格子或花色衬衣。衬衣袖口应长出西服袖口1～2厘米。穿西服在正式庄重场合必须打领带，其他场合不一定都要打领带。打领带时衬衣领口扣子必须系好，不打领带时衬衣领口扣子应解开。

❹ 西服纽扣有单排、双排之分，纽扣系法是有讲究的。双排扣西装应把扣子都扣好。单排扣的西装：一粒扣的，系上端庄，敞开潇洒；两粒扣的，只系上面一粒扣是洋气、正统，只系下面一粒是牛气、流气，全扣上是土气，都不系敞开是潇洒、帅气，全扣和只扣第二粒不合规范；三粒扣的，系上面两粒或只系中间一粒都合规范要求。

❺ 西装的上衣口袋和裤子口袋里不宜放太多的东西。穿西装时内衣不要穿太多，春秋季节时只配一件衬衣最好，冬季时衬衣里面也不要穿棉毛衫，可在衬衣外面穿一件羊毛衫。穿得过分臃肿会破坏西装的整体线条美。

❻ 领带的颜色、图案应与西服相协调，系领带时，领带的长度以触及皮带扣为宜，领带夹戴在衬衣第四、第五粒纽扣之间。

❼ 西服袖口的商标牌应摘掉，否则不符合西服穿着规范，会贻笑大方。

❽ 注意西服的保养。保养存放的方式，对西服的造型和穿用寿命影响很大。高档西服要吊挂在通风处并常晾晒，注意防虫与防潮。有皱褶时可挂在浴后的浴室里，利用蒸气使皱折展开，然后再挂在通风处。

女性穿西服套裤（裙）时，需要穿肉色的长筒或连裤式丝袜，不准光腿或穿彩色丝袜、短袜。穿衬衫时，内衣与衬衫色彩要相近、相似；穿面料较为单薄的裙子时，应着衬裙。

男性出席正式场合穿西装时，要坚持三色原则，即身上的颜色不能超过三种颜色或三种色系（皮鞋、皮带、皮包应为一个颜色或色系），不能穿尼龙丝袜和白色的袜子。

领带夹的用法：应在穿西服时使用，也就是说仅仅单穿长袖衬衫时没必要使用领带夹，更不要在穿夹克时使用领带夹。 穿西服时使用领带夹，应将其别在特定的位置，然后扣上西服上衣的扣子，从外面一般看不见领带夹。因为按照礼仪，领带夹这种饰物的主要用途是固定领带，如果稍许外露还说得过去，如果把它别得太靠上，甚至直逼衬衫领扣，就显得过分张扬。

第一章 个人礼仪

你知道吗

衣着传递信息

1. 穿名牌谈生意显示企业实力

金红是一家房地产公司的公关经理,也是时装专卖店的常客。购买名牌时装似乎已成了她的一大嗜好,在别人看来,多多少少显得有些奢侈,而她认为,一个人的着装,不仅仅体现个人魅力,更代表着公司的实力。

有一次,一家公司准备购买办公用房,来金红所在的房地产公司看房子。当金红把适合这家公司选购的楼房一一介绍后,前来购房的公司经理当即拍板,定购了一套办公室。在交预定款的时候,这家公司经理才对金红吐露真情。原来,为了选择办公地点,他们跑了好几家房地产公司,在几家公司房价、地理位置、物业都不相上下的情况下,偏就选中了金红介绍的办公室。理由是金红的一身价值不菲的职业套装,不仅显示了她本人的气质,更显示了公司的实力。而有实力的公司建造的房子在质量上肯定不会掺假,物业肯定跟得上。再加上她得体的谈吐,实在的利弊分析,他们便毫不犹豫地在金红那里订购了办公室。

公司职员的衣着打扮从某种意义上说,能间接地体现出公司的效益情况。金红的一身名牌就恰恰传递了一种公司具有很雄厚的经济实力的信息。

2. 着装古怪不适于严肃的工作

王强是某职业学校应届毕业生,在一次应聘销售人员的面试时,他为了在众多应聘者中"夺目",特意选择了一套新潮古怪的服装前去应聘。众目睽睽之下,王强穿着一套有许多铜质纽扣、衣领高竖的黑色套装,脚穿大头皮鞋,而且头部特别夸张。那些成排的纽扣在灯光下闪闪发亮,刺眼得很。

招聘人员的目光都集中在他这身打扮上。在他答了必答的几个问题后,不少招聘者都露出了不再感兴趣的神情。王强出门后,有个考官还戏谑地说了一句"穿得像马戏团的"惹来一阵笑声。王强本想以奇装异服夺人眼目,却忽略了他所应聘的职业,穿着不符合身份,应聘自然失败。

3. 穿着邋遢预示你落魄无能

博阳,某旅游学校毕业生,满腹经纶,但应聘屡屡受挫。原因很简单,就是因为不修边幅。他总认为只要自己有真才实学,仪表言谈都是次要的。所以每次应聘都是不改原装,泛白的皮鞋从来不打油,裤子皱巴巴的,而且膝盖处明显支出两个包,细看还会发现裤面上有大大小小的"地图",外衣从来不系扣,里面的毛衣常有因破损而掉下的一两根线头,一副大大咧咧的样子。而且,面试的时候不知道把目光放在哪儿。

完美的第一印象，是人的光明前途的敲门砖。虽说通过良好的沟通互动，可以改善人与人之间的关系，但若能在与人初次见面时就给人以良好的第一印象，那么，接下来的互动与沟通就会变得更为顺利。讲究仪容仪表，是给人留下良好的第一印象的关键。因此，注重仪容仪表方面的细节，是拥有良好人脉的基础。

五、表情礼仪的规范

礼仪的情感表达是说人们在讲究礼节时，内心情感在面部上的表现，即表情。表情是人际交往中，相互沟通的形式之一。

美国心理学家艾伯特·梅拉比安把人的感情表达效果总结了一个公式：

$$感情的表达 = 语言（7\%）+ 声音（38\%）+ 表情（55\%）$$

这个公式是否科学合理且不去深究，但它说明了表情在人际沟通时能够恰如其分地表现出人的内在感情。

1. 心灵的语言——目光

在社交礼仪中，目光是受感情制约的，人的眼睛的表现力极为丰富、极为微妙，很难规定出一定的模式。正确地运用目光，能恰当地表现出内心的情感。因此，只有把握好自己的内心感情，目光才会很好地发挥作用。

眼睛被人们称为心灵的窗户，这是因为心灵深处的奥秘都会自觉不自觉地从眼神中流露出来。印度诗人泰戈尔说："一旦学会了眼睛的语言，表情的变化将是无穷无尽的。"这又说明，眼睛语言的表现力是极强的，是其他举止无法比拟的。一双炯炯有神的眼睛，给人以感情充沛、生机勃发的感觉；目光呆滞麻木，则使人产生疲惫厌倦的印象。

在人与人之间进行交流时，目光的交流总是处于最重要的地位。信息的交流要以目光的交流为起点。**交流过程中，双方要不断地应用目光表达自己的意愿、情感，还要适当观察对方的目光，探测"虚实"。交流结束时，也要用目光作一个圆满的结尾。**在各种礼仪形式中，目光有重要的位置，目光运用得当与否，直接影响礼仪的质量。

第一章　个人礼仪

不同场合与不同情况，应运用不同的目光。

见面时	不论是见到熟悉的人，或是初次见面的人，不论是偶然见面，或是约定见面，首先要眼睛大睁，以闪烁光芒的目光正视对方片刻，面带微笑，显示出喜悦、热情的心情。对初见面的人，还应头部微微一点，行一注目礼，表示出尊敬和礼貌。
在集体场合	开始发言讲话时，要用目光扫视全场，表示"我要开始讲了，请注意"。
在与人交谈时	应当不断地通过各种目光与对方交流，调整交谈的气氛。交谈中，应始终保持目光的接触，这是表示对话题很感兴趣。长时间回避对方目光而左顾右盼，是不感兴趣的表示。但应当注意，交流中的注视，绝不是把瞳孔的焦距收束，紧紧盯住对方的眼睛，这种逼视的目光是失礼的，也会使对方感到尴尬。交谈时，正确的目光应当是自始至终地都在注视，但注视并非紧盯。瞳孔的焦距要呈散射状态，用目光笼罩对方的面部，同时应当辅以真挚、热诚的面部表情。交谈中，随着话题、内容的变换，做出及时恰当的反应。或喜或惊，或微笑或沉思，用目光流露出会意的万千情意，使整个交谈融洽、和谐、生动、有趣。
交谈和会见结束时	目光要抬起，表示谈话的结束。道别时，仍用目光注视着对方的眼睛，面部表现出惜别的深情。

在掌握并正确运用自己目光语言的同时，还应当学会"阅读"对方目光语言的方法。从对方的目光变化中，分析他的内心活动和意向。随着交谈内容的变化，目光和表情和谐地统一，表示很感兴趣，思想专注，谈兴正浓。对方的目光长时间地中止接触，或游移不定，表示对交谈不感兴趣，交谈应当很快结束。交谈中，目光乜斜，表示鄙夷；目光紧盯，表示疑虑；偷眼相觑，表示窘迫；瞪大眼睛，表示吃惊，等等。目光语言是千变万化的，但都是内心情感的流露。学会阅读分析目光语言，对于正确处理社交活动的进行和发展有着重要意义。

2. 甜蜜的事业——微笑

微笑可以表现出温馨、亲切的表情，能有效地缩短沟通双方的距离，给对方留下美好的心理感受，从而形成融洽的交往氛围，因而微笑不仅是一种外化的形象，也是内心情感的写照。

人的感情是非常复杂的，表现在面部有"喜、怒、哀、乐"等多种形式，其中，"笑"在人际交往中，有着突出重要的作用，面对不同的场合、不同的情况，如果能用微笑来接纳对方，可以反映出本人高超的修养，待人的至诚，是处理好人际关系的一种重要手段。

微笑具有一种磁性的魅力，它可以使强硬者变温柔，使困难变得容易。所以，微笑是人际交往中的润滑剂，是广交朋友、化解矛盾的有效手段。美国希尔顿公司董事长康纳·希尔顿，50多年里，不断地到他所在世界各国的希尔顿酒店视察，视察中他总是问下级的一句话是："你今天对客人微笑了没有？"

微笑的功能是巨大的，但要笑得恰到好处，也是不容易的，所以微笑是一门学问，又是一门艺术。

微笑的要求是：发自内心、自然大方、显示出亲切，要由眼神、眉毛、嘴巴、表情等方面协调动作来完成。要防止生硬、虚伪、笑不由衷。

要笑得好并非易事，必要时应当进行训练。可以自己对着镜子练习，一方面观察自己的笑的表现形式，更要注意进行心理调整，想象对方是自己的兄弟姐妹，是自己多年不见的朋友。还可以在多人中间进行，讲一段话，讲话时自己注意显现出笑容，并请同伴给以评议，帮助矫正。

你知道吗

中国绅士的标志

中国绅士的10个细节：
（1）有一双干净修长的手，修剪整齐的指甲。
（2）虽然不吸烟，但随身携带打火机，以方便在周围的女士吸烟时为其点烟。
（3）天天换衬衫，保持领口和袖口的平整和清洁，有的还会使用袖扣。
（4）腰间不悬挂物品，诸如手机、呼机等。
（5）在与女士相处时，不放过每一个细节以对女士加以照顾，并且几乎在完全下意识的状态下操作，百战不殆。
（6）在吃饭时从不发出声音。
（7）较常人使用礼貌用语更为频繁。
（8）偏爱孤独，寻求宁静的心灵、安静的肉体及激情的冥想。绅士们故此好思想、好舞文、好文学艺术方面的经典名著，绝少拜读浮华喧嚣的弄潮作品，包括影视。翻看一两眼，倘若认为俗，便绝不再拿起，包括讨论。
（9）喜怒不形于色，在人群中独自沉默。
（10）在对待爱情的态度上思虑过重，常常显得优柔寡断。

第一章 个人礼仪

知识点 2 个人的举止

一、站姿的要求

一个人在公开场合的亮相，就是通过言谈举止来给人留下良好的第一印象。所谓举止礼仪，是指人体动作和表情的礼仪。行为举止是心灵的外衣，它不仅反映一个人的外表，同时反映一个人的品格和精神气质。俗话说："站有站相，坐有坐相。"就是要求人们站、坐、行都符合规范。

1. 规范的站姿

❶ 头正	两眼平视前方，嘴微闭，收颔梗颈，表情自然，稍带微笑。	
❷ 肩平	两肩平正，微微放松，稍向后下沉。两臂自然下垂，中指对准裤缝。	
❸ 躯挺	胸部挺起、腹部往里收，腰部正直，臀部向内向上收紧。	
❹ 腿并	两腿立直，贴紧，脚跟靠拢，两脚夹角成60°。	

这种规范的礼仪站姿，同部队战士的立正是有区别的。礼仪的站姿较立正多了些自然、亲近和柔美。

站姿要正直。人在自然直立时，身形要正直，头、颈、身躯和双腿应与地面垂直。头应抬起，双目向前平视，两肩相平、放松，稍向下压，两臂和双手在身体两侧自然下垂，胸部稍挺，小腹收拢。

若站立时间过长，可以适当调节一下姿势，可以将一条腿向前跨半步或是向后撤半步，让身体重心轮流放在两条腿上以防疲劳，但身体重心仍应保持在两腿中间，防止重心偏左偏右，这样整个身形显得庄重、平稳，人体有向上的感觉。

女子站立时，双脚呈"V"字形，膝和脚后跟要靠紧，两脚张开的距离约为两拳。另一种站法是把双脚并拢，或是把重心放在一只脚上，另一只脚超过前脚斜立而略弯曲，这种站姿自然而优美。不管采用哪种站姿，上半身一定要保持挺直，下巴要往内放，肩膀要平，腹部要收，臀部不能翘起。

男子站立时，双脚与肩同宽，身体不能东倒西歪，站累了的时候，脚可以向后撤半步，但上体仍需保持正直，不可把脚向前或向后伸得太多，甚至叉开很大。

站姿是人的一种本能。常言说"站如松"，就是说，站立应像松树那样端正挺拔。站姿是静力造型动作，显现的是静态美。站姿又是训练其他优美体态的基础，是表现不同姿态美的起始点。

2. 服务岗位中的几种站姿

（1）**叉手站姿**。即两手在腹前交叉，右手搭在左手上直立。这种站姿，男子可以两脚分开，距离不超过20厘米。女子可以用小丁字步，即一脚稍微向前，脚跟靠在另一脚内侧。这种站姿端正中略有自由，郑重中略有放松。在站立中身体重心还可以在两脚间转换，以减轻疲劳，这是一种常用的接待站姿。

（2）**背手站姿**。即双手在身后交叉，右手贴在左手外面，贴在两臀中间。两脚可分可并。分开时，不超过肩宽，脚尖展开，两脚夹角成60°，挺胸立腰，收颔收腹，双目平视。这种站姿优美中略带威严，易产生距离感，所以常用于门童和保卫人员。如果两脚改为并立，则突出了尊重的意味。

（3）**背垂手站姿**。即一只手背在后面，贴在臀部，另一只自然下垂，手自然弯曲，中指对准裤缝，两脚可以并拢也可以分开，也可以成小丁字步。这种站姿，男士多用，显得大方自然、洒脱。

以上几种站姿密切地联系着岗位工作，在日常生活中适当地运用，会给人们挺拔俊美、庄重大方、舒展优雅、精力充沛的感觉。

要掌握这些站姿，必须经过严格的训练，长期坚持，形成习惯。在站立中一定要防止探脖、塌腰、耸肩，双手不要放在衣兜里，腿脚不要不自主地抖动，身体不要靠在门上，两眼不要左顾右盼，以免给人造成不良印象。

你知道吗

瑞士礼仪

1. 仪态礼仪

瑞士人不喜欢随意触碰他人的身体，一旦碰到他人的身体，马上就会说对不起。他们不仅有礼让妇女和老人的习惯，而且即使彼此都是男性，也会给有急事的人让路。他们喜欢安静，在房内行走总是尽可能避免发出过大响声。

第一章　个人礼仪

2. 相见礼仪

瑞士人习惯行握手礼，握手时两眼注视对方。亲朋好友见面，有时也施拥抱礼，女子则施吻面礼。对于陌生人，他们也总是彬彬有礼，乐于助人，无论是你问路或打听某个人，都有人热情地为你指点。

3. 商务礼仪

在瑞士进行商业会晤最好事先安排，并要严守约会时间，受到邀请到瑞士商人家中作客，通常送的礼物是鲜花，但不要送红玫瑰，因为它是浪漫的象征。接受礼品时，应当场打开包装观看礼品。发商业信函给一个瑞士公司，信封上应写该公司的有关部门，而不要写主管个人的姓名，否则主管不在时，这封信将无人拆启。

4. 旅游礼仪

到瑞士旅游，要记住不要随手乱扔杂物，瑞士人有爱整洁的良好风尚，在街上每隔一段距离就摆放有垃圾筒，在旅游风景区也有果皮箱，人们从不随地乱扔果皮。

二、手势的规范

1. 手势的定义

手势又叫手姿，在人际交往中有助于表达感情、指示目标与强化意念。

2. 手部的卫生要求

❶ 勤洗手，尤其注意与人交往前、外出归来、餐前、便前便后手部的清洁并涂抹护手霜。
❷ 每周修剪1次指甲，手指甲的长度不应超过手指尖。
❸ 及时剪掉指甲两侧的倒刺，不可撕咬，以免造成手部伤害。
❹ 手部出现发炎、生疮等破损，要尽快治疗并避免与人接触，这既是对自己的保护，也避免令他人产生不快。

3. 手势的日常运用

（1）持物（拿东西）。可用一只手或双手，通常为大拇指与并拢的四指相对用力，动作自然；持物时不可翘起小指与无名指。

（2）指引。左或右臂外展30°，同时以肘为轴将手抬至水平位置，五指并拢，掌心向上，指向引导的方向；双眼亦注视引导的方向。

（3）鼓掌。两前臂以肘为轴抬至胸腹之间，两手五指并拢，右手侧向上，左手侧向下有节奏地敲击右掌心。

（4）表示赞扬。右前臂以肘为轴抬至胸腹之间，同时右手握拳，大拇指向上竖起，指腹朝向被赞扬的人；也可双手完成该动作。

（5）握手。握手双方的距离为1米左右，上体稍前倾，右手向斜下方伸出，手掌稍用力，垂直地面互握；握手的时间通常不超过3秒钟；行握手礼时，先伸手的应是师长、领导或女士；不可用左手与他人握手；多人握手时不要动作交叉，应两两依次握手。

4. 常用规范的手势

规范的手势应当是手掌自然伸直，掌心向内向上，手指并拢，拇指自然稍稍分开，手腕伸直，使手与小臂成一直线，肘关节自然弯曲，大小臂的弯曲以140°为宜。

在出手势时，要讲究柔美、流畅，做到欲上先下、欲左先右，避免僵硬死板、缺乏韵味，同时配合眼神、表情和其他姿态，使手势更显协调大方。

（1）横摆式。在表示"请进""请"时常用横摆式。作法是，五指并拢，手掌自然伸直，手心向上，肘微弯曲，腕低于肘。开始做手势应从腹部之前抬起，以肘为轴轻缓地向一旁摆出，到腰部并与身体正面成45°时停止。头部和上身微向伸出手的一侧倾斜，另一手下垂或背在背后，目视宾客，面带微笑，表现出对宾客的尊重、欢迎。

（2）前摆式。如果右手拿着东西或扶着门时，这时要向宾客做向右"请"的手势时，可以用前摆式，五指并拢，手掌伸直，由身体一侧由下向上抬起，以肩关节为轴，手臂稍曲，到腰的高度再由身前右方摆去，摆到距身体15厘米，并不超过躯干的位置时停止。注视来宾，面带笑容，也可双手前摆。

（3）双臂横摆式。当来宾较多时，表示"请"可以动作大一些，采用双臂横摆式。两臂从身体两侧向前上方抬起，两肘微曲，向两侧摆出。指向前进方向一侧的臂应抬高一些，伸直一些，另一手稍低一些，曲一些。也可以双臂向一个方面摆出。

（4）斜摆式。请客人落座时，手势应摆向座位。手要先从身体的一侧抬起，到高于腰部后，再向下摆去，使大小臂成一斜线。

（5）直臂式。需要给宾客指方向时，采用直臂式，手指并拢，掌伸直，屈肘从身前抬起，向抬到的方向摆去，摆到肩的高度时停止，肘关节基本伸直。注意指引方向，不可用一手指指出，显得不礼貌。

5. 手势实际应用的禁忌

以食指指点或招呼他人，意味着不尊敬；以手指在腿、桌面等物体上不停地敲击，传达一种不耐烦的情绪；摆弄无关物品、啃指甲、折衣角等动作会给人注意力不集中，心不

第一章 个人礼仪

在焉的感觉；当众掏耳朵、挖鼻孔、剔牙、挠痒痒等是不卫生的表现等。

积极的手势明朗、热情、自信、干练、果断。比如手心向上、手掌摊开，代表的是一种欢迎的姿态，它表达了坦诚、善意、礼貌和肯定的态度。两手合掌或叠架，则表示互相配合、互相依赖和团结一致。演讲或谈话时手的高度在胸部和眼部之间为最恰当的区域，因为如果手抬得过高，会挡住脸，使你显得局促不安，不够自信，而如果手势太低，别人看不见，无法起到手势语的作用。站立时，双手在两侧自然下垂，表示自然放松，没有什么特别的含义；如果双手垂在身前，并用右手握住左手，则是谦恭的姿势，代表了现代女性应有的教养与风度。与人握手时，应有一定的力度，以示对他人的尊重。积极的手势不仅表现出自信，而且可以拉近与他人或听众的距离。

消极的手势封闭、胆怯、犹疑、冷漠、无力。比如手势位置低于胸部，柔弱、缓慢，暗示着缺乏自信。手心向下则表示否定、抑制、贬低、反对和轻视。站立时，双手背在身后，有两种含义，一是比较拘谨，像小学生似的，二是威严，给人很强势的感觉。第二种虽然不属于消极的手势，但如果用在一般的社交场合，也不太恰当。另外，握手无力，双臂抱胸也属于比较消极的手势。消极的手势不仅暗示着你的心理缺陷和消极的生活态度，还会把自己和他人拉开距离。

手势的变化十分复杂、微妙，有时仅仅是姿态略有不同或高度上有一点变化，表现出来的意思也就会不一样。例如双手垂放在身前，右手手心盖住左手手背，是表示礼貌和尊敬，但如果以同样的姿势向上移至腹部，则表示紧张和拘束了。我们在运用时，应特别留心这些细微的变化。

> **想一想**
>
> 当一个人指责别人时，常喜欢用一个手指指着别人，三个手指头弯向自己，于是有人理解为指责别人时，也是指责自己，你是怎样理解的？

你知道吗

会说话的"手"

不同手势的含义：

（1）"O"形手势，即圆圈手势，19世纪流行于美国。"OK"的含义在所有讲英语的国家内是众所周知的，但在法国"O"形手势代表"零"或"没有"；在日本代表"钱"；在一些地中海国家用来暗示一个男人是同性恋者；在中国这个手势用来表示"零"。

（2）**翘大拇指手势**。在英国、澳大利亚、新西兰等国，翘大拇指代表搭车，但如果大拇指急剧上翘，则是侮辱人的信号。在表示数字时，他们用大拇指表示5。在中国，翘大拇指是积极的信号，通常是指高度的赞扬。

（3）**"V"形手势**。第二次世界大战期间，英国首相温斯顿·丘吉尔推广了这个手势，表示胜利，非洲大多数国家也如此。但如果手心向内，在澳大利亚、新西兰、英国则是一种侮辱人的信号，代表"Up yours"；在欧洲各地也可以表示数字"2"。

（4）**塔尖式手势**。这一手势具有独特的表现风格，自信者、高傲者往往使用它，主要用来传达"万事皆知"的心理状态，是一种消极的人体信号。

（5）**背手**。英国皇家的几位主要人物以走路时昂首挺胸，手背身后的习惯而著称于世。显然这是一种拥有至高无上的权威、自信或狂妄态度的人体信号。将手背在身后还可起到一定的"镇定"作用，使人感到坦然自若，还会赋予使用者一种胆量和权威。

三、走姿的规范

1. 走姿稳健

走姿是一种动态美。每个人都是一个流动的造型体，优雅、稳健、敏捷的走姿，会给人以美的感受，产生感染力，反映出积极向上的精神状态。

（1）规范的走姿。

❶ 头正	双目平视，收颌，表情自然平和。	
❷ 肩平	两肩平稳，防止上下前后摇摆。双臂前后自然摆动，前后摆幅在30°～40°，两手自然弯曲，在摆动中离开双腿不超过一拳的距离。	
❸ 躯挺	上身挺直，收腹立腰，重心稍前倾。	
❹ 步位直	两脚尖略开，脚跟先着地，两脚内侧落地，走出的轨迹要在一条直线上。	
❺ 步幅适当	行走中两脚落地的距离大约为一个脚长，即前脚的脚跟距后脚的脚尖相距一个脚的长度为宜，不过不同的性别，不同的身高，不同的着装，都会有些差异。	
❻ 步速平稳	行进的速度应当保持均匀、平稳，不要忽快忽慢，在正常情况下，步速应自然舒缓，显得成熟、自信。	

第一章 个人礼仪

行走时要防止八字步、低头驼背，不要摇晃肩膀、双臂大甩手，不要扭腰摆臀、左顾右盼，脚不要擦地面。

（2）变向走姿。

变向走姿是指在行走中需转身改变方向时，采用合理的方法，体现出规范和优美的步态。

❶ 后退步	与人告别时，应当先后退两三步，再转身离去，退步时脚轻擦地面，步幅要小，先转身后转头。
❷ 引导步	引导步是用于走在前边给宾客带路的步态。引导时要尽可能走在宾客左侧前方，整个身体半转向宾客方向，保持两步的距离，遇到上下楼梯、拐弯、进门时，要伸出左手示意，并提示请客人上楼、进门等。
❸ 前行转身步	在前行中要拐弯时，要在距所转方向远侧的一脚落地后，立即以该脚掌为轴，转过全身，然后迈出另一脚。即向左拐，要右脚在前时转身；向右拐，要左脚在前时转身。

2. 穿不同鞋子的走姿

（1）穿平底鞋的走姿。走路比较自然、随便，要脚跟先落地，前行力度要均匀，这样走起路来显得轻松、大方。

穿平底鞋由于不受拘束，往往容易过分随意，步幅时大时小，速度时快时慢，还容易因随意而给人以松懈的印象，应当注意防止。

（2）穿高跟鞋的走姿。穿上高跟鞋后，由于脚跟提高了，身体重心就自然地前移，为了保持身体平衡，膝关节要绷直，胸部自然挺起，并且收腹、提臀、直腰。使走姿更显挺拔，平添几分魅力。

穿高跟鞋走路，步幅要小，脚跟先着地，两脚落地时脚跟要落在一条直线上，像一枝柳条上的柳叶一样，这就是所谓的"柳叶步"。

有人穿高跟鞋走路时，用屈膝的方法来保持平衡，结果走姿不但不挺拔，反而因屈膝、撅臀显得非常粗俗不雅。有这种毛病的人，要训练自己，注意在行进时一定保持踝、膝、髋关节的挺直，保持挺胸、收腹、向上的姿态。

你知道吗

婚宴新人入场典礼的走姿举止礼仪

1. 入场仪式的正确走姿

入场仪式是新人在全体宾客面前的第一次正式亮相，掌握正确的行走方法十分重要。

新郎应抬头、挺胸，目视前方，步幅中等，速度稍慢。最关键的还是新娘。有些新娘由于不习惯穿婚纱和高跟鞋，可能会有踩到裙子的意外情况，所以礼服不宜过长。新娘正确的走路方式是：用脚尖轻踢着裙边，足底轻擦过地面，徐徐向前。严格地讲，新人的目光应该始终直视前方，尽量将视线放于10米前，这样有利于拍照。但为了安全起见，新娘的视线可以稍稍向下，但不可太过，以免影响形象。

2. 穿着礼服怎样转身

礼服和一般衣服不同，想只改变一点方向是做不到的。不拖着裙子以夸张姿态转身的诀窍在于，转身时用与旋转方向相反的手轻轻抓住裙边和裙撑稍微向上提，在穿着长裙、披着长披纱时，把它们挂在自己的手腕上，瞬间地快速转身。

3. 新娘手花的持法

如何持手花才能看起来落落大方，给人高雅脱俗的印象呢？

手花的正确握法是小指与拇指同侧，将花紧紧夹住，如此就可以把花束固定住，不至于乱摇动。

如果是双手持手花，应该是抬头挺胸，双肩自然地垂下，双手持花置于腰骨的上方，这样能给人怡然舒适、自信稳重的感觉。如果将手花提高置于胸前，你的肩膀会提高，给人紧张的感觉。

另外，在证婚的时候，通常新郎是站在新娘的右侧，因此如果单手持花，应该以左手拿住手花。如果是使用俏皮可爱的球形手花，可以把它当成手提包一样提在左手上，或者挂在左手手腕上。

4. 典礼时的站姿

自然地挺直背脊，新郎、新娘互相有意识地拼成"八"字形，无论迎接客人还是拍纪念照，站立姿态都很重要，因此要特别注意才好。

背部有向上伸展感，头部、臀部和脚后跟成一条直线，上半身有被吊起的感觉，站立时特别有精神。新娘应站在新郎身边靠后约15厘米处，右手挎新郎右臂，两人的位置像"八"字，正面拍照感觉最佳；新郎轻曲左臂，让新娘把手插在肘里。要注意的是新娘不要拉着新郎的衣服，让人有胆怯的感觉。另外，新郎不应

第一章 个人礼仪

该为了挺直背而过分突出腹部，不要紧挽着新娘，以免踩到裙子，也不要离得太远。新娘不要死死地拽着新郎的胳膊，好像生怕他会逃跑似的。

四、坐姿的规范

坐是一种静态造型，是非常重要的仪态。在日常工作和生活中，离不开这种举止。对男性而言，更有"坐如钟"一说。端庄优美的坐姿，会给人以文雅、稳重、大方的美感。

1. 女子8种优美坐姿

（1）标准式。

轻缓地走到座位前，转身后两脚成小丁字步，左前右后，两膝并拢的同时上身前倾，向下落座。如果穿的是裙装，在落座时要用双手在后边从上往下把裙子拢一下，以防坐出皱折或因裙子被打折坐住，而使腿部裸露过多。

坐下后，上身挺直，双肩平正，两臂自然弯曲，两手交叉叠放在两腿中部，并靠近小腹。两膝并拢，小腿垂直于地面，两脚保持小丁字步。

（2）前伸式。

在标准坐姿的基础上，两小腿向前伸出两脚并拢，脚尖不要翘。

（3）前交叉式。

在前伸式坐姿的基础上，右脚后缩，与左脚交叉，两踝关节重叠，两脚尖着地。

（4）屈直式。

右脚前伸，左小腿屈回，大腿靠紧，两脚前脚掌着地，并在一条直线上。

（5）后点式。

两小腿后屈，脚尖着地，双膝并拢。

（6）侧点式。

两小腿向左斜出，两膝并拢，右脚跟靠拢左脚内侧，右脚掌着地，左脚尖着地，头和身躯向左斜。注意大腿小腿要成90°，小腿要充分伸直，尽量显示小腿长度。

（7）侧挂式。

在侧点式基础上，左小腿后屈，脚绷直，脚掌内侧着地，右脚提起，用脚面贴住左踝，膝和小腿并拢，上身右转。

（8）重叠式。

重叠式也叫"二郎腿"或"标准式架腿"等。

在标准式坐姿的基础上，两腿向前，一条腿提起，腿窝落在另一腿的膝关节上边。要注意上边的腿向里收，贴住另一腿，脚尖向下。

重叠式还有正身、侧身之分，手部也可交叉、托肋、扶把手等多种变化。

二郎腿一般被认为是一种不严肃，不庄重的坐姿，尤其是女子不宜采用。其实，只要注意上边的小腿往回收，脚尖向下这两个要求，不仅外观优美文雅，大方自然，富有亲近感，而且可以充分展示女子的风采和魅力。

2. 男子6种优美坐姿

（1）标准式。

上身正直上挺，双肩正平，两手放在两腿或扶手上，双膝并拢，小腿垂直地落于地面，两脚自然分开成45°。

（2）前伸式。

在标准式的基础上，两小腿前伸一脚的长度，左脚向前半脚，脚尖不要翘起。

（3）前交叉式。

小腿前伸，两脚踝部交叉。

（4）屈直式。

左小腿回屈，前脚掌着地，右脚前伸，双膝并拢。

（5）斜身交叉式。

两小腿交叉向左斜出，上体向右倾，右肘放在扶手上，左手扶把手。

（6）重叠式。

右腿叠在左腿膝上部，右小腿内收、贴向左腿，脚尖自然地向下垂。

3. 不同坐姿的心态

坐的动作和姿势多种多样。不同的坐姿反映着不同的心理状态，但我们不应当把某种坐姿反映某种心理状态作为固定的模式。坐姿应当从人的生理因素、心理因素、社交因素等多方面出发，做出大致的判断。

（1）猛坐与轻坐。人在落座时，不同的心境、不同的个性，其动作的大小、快慢、轻重各不相同。一般地说：同自己熟悉要好的亲友会面时，性格开朗的人，落座时动作幅度大，速度快；同初次交往的人相会，会见尊长时，个性文静的人，落座时动作小而轻缓。大喜大怒时，性格强悍的人、不拘小节的人，落座时动作大而猛；悲怨沉思时，性格谨慎的人，落座时动作小而迟缓。

以上落座形式，只是指一般情况而言。对于一个文化修养程度高、自控能力强的人，以上判断就不一定是准确的。所以观察对方落座动作，分析对方的心境、性格时，要考虑多种因素。我们自己在落座时，不论当时心境如何，个性如何，都应当从礼仪出发，善于自我控制，做到轻重适度，为自己塑造良好的形象。

（2）深坐与浅坐。与人交谈时，坐得靠后——深坐或坐得靠前——浅坐，可以反映不同的心理状态和待人态度。深坐，表现出一定的心理优势和充满自信；浅坐，表现出尊重和谦虚；过分的浅坐，则有自卑和献媚之嫌了。

（3）张腿坐与并腿坐。男子张开双腿而坐，表示个性奔放坦率，胸怀开阔，且有较强的自信和支配欲。女性张腿而坐是不雅观的，不论何时、何地、任何情况，都不可采取这种坐姿。

男子并腿坐，表示出严肃、郑重和认真。女子常常采用这种坐姿，表现出端庄和郑重。

（4）其他坐姿。有的人，在同要好的亲友交谈时，倒坐椅子，两臂扒在椅子背上，显得亲切、真挚、坦诚。当然仅限于这种场合。

有的人喜欢把脚架放在桌子上，这种姿势是傲慢无礼的表现，令人生厌。

有的人半躺半坐，形象颓废，甚至显得放肆，应当避免。在人体语言中，人的躯干、四肢、手势、面部五官各具特点，都可以作为表情的工具，显示出不同的心态。不过，在社交礼仪中，坐姿所起作用更多些，所占位置更重要些，更应当重视。

五、蹲姿的规范

蹲姿不像站姿、走姿、坐姿那样使用频繁，因而往往被人所忽视。一件东西掉在地上，一般人都会很随便弯下腰，把东西捡起来。但这种姿势会使臀部后撅，上身前倒，显得非常不雅。讲究举止的人，就应当讲究蹲姿。

这里介绍一种优美的蹲姿。左脚在前右脚在后向下蹲去，左小腿垂直于地面，全脚掌着地，大腿靠紧，右脚跟提起，前脚掌着地，左膝高于右膝，臀部向下，上身稍向前倾。以左脚为支撑身体的主要支点。

男子也可以这样做，不过两腿不要靠紧，可以有一定的距离。

六、体态语

体态语 指凭借身体的动作或表情来表达某种意思、情绪的无声语言。

1. 感谢

在一般的场合，表示感谢，可用点头来表示。在比较庄重的场合，可用鞠躬来表示谢意。鞠躬的"深度"与致谢的程度有关，感谢的程度越重，躬身的深度越大。表示感谢还可用双手握住对方的手，或者再上下晃几下，晃的程度越大，感谢的程度越重。还有，用双手在胸前抱拳或合十，前后晃动几下表示感谢。

2. 高兴

成语"捧腹大笑"即所示特别高兴的体态。在正式场合男士乐不可支时会仰身大笑，女士常常掩口而笑，因为女士们以"笑不露齿"为美。突如其来的高兴会扬起双眉，同时高兴时也会跳起来。欧美人高兴至激动时会双手握拳，向上用力挥起。

3. 爱抚

爱抚的方式多种多样，比如长辈对晚辈，成人对小孩常会拍拍肩膀及抚摸其头顶表示爱抚之意。在国外要留心当地的习俗，如泰国把抚摸头顶视为巨大的侮辱。

4. 亲热

关系亲密的年轻同性，会常常搂在一起，女性会挎着胳膊或相互搂着腰；男性会互相搂着肩膀；年轻的恋人会把上身靠近对方；父母对婴幼儿，会常常亲吻孩子的脸蛋。对可爱而又调皮的孩子表达亲昵感情时，会在孩子的鼻子上刮一下；若是上级对下级表示亲近时，会拍拍对方的肩头。

5. 安慰、鼓励

年长者对年幼者，上级对下级，强者对弱者，常用手拍拍对方的肩膀，用力地握握对方的手，同时伴上有力的晃动。

6. 安静

在人多的场合若需安静，往往手掌伸开，掌心向下，由上向下慢慢挥动。在人少的情况下，往往把双手或一只手放在胸前，掌心向下手掌伸开，频频向下压动。也可以用右手食指垂直贴近嘴唇，轻轻发出嘘声来示意大家保持安静。

7. 称赞、夸奖、叫好

用手握拳，跷起大拇指，表示特别赞美。在欣赏文体节目时，也可鼓掌喝彩。如果坐在桌子旁，叫好时常拍桌子，成语"拍案叫绝"即表示此体态。坐着叫好会拍大腿或膝盖。

8. 憧憬、希望

当人们心中怀有美好憧憬时，会双目凝视，两手掌在胸前搓摩。男人常搓下巴或抚弄胡须。当殷切盼望的人或物在远方时，会伸直脖子远望。英美等国人，常会两臂下垂，两手相握，仰起头，目视上方。

第一章 个人礼仪

9. 同意、赞成

对于同意、赞成，最简单的表达方式就是点头。在正式的场合，或进行表决时，则要举手表示。在非正式场合，当表示"特别赞成""完全同意"时，可以双手高高举起。英美等国表示"赞同"时，往往会向上跷起拇指。

10. 跃跃欲试

两手掌相摩擦，或在手心啐一口唾沫，手掌再相互摩擦，成语"摩拳擦掌"即所示体态。两手搓摩大腿，或两手搓摩屁股，两臂前屈双手握拳，抖动几下也表示这个意思。

11. 打招呼

中国人最普通打招呼的方式就是笑一笑，或点点头，同时也会扬扬手、点点头。美国人走在路上打招呼，常常要脱帽表示敬意，现在已简化为抬一下帽檐。

12. 告别

在20世纪以前，中国人的告别礼是鞠躬或拱手。如今人们告别大多采用握手告别、挥手告别、摇手告别、点头告别。与孩子告别时多用招手。向上级告别时常微微欠身。

欧美人常以"拥抱""亲吻"来表示告别之情。英国人道别时常横向挥手，法国人竖向挥手，日本人则鞠躬。

13. 道歉

如果是礼节性的道歉可以点点头、欠欠身或招招手。一般男士抬手到耳际，有时还要竖向挥动几下。向师长道歉时，要郑重地点点头，用欠身或鞠躬来表示。

14. 愤怒、急躁

人往往在愤怒的时候会咬牙切齿，瞪大双眼，有时还会用力地揉抓自己的头发。当急躁的时候会拍大腿、拍桌子或捶头。当激愤时或要动手时，会捋胳膊挽袖子，女性常会手背叉腰。在英美等国，人愤怒急躁到难以忍耐的程度时，常以两臂在身体两侧张开，双手握拳，怒目而视。

15. 告饶

也可理解为求饶，一般双手合掌在胸前频频摇动。因恐惧而求饶，常是抱头。苦苦哀求时则会跪地求饶，磕头求饶。

16. 无可奈何

当无可奈何的时候，一般会轻轻地摇头叹息，也会手臂不动，两手摊开。欧美人表示无可奈何时常耸肩，或同时抬起双手前臂翻开手掌，有时还要摇摇头。或者摊开双手后，同时头向一侧偏，眼睛也会随之一闭。

知识点 3 个人的言语谈吐

交谈，是表达思想及情感的重要工具，是人际交往的主要手段。在人际关系中的"礼尚往来"中有着十分突出的作用。可以说，在万紫千红、色彩斑斓的礼仪形式中，交谈礼仪占据主要地位。所以，强化语言方面的修养，学习、掌握并运用好交谈的礼仪，是至关重要的。

交谈是人类口头表达活动中最常用的一种方式。随着人类社会的高度发展，交谈已成为政治、外交、科学、教育、商贸、公关等各个领域中重要的、不可缺少的一项语言活动。交谈是以两个人或几个人之间的谈话为基本形式，进行面对面的学习讨论，沟通信息，交流思想感情，谈心聊天的言语活动。它以对话为基本形态，包括交谈主体、交谈客体、交谈内容三个方面。这三方面不仅具有固定性，而且具有互换性。

一、交谈的作用

交谈是一门艺术，而且是一门古老的艺术。"一人之辩重于九鼎之宝，三寸之舌强于百万之师"，在人类发展史上，交谈作为一种社会现象，是和人类劳动、生活、交际活动一起发展起来的。交谈的艺术性体现在：尽管人人都会，效果却大不一样。所谓"酒逢知己千杯少，话不投机半句多"正说明了交谈的优劣直接决定着交谈的效果。与人进行一次成功的谈话，不仅能获得知识和信息，而且感情上也会得到很多补偿，会感到是一种莫大的享受；而参与一场枯燥无味、死气沉沉的交谈，除了是时间上的浪费之外，还会有一种受折磨的感觉。

交谈是建立良好人际关系的重要途径，是连接人与人之间思想感情的桥梁，是增进友谊、加强团结的一种动力。"良言一句三冬暖，恶语伤人六月寒"，说明交谈在交往中的作用是举足轻重的。一个人善于交谈就能广交朋友，给人带来友爱，为社会增添和谐，就能享受到社会特有的友情与温暖。在现实生活中，我们经常看到不少人因话不得体，伤害了亲友，得罪了同志，甚至有些人因言语失误，结怨结仇，操刀动斧，酿成生活悲剧。

交谈不仅是人们交流思想的重要手段，而且是学习知识、增长才干的重要途径。善于同有思想、有修养的人交谈，就能学到很多有用的知识，"与君一席话，胜读十年书"就是对交谈意义深刻的总结。英国文豪萧伯纳说："你我是朋友，各拿一个苹果，彼此交换，交换后仍各有一个苹果；倘若你有一种思想，我也有一种思想，而朋友相互交流思想，那么，我们每个人就有两种思想了。"可见，广泛地交谈可以交流信息、深化思想、增强认识能力和处理问题、解决问题的能力。因此，掌握交谈的礼仪要求、提高交谈的语言艺术，对于提高工作水平和工作效率，也具有极其重要的作用。

二、交谈的规范

（1）真诚坦率的原则。真诚是做人的美德，也是交谈的原则。交谈双方态度要认真、诚恳，有了直率诚笃，才能有融洽的交谈环境，才能奠定交谈成功的基础。认真对待交谈的主题，坦诚相见，直抒胸臆，不躲不藏，明明白白地表达各自的观点和看法。"出自肺腑的语言才能触动别人的心弦"，真心实意的交流是自信的结果，是信任人的表现，只有用自己的真情激起对方感情的共鸣，交谈才能取得满意的效果。

（2）互相尊重的原则。交谈是双方思想、感情的交流，是双向活动。要取得满意的交谈效果，就必须顾及对方的心理需求。交谈中，来自对方的尊重是任何人都希望得到的。交谈双方无论地位高低，年纪大小，或长辈晚辈，在人格上都是平等的。切不可盛气凌人、自以为是、唯我独尊。所以，谈话时，要把对方作为平等的交流对象，在心理上、用词上、语调上，体现出对对方的尊重。尽量使用礼貌语，谈到自己时要谦虚，谈到对方时要尊重。恰当地运用敬语和自谦语，可以显示个人的修养、风度和礼貌，有助于交谈的成功。

三、交谈礼仪的基本要求

1. 交谈的技巧

（1）言之有物。交谈的双方都想通过交谈，获得知识、拓宽视野、增长见识、提高水平。因此，交谈要有观点、有内容、有内涵、有思想，而空洞无物、废话连篇的交谈是不会受人欢迎的。没有材料做根据，没有事实做依凭，再动听的语言也是苍白的、乏味的。我们在交谈时，要明确地把话说出来，将所要传递的信息准确地输送到对方的大脑里，正确反映客观事物，恰当地揭示客观事理，贴切地表达思想感情。

（2）**言之有序**。言之有序，就是根据讲话的主题和中心设计讲话的次序，安排讲话的层次，即交谈要有逻辑性、科学性。"使众理虽繁，而无倒置之乖；群言虽多，而无棼丝之乱。"（刘勰《文心雕龙》）有些人讲话，一段话没有中心，语言支离破碎，想到哪儿就说到哪儿，东一榔头西一棒槌，给人的感觉是杂乱无章，言不及义，不知所云。所以，**交谈时，先讲什么，后讲什么，思路要清晰，内容有条理，布局要合理**。

（3）**言之有礼**。交谈时要讲究礼节礼貌。知礼会为你的交谈创造一个和谐、愉快的环境。**讲话者，态度要谦逊，语气要友好，内容要适宜，语言要文明；听话者，要认真倾听，不要做其他事情**。这样就会形成一个信任、亲切、友善的交谈气氛，为交谈获得成功奠定基础。

2. 交谈常用的谦敬语

谦敬语是在人际交往中经常使用的、用来表示谦虚、尊敬的礼貌用语，也称客套话。谦敬语的运用十分普遍，它可以说是社交中的润滑剂、黏合剂，能减少人际间的"摩擦"和"噪声"，可以沟通双方感情并产生亲和力，其作用是不可低估的。它可以使互不相识的人乐于相交；可以使初次见面的人很快亲近起来；请求别人时，可使人乐于提供方便和帮助；在发生不愉快时，可以避免冲突，得到谅解；洽谈业务时，使人乐于合作；在服务工作中，可以给人以温暖亲切的感受；在批评别人时，可以使对方诚恳接受。一个有教养的人，应当掌握使用客套话的艺术，自如地运用于各种场合。

> **想一想**
>
> 在校园里，一位老大妈问路，看见李老师，说："师傅，请问去饭堂怎么走？"李老师脸露不愉之色。
>
> 这是为什么？

交谈常用的谦敬语主要有以下几种：

（1）**谦敬称呼用语**。

❶ 称呼尊长可用老先生、老同志、老师傅、老领导、老首长、老伯、大叔、大娘等。

❷ 称呼平辈可用老兄、老弟、先生、女士、小姐、贤弟、贤妹等。

❸ 自谦可以用鄙人、在下、愚兄、晚生等。

（2）**事物谦敬用语**。

❶ 称姓名敬辞可用贵姓、尊姓大名、尊讳、芳名（对女性）等。

❷ 称年龄敬辞可用高寿（对老人）、贵庚、尊庚、芳龄（对女性）等。

❸ 住处可用府上、尊寓、尊府等。

❹ 见解可用高见、高论等。

❺ 身体可用贵体、玉体等。

❻ **自谦辞**：称姓名——草字、鄙姓等；称朋友——鄙友等；称住处——寒舍、舍下等；称见解——愚见、拙见等；称年龄——虚度。

（3）谦敬祈使用语。

请人提供方便、帮助	借光、劳驾、有劳、劳神、费心、操心等。
托 人 办 事	拜托。
麻烦或打断别人	打扰。
求 人 解 答	请问。
劝 告 别 人	奉劝。
请 别 人	请大驾光临、欢迎光临、恭候光临。
请别人不要送	请留步。
请别人提意见	请指教、请赐教。
请别人原谅	请包涵、请海涵。

（4）谦敬欢迎用语。

欢 迎 顾 客	欢迎光顾、敬请惠顾。
欢 迎 客 人	欢迎光临。
初 次 见 面	久仰、久仰大名。
许 多 时 未 见	久违。
访 问	拜访、拜望、拜见、拜谒。
没有亲自迎接	失迎、有失远迎。
自 责 不 周	失敬。
拜 别	告辞、拜辞。
送 别	请留步、请回、不必远送。
中 途 辞 别	失陪。

（5）其他谦敬用语。

归还东西	奉还。
赠送东西	奉送。
陪伴	奉陪。
祝贺	恭贺。
请对方宽容	恕……

以上谦敬语，比较固定而且常用，使用时，要感情真挚，发自内心，再辅以表情、眼神和手势，以增强表现力，发挥更大的感染力量。

四、交谈时的礼貌用语

❶ 问候礼貌用语	您好！早安！ 午安！晚安！
❷ 告别礼貌用语	再见！晚安！ 祝您愉快！ 祝您一路平安！
❸ 应答礼貌用语	不必客气。没关系。 这是我应该做的。 非常感谢！ 谢谢您的好意！
❹ 表示道歉的礼貌用语	请原谅。 打扰了。 失礼了。 实在对不起。 谢谢您的提醒。 是我的错，对不起。请不要介意！

"语言是人类最重要的交际工具"。为了实现交往的目的，言谈中不仅要注意话题的选择，还要注意表情、态度、用词，挥洒交谈的技巧。"言为心声，语为人镜。"谈吐是有声语言，表达人的心声；表情则是无声语言，是人的内心情感的外显。遵守语言谈吐礼仪是顺利达到交际效果的"润滑剂"。

第一章　个人礼仪

你知道吗

在交际中令人讨厌的8种行为

（1）经常向人诉苦，包括个人经济、健康、工作情况，但对别人的问题却不予关心，从不感兴趣；

（2）唠唠叨叨，只谈论鸡毛小事，或不断重复一些肤浅的话题，及一无是处的见解；

（3）态度过分严肃，不苟言笑；

（4）言语单调，喜怒不形于色，情绪呆滞；

（5）缺乏投入感，悄然独立；

（6）反应过敏，语气浮夸粗俗；

（7）以自我为中心；

（8）过分热衷于取得别人好感。

1. 简述个人礼仪规范的基本要求。

2. 个人举止礼仪的分类有哪些？

3. 简述称谓及交谈礼仪的基本要求。

第二章 日常礼仪

◀ 教学目标

通过本章的学习，让中等职业学校的学生了解日常交往中的基本礼仪，从而在日常交往中游刃有余，事半功倍。

◀ 教学要求

认知：本章大致分为八个部分，由浅入深使学生对日常礼仪有一个基本的认识。

理解：在认知的基础之上，能够深入学习日常礼仪的精髓，理解并掌握日常交往中常用的称呼和介绍方法，以及公共场所所应有的礼仪，等等。

运用：通过学习可以使学生有意识地注意自己日常交往中的行为，并在不断的实践中改善自身的缺点，提高自身的修养。

第二章　日常礼仪

知识点 1　称　呼

　　称呼指的是人们在日常交往应酬之中，所采用的彼此之间的称谓语。在人际交往中，选择正确、适当的称呼，反映着自身的教养、对对方尊敬的程度，甚至还体现着双方关系发展所达到的程度和社会风尚，因此不能随便乱用。

　　称呼被看作是交际的先锋官，是人际关系融洽的晴雨表，等等。在现实生活中有的人就为把握不准称呼的尺度而发愁。

　　一般地说，称谓是一种随交情的递增而逐步随意化的，初识称先生、女士、同志，近了就称全名全姓，再近就称小×、老×，再近一点就可以称兄道弟、称姐道妹了。

　　可是，人们常常在初识时闹称呼上的笑话。比如，某些人对女人的婚姻状态把握不准，夫人称小姐倒无妨，若把小姐称为某夫人岂不尴尬，称已婚者为"小姐"就容易被谅解，西方女性认为这是一个"令人愉快"的错误。

　　由于各国、各民族的历史文化不同、风俗习惯各异，因而人们的姓名结构和称呼习惯有许多的不同。在国际交往中，了解各国人民的姓名结构和称呼习惯，正确地、恰当地称呼对方，不仅反映了自己的教养和对对方的尊重，而且还决定着社交的效果与成功。

一、姓名

　　各国人民的姓名有很大的不同，除文字的区别外，在姓名的组成、排列的顺序、名字的意义等方面都不一样。按姓名的构成和排列的顺序大致可以分为3种情况。

1. 前姓后名

　　姓名的结构和排列顺序与我国基本相同，姓在前面，名在后面。日本人的姓名，常见多为四字组成，如"福田赳夫""小泽一郎"，前面两个字为姓，后面两个字为名。为了避免差错，与日本人交往，一定要了解姓名中，哪部分是姓，哪部分是名。正式场合，把姓与名分开写。如"二阶堂·进""桥本·龙太郎"，等等。日本妇女，婚前使用父姓，婚后使用夫姓，本人名字则一直不变。在日本，日常交往时往往只称其姓，在正式场合才使用全称。姓名结构为前姓后名的国家还有韩国、朝鲜、越南、柬埔寨、新加坡等，另外匈牙利也是姓在前、名字在后。

2. 前名后姓

在英国、美国、加拿大、澳大利亚等讲英语的国家，人们的姓名一般由两部分组成，通常名字在前，姓氏在后。例如，比尔·克林顿，比尔是名，克林顿是姓。女子结婚前一般都用自己的姓名，结婚以后，姓名一般是自己的名加上丈夫的姓。在交往中，日常只称其姓，加上"先生""小姐"等，而在正式场合，则应称呼其姓名全称，并加上"先生""夫人"等。法国人的姓名一般由两节或三节组成，前一二节为个人名字，最后一节为姓。西班牙人的姓名常由三四节组成，前一二节为本人名字，第三节为父姓，最后一节为母姓。俄罗斯人姓名由三节组成，分别为本人名字、父名、姓。阿拉伯人的姓名由四节组成，分别为本人名字、父名、祖父名、姓。另外，泰国等国家人们的姓名也是名字在前，姓氏在后的排列。

3. 有名无姓

只有名而无姓的以缅甸、印度尼西亚等国为多见。常见缅甸人名字前的"吴"不是姓，而是一种尊称，是"先生"的意思。缅甸人名字前常冠以表示性别、长幼、地位的字和词，如，"杜"意为女士，"玛"意为姐妹，"郭"意为平辈，"哥"意为兄弟，"波"意为军官，"塞耶"意为老师。一个缅甸男子名"刚"，同辈称他为"哥刚"，如果有一定社会地位，可被称为"吴刚"，如果是军官，则被称为"波刚"。

二、几种主要的称呼方式

在正式的交往场合，称呼应当庄重、规范得体，以表示对称呼对象的尊重和友好。经常选用的称呼主要有以下几种。

1. 泛尊称

这种称呼几乎适合于各种社交场合。对男子一般称"先生"，对女子称"夫人""小姐""女士"。应该注意的是，在称呼女子时，要根据其婚姻状况，已婚的女子称"夫人"，未婚女子称"小姐"，对不知婚姻状况和难以判断的，可以称之为"女士"。在一些国家，"阁下"一词也可以作为泛尊称使用。泛尊称可以同姓名、姓氏和行业性称呼分别组合在一起，在正式的场合使用。如"克林顿先生""玛格丽特·撒切尔夫人""上校先生"等。

2. 职务称

在公务活动中，可以对方的职务相称。例如，称其为"部长""经理""处长""校长"，等等。职务称呼还可以同泛尊称、姓名、姓氏分别组合在一起使用。例如"周总理""部长先生"，等等。对职务高的官方人士，如部长以上的高级官员，不少国家可称"阁下"。例如"总统阁下""大使先生阁下"。对有高级官衔的妇女，也可称"阁下"。但在美国和德国等国家没有称"阁下"的习惯，对这些国家的相应人员，应该称"先生"。

3. 职衔称

交往对象拥有社会上备受尊重的学位、学术性职称、专业技术职称、军衔和爵位的，可以"博士""教授""律师""法官""将军""公爵"等称呼相称。这些职衔性称呼还可以同姓名、姓氏和泛尊称分别组合在一起在正式场合使用，例如"王教授""李博士""法官先生"等。

4. 职业称

对不同行业的人士，可将被称呼者的职业作为称呼。比如"老师""教练""警官""医生"等。在这些职业称呼前面，还可以同姓名、姓氏分别组合在一起使用。

5. 姓名称

在一般性场合，彼此比较熟悉的人之间，可以直接称呼他人的姓名或姓氏。例如"张志刚"等。中国人为表示亲切，还习惯在被称呼者的姓前面加上"老""大"或"小"等字，而免称其名。如"老王""小张"。更加亲密者，往往不称其姓，而只呼其名。如"志刚""玉萍"，等等。

6. 特殊性的称呼

对于君主制国家的王室成员和神职人员应该用专门的称呼。如，在君主制国家，应称国王或王后为"陛下"；称王子、公主、亲王等为"殿下"；有爵位的应称爵位或"阁下"；对神职人员应根据其身份称为"教皇""主教""神父""牧师"等。

除以上常用的称呼外，在交往中还有以"你""您"相称的"代词称"和亲属之间的"亲属称"。社会主义国家和"兄弟党"之间，人们还以"同志"相称。

三、称呼禁忌

在交往中，称呼不当就会失敬于人，失礼于人，有时后果不堪设想。因此一定要注意称呼的禁忌。

1. 错误的称呼

称呼对方时，记不起对方的姓名或张冠李戴，叫错对方的姓名，是极为不礼貌的行为，是社交中的大忌。尤其是外国人的姓名，在发音和排列顺序上同中国人的姓名有很大的差别，如果没有听清楚或没有把握，宁可多问对方几次，也不要贸然叫错。对被称呼者的年龄、辈分、婚否以及同其他人的关系做出错误判断时，也会出现错误的称呼，如将未婚妇女称为"夫人"等。

2. 易产生误会的称呼

不论是自称还是称呼他人，要注意不要使用让对方产生误会的称呼。例如"爱人"，中国人爱把自己的配偶称为"爱人"，而外国人则将"爱人"理解为"婚外恋"的"第三者"。还有"同志""老人家"等，易让外国人产生误会的称呼不要使用。另外，也不要使用过时的称呼或者不通用的称呼，让对方不知如何理解。

3. 带有歧视、侮辱性的称呼

在任何情况下，绝不能使用歧视性、侮辱性的称呼。例如"老毛子""洋妞""黑鬼"等。

4. 私密性极强的称呼

在正式场合，忌使用庸俗的称呼或用绰号作称呼。如"哥们儿""姐们儿""死党"，等等，更不能将爱称公之于大庭广众。

尊重一个人，首先要从尊重一个人的姓名开始，从有礼貌的、友好的称呼开始。这对展示一个人的风度，形成良好的人际关系和社会风尚是十分重要的。

你知道吗

刚上班的小王就曾因此备受尴尬之苦，因不知如何称呼而带来的尴尬之苦报到那一天，接待她的是公司的一位部长，40来岁的人却年轻得像二十五六岁，第一次见面，小王恭恭敬敬地喊了一声："部长，您好！"部长听了，嘿嘿一乐，很随和地说道："别那么认真，叫我小李好了。"以后在遇到部长时，脑子转了七八道弯，还是不知道该怎么称呼他。

同事小李也遇到不知该怎么称呼对方的问题，正是因为他无法面对同事间的称呼，整天猫在办公室里，不敢出去。生怕碰见一个不知如何称呼的同事，有时还真"屋漏偏遇连阴雨"，他越不想碰见这种情况，偏偏就让他赶上了，即使上一趟卫生间，也会碰上无法确定怎么称呼的同事。

在现实生活中，称呼是我们每个人都无法回避的问题。其实小王、小李只要静观他人的称呼，然后同他人保持一致就可以了，遵循了这一点一般就不会犯太大的错误。

知识点 2　介　绍

介绍是一切社交活动的开始，是人际交往中与他人沟通，建立联系，增进了解的一种最基本、最常见的形式。通过自己主动沟通或者通过第三者从中沟通，从而使交往双方相互认识，建立联系，加强了解和促进友谊。因此在人际交往中，介绍可以缩短人与人之间的距离，扩大社交的范围，广交朋友，也可以增进彼此的了解，消除误会和减少麻烦。

一、自我介绍

自我介绍就是在社交场合，在必要的情况下，自己担任介绍的主角，自己将自己介绍给其他人，以使其他人认识自己。自我介绍是人际交往中常用的一种介绍方式，是在必要的情况下十分有效的沟通途径。下列几种情况下往往需要做自我介绍。

❶ 本人希望结识他人。

在许多人的聚会中，如果你对一个不相识的人感兴趣，想同他认识，但无人引荐，只好由自己充当介绍人，将自己介绍给对方，此时就应该做自我介绍。在交谈之前，可以先向对方点头致意，得到回应后，再向对方介绍自己的姓名、身份和单位等。一般情况下，对方也会主动向你做自我介绍。

❷ 他人希望结识本人。

在社交场合，有不相识的人对你感兴趣，点头致意，表示出想结识的愿望时，自己应当主动做自我介绍，表现出对对方的好感和热情。

❸ 需要让其他人了解、认识本人。

到一个单位联系工作和求职时，或在社交场合彼此都不熟悉，主持人提议将个人的情况作一番自我介绍，以便让大家了解、认识本人时，要做自我介绍。这时的自我介绍既是一种礼貌，也是下一步交流的前提和基础。自我介绍根据不同场合、不同对象和实际需要，应该具有鲜明的针对性，不能够"千人一面"，一概而论，要把握好内容。不同场合、不同对象和不同的需要，自我介绍的内容是不同的。应酬式的自我介绍，应该简单明了，只介绍一下姓名即可；工作式的自我介绍，除介绍姓名外，还应介绍工作单位和从事的具体工作；社交式的自我介绍，则需要进一步的交流和沟通。

在介绍姓名、单位和工作的基础上，进一步介绍兴趣、爱好、经历、同交往对象的某些熟人的关系等，以便加深了解、建立友谊。**自我介绍要把握好时间，既要选择适当的时机，在对方有兴趣、有需要、情绪好时介绍自己，又要简洁、明了，用的时间越短越好，切不可信口开河、不得要领，做费力不讨好的事。**

自我介绍还要把握好态度，要实事求是，既不要过分地谦虚，也不要自吹自擂、夸大其词。作自我介绍时要面带微笑，充满自信与热情，善于用眼神去表达自己的友善和关切，显得胸有成竹、落落大方。介绍时还要注意自己的语音、语调和语速，语气自然、语速正常、语言清晰、从容不迫，会使对方产生好感，有助于自我介绍的成功。

试一试

试着向其他同学介绍一下你最喜欢的一个亲人。

二、他人介绍

他人介绍，又称第三者介绍，是指由第三者为彼此不相识的双方相互介绍、引荐的一种介绍方法。他人介绍中，为他人做介绍的第三者为介绍者，而被介绍者介绍的双方为被介绍者。

为他人做介绍时，介绍人处于当事人之外，一般情况下，介绍者的确定是有一定之规的，他们或者是社交活动的东道主、长者、正式活动的负责人，或者是家庭性聚会的女主人、熟悉双方的第三者以及公务活动中的专职人员。介绍人应该对被介绍人双方都比较熟悉和了解，如果有可能，在为他们做介绍之前，最好先征求一下双方意见，以免双方已相识或双方没有相识的愿望，使双方陷于不情愿之中，反而不利于相互交往。介绍人应该审时度势，善解人意，在双方有意结识并期望有人做介绍时，成人之美，义不容辞地为双方做好介绍工作。做介绍时，应该坚持受尊敬的一方有了解对方优先权的原则，严格遵守介绍的先后顺序。因为先介绍给谁，后介绍给谁，是个礼节性极强的问题。

❶ **把男士介绍给女士。**

在为年龄相仿的男士与女士做介绍时，应把男士引导到女士面前，把男士介绍给女士。例如："王小姐，我给你介绍一下，这位是李先生。"

❷ **把职位低者介绍给职务高者。**

在社交场合，不分男女老少，一般以社会地位和职位高低作为社交礼仪的衡量标准，把社会地位和职位低者介绍给社会地位、职位高者。

❸ 把晚辈介绍给长辈。

　　介绍同性别的人相识时，应该把年轻者介绍给年长者，以此表示对长辈的尊敬。

❹ 把未婚者介绍给已婚者。

　　一般情况下，应该把未婚者介绍给已婚者，但是如果未婚者明显年长则应该把已婚者介绍给未婚者。

❺ 把主人介绍给客人。

　　在主客双方身份相当时，应该先介绍主人，再介绍客人，以表示对客人的尊敬。

　　在为他人作介绍时，由于场合、身份和需要的不同，介绍的内容和形式也会不同。既可以有在正式场合，正规的、标准式的介绍，也可以有在社交中不拘一格的简要介绍，还可以有引见、推荐式的介绍等。

　　在为他人介绍时，介绍者应该热心、诚恳，手势动作文雅大方。无论介绍哪一位，介绍者应手心朝上，手背向下，四指并拢，以肘关节为轴，指向被介绍者一方，并向另一方点头微笑。切不可用手指头指来指去。必要时，可以说明被介绍一方同自己的关系，以便介绍的双方增进了解和信任。介绍者在为双方做介绍时，被介绍双方均应起身站立，面带微笑，目视被介绍者或对方，显得高兴、专注。介绍后，身份高的一方或年长者，应主动与对方握手，问候对方，表示非常高兴认识对方等。身份低的一方或年轻者，应根据对方的反应做出相应的反应，如果对方主动伸手与你握手，你应立即将手伸出与对方相握。当双方身份相当时，主动、热情地对待对方是有礼貌的表现。他人做介绍后，看不起对方、摆架子、装腔作势应付对方是失礼的；而低三下四、阿谀奉承，讨对方的欢心也是有失人格的，都是不正确的态度。

三、集体介绍

　　集体介绍是他人介绍的一种特殊形式，是指介绍者在为他人介绍时，被介绍者其中一方或者双方不止一个人，甚至是许多人。 在需要做集体介绍时，原则上应参照他人介绍的顺序进行。在正式活动中和隆重的场合，介绍顺序是个礼节性极强的问题，在做集体介绍时，应根据具体情况慎重对待。

❶ 将一人介绍给大家。

　　当被介绍双方地位、身份大致相似时，应使一人礼让多数人，人数少的一方礼让人数多的一方；先介绍一人或人数少的一方，再介绍人数较多的一方或多数人。

❷ 将大家介绍给一人。

　　当被介绍双方的地位、身份存在明显的差异，地位、身份明显高者为一个人或人数少的一方时，应先向其介绍人数多的一方，再介绍地位、身份高的一方。

❸ 人数较多的双方介绍。

　　被介绍双方均为多数人时，应先介绍位卑的一方，后介绍位尊的一方；或先介绍主方，后介绍客方。介绍各方人员时，则应由尊到卑，依次而行。

你知道吗

"五里"与"无礼"

　　从前有个年轻人骑马赶路，到了黄昏还没有找到住处，心里很着急。忽然，他看见远处一位老农，便高声喊："老头子，这儿离旅店还有多远？"老人回答："五里！"年轻人扬鞭策马跑了十多里路，仍不见人烟。他自言自语道："老头子骗人，五里！什么五里？"他猛然醒悟过来，这"五里"不是"无礼"的谐音吗？问路不讲礼貌，怎么能得到正确答复呢？于是，他掉转马头往回赶，见那位老农还在那里，他急忙翻身下马，恭敬地叫了一声："老大爷！"老农说："你已经错过了路头，如不嫌弃，可到我家一住。"年轻人问路时称呼老人不用敬语"老大爷"，说话、待人粗鲁，其结果是"不施一礼，多跑十里"。

知识点 3　日常会面

一、握手

　　握手似乎人人都会，但事实上，并不是每个人都能做得好。有这么一个故事，我国一个企业代表团到欧洲去谈生意，谈判谈得还可以，但欧洲公司的领导人却对中方人员

第二章 日常礼仪

不满地说："我以后再也不想见你们这位团长了。"原来，中方代表团团长几次与他握手时，眼睛都没有看着他，他觉得不被尊重，受到了伤害。其实，中方代表团团长并不是有意不尊重对方，只是他不懂得握手时不看着对方是一种不礼貌的行为。由此可见，握手并不是见面拉拉手那么简单，如果不懂得握手的礼仪规范，即使你与人拉了手，也未必能达到传递感情的效果。

人们在握手时，经常犯的错误大致有这么四点：

一是"目中无人"。如前面讲的那个例子，同别人握手，眼睛却不看对方，使对方感到受了伤害。所以，当别人走过来同你握手，或你走过去同别人握手时，眼睛一定要看着对方，一定要"目中有人"。

二是"眼睛无神"。眼睛是心灵的窗户，眼能传神。你在同别人接触时，对方能从你的眼神中看出你的心态。因此，在握手的一瞬间，你的眼神不应冷漠、无神，而应温暖、热情。

三是"耳不听言"。握着谁的手，就要和谁讲话。握着这个人的手，却在同别人说话，也会使对方感到你不重视他，甚至是瞧不起他。

四是"心不沉稳"。握手时想着快一点把人打发走，这也是很忌讳的。特别是在客人较多时，如果你有这种心态，就会给人造成敷衍的感觉。

1. 握手的规范

❶ 握手也有前奏曲	握手前应先打招呼、寒暄、问候。
❷ 去饰物以示真诚	男士在握手前应先摘下手套，摘掉墨镜等，以表示真诚相待。但女士握手时戴纱手套则是可以的。
❸ 伸手讲究先后	面对上级、长辈，或男士面对女士时，要等对方主动伸出手才可握手；如果对方是你熟悉的朋友、同辈、下级，则应该主动伸手相握表示热情。注意一点，不管你是主动方还是被动方，握手伸手时要果断，犹豫和迟疑往往会造成对方的误解。需要与多人握手，也应讲究先后次序。
❹ 净手以示尊重	用脏手与人相握是很不礼貌的。如果手上有污物，要主动向对方说明，并在清洗干净之后再去握手。

❺ 相握力度适中	握手时要把手指弯曲，达到真正的"握"。平伸手掌，轻触指尖，是一种傲慢。两手相触后，应该紧紧握住。用力握手表示见到对方很高兴。如果别人伸出手来，你却软绵绵地、有气无力地一握即放，会给对方造成毫无热情的印象。当然，紧握也要有个限度，过分的紧握会使对方不舒服，也是一种失礼。
❻ 握时稍加摇动	握手一般都会摇动几下。简短、有力地摇动是信任对方的表现，同时也是自信的表现。有时，握手中用另一只手握住对方的手臂，是一种十分友好的表现，但只限于相互十分信任的人之间，与陌生人握手不宜如此。
❼ 松手注意时机	握完手应及时松手。如果一方已经将手松开了，另一方仍抓住不放，会使场面尴尬。

2. 握手的时机

何时宜行握手礼，这是一个十分复杂而微妙的问题，它通常取决于交往双方的关系、现场的气氛，以及当事人个人的心情等多种因素。

不必握手的场合：

❶ 对方手部负伤。

❷ 对方手部负重。

❸ 对方手中忙于他事，如打电话、用餐、喝饮料、主持会议、与他人交谈等。

❹ 对方与自己距离较远。

❺ 对方所处环境不适合握手。

3. 伸手的先后次序

握手时伸手的先后次序，有"尊者决定"原则。在公务场合，握手时伸手的先后次序主要取决于职位、身份。而在社交、休闲场合，它则主要取决于年纪、性别、婚否。一般领导、长者、女士不主动伸手，对方就不应该伸手去握。

4. 握手的标准方式

行至距握手对象约1米处，双腿立正，上身略向前倾，伸出右手，四指并拢，拇指张开与对方相握。握手时应用力适度，上下稍许晃动三四次，随后松开手来，恢复原状。

5. 握手的禁忌

① 不可轻易拒绝握手。拒绝握手，是对他人的羞辱。在没有特殊情况的正式场合下，这是一种严重的失礼行为。

② 不要坐着或躺着握手，因特殊原因无法站立，应予说明。

③ 不能一只脚站在门里、一只脚站在门外握手。

④ 不要用左手与他人握手。

⑤ 不要在握手时争先恐后。

⑥ 不要在握手时戴着手套或戴着墨镜。

⑦ 不要在握手时将另外一只手插在衣袋里；不要在握手时另外一只手依旧拿着东西而不肯放下。

⑧ 不要在握手时面无表情，不置一词；也不要在握手时长篇大论。

⑨ 不要在握手时仅仅握住对方的手指尖；不要在握手时只递给对方一截冷冰冰的手指；不要在握手时把对方的手拉过来，推过去。

⑩ 不要以肮脏不洁或患有传染性疾病的手与他人相握；不要在与人握手后，立即揩拭自己的手。

二、脱帽与鞠躬

戴着帽子的人，遇到熟人需要打招呼或行其他的会面礼时，或进入他人的寓所，或在公共场所，遇到升国旗、奏国歌时，应右手握住帽子前檐中央，摘下帽子致礼。在正式场合，脱帽礼还常常是鞠躬礼的前奏。

鞠躬礼源自中国，但现在作为日常的见面礼节已不多见。国内主要用于在公共场合表示欢迎和感谢，或用于颁奖、演出、婚礼和悼念等活动。但这种礼节在日本、韩国和朝鲜十分盛行。

行鞠躬礼必须脱帽，双腿立正，目光注视受礼者，以腰为轴，上身向前倾。男士的双手应贴放于两腿外侧的裤线处，女士的双手则应下垂，搭放在腹前。鞠躬的幅度越大，所表示的敬重程度就越大。一般的问候、打招呼弯15°左右，迎客、送客表示诚恳之意弯30°～40°，90°的大鞠躬常用于悔过、谢罪等特殊情况。

三、亲吻与拥抱礼仪

亲吻礼也是西方国家常用的会面礼，它常与拥抱礼同时采用，即双方见面时既拥抱，又亲吻。

由于双方关系不同，行礼时，亲吻的部位也不相同。长辈吻晚辈，应当吻额头；晚辈吻长辈，应当吻下额或面颊；同辈之间，同性应当贴面颊，异性应当吻面颊；真正吻嘴唇，即接吻仅限于夫妻之间或恋人之间，其他关系是不能吻嘴唇的。

行亲吻礼时，特别忌讳发出亲吻的声音，或者将唾液弄到对方的脸上。

拥抱礼是西方国家传统的礼节形式。 在人们见面、告别，表示祝贺、慰问和欣喜时，常采用拥抱礼。在我国，除一些少数民族外，拥抱礼不常采用。

正规的拥抱礼，应该两个人正面相对站立，各自举起右臂，将右手搭在对方的左肩后面；左肩下垂，左手扶住对方右腰后侧。首先向各自对方的左侧拥抱，然后向各自对方的右侧拥抱，最后再次向对方的左侧拥抱，拥抱三次后礼毕。在一般的场合行此礼，不必如此讲究，次数也不必要如此严格。

你知道吗

不讨人喜欢的几种社交缺点

以下13条错误是我们经常会犯的，如果你认为这些都是一些小缺点的话，那就错了。因为这些缺点的混合速度是非常快的！这些缺点会使人对你的智慧和能力产生怀疑，任何想要培养个人魅力的人，都应远离这些缺点。

（1）不注意自己说话的语气，经常以不悦而且对立的语气说话。

（2）应该保持沉默的时候偏偏爱说话。

（3）打断别人的话。

（4）滥用人称代词。

（5）以傲慢的态度提出问题，给人一种只有自己最重要的印象。

（6）在谈话中插入一些和自己有亲密关系，却会使别人感到不好意思的话题。

（7）不请自来。

（8）自吹自擂。

（9）嘲笑社会上的穿着规范。

（10）在不适当时刻打电话。

（11）在电话中谈一些别人不想听的无聊话。

（12）给不熟悉的人写一封内容过分亲密的信。

（13）不管自己了不了解，而随意对任何事情发表意见。

知识点 ④ 馈赠与受赠

人际交往中，适当的礼品赠送往往能够起到促进友谊、加强交流的作用。这个适当，很重要的一层含义就是遵循礼仪规范。

一、礼品选择

选择礼品的出发点，就是送礼的目的。俗话说，礼下于人，必有所求。馈赠之时，即便没有任何事情相求，增进了解、沟通感情的心思也总会有。否则，送礼就不必称作送礼，而叫捐赠。

1. 因人而异

（1）**明确彼此关系**。由此决定哪些礼品可以送，哪些礼品不能送。比如，送玫瑰花给女友，是最佳礼品，但若把它送给普通关系的异性，就可能引起误会。

（2）**了解对方需求**。一要投其所好，根据受赠者的实际需求选择礼品。比如，人家好茶道，送烟酒就不合适。二要量力而行，不超出个人的经济承受能力或彼此关系的亲密程度。其实，只要礼品满足受赠者的实际需要，即使平常之物也有如雪中送炭，礼轻情义重。

（3）**尊重对方禁忌**。包括私人禁忌、民族禁忌、宗教禁忌和职业禁忌。

2. 小巧少轻

选择礼品，应以小巧少轻为原则。小，即小巧玲珑，易存易送；巧，即立意巧妙，不落俗套；少，即少而精；轻，即价格适度。

二、礼品赠送

1. 赠送形式

（1）当面赠送。亲自将礼品送给受赠方，同时表达心意，这是最为常见的方式。

（2）邮寄赠送。多为身处异地的私人朋友之间采用。

（3）托人转送。指当本人不能或不宜面交礼品时，委托第三者将礼品送达。托人转送礼品时，应请受托人代为解释自己不能亲自赠送礼品的原因。

2. 赠送时机

（1）应道喜之时。如重大节日，亲友结婚、生子时。

（2）应道贺之时。如对方乔迁、晋升，或学业、事业有成时。

（3）应道谢之时。如得到他人帮助、接受他人馈赠以后。

（4）应慰问之时。如对方遭受挫折、身患疾病、亲人辞世。

（5）应鼓励之时。如对方在生活、事业上失意，意志消沉之时。

（6）应纪念之时。如久别重逢、临行告别，或重要纪念日。

3. 赠送地点

选择赠送礼品的地点，要注意公私分明。因公送礼，应选择工作场所或交往地点；因私送礼，最宜选择对方家中。否则，受赠者会觉得公私难辨，不好处置。

4. 赠送方法

（1）包装。包装礼品显示对对方的尊重和敬意。比较正式的馈赠，应当对礼品进行包装，馈赠外国友人尤其如此。包装用纸及其图文应与礼品相符，包装纸外可用缎带打结修饰。如有必要，可以在包装内放置送礼者的名片。

（2）递送。面交礼品时，应起身站立，面带微笑，目视对方，双手递交。不可单手持礼，目视他方，甚至坐着递交礼品。

（3）说明。当面赠送礼品，应将送礼原因、礼品寓意及使用方法等向对方作以说明。邮寄或者转交礼品，可以附上解释性礼签。

三、礼品的接受

1. 从容大方

（1）接受礼品时。应起身站立，面带微笑，神态自若，双手相接，口称"谢谢"。

（2）接过礼品后。如果条件允许，不妨当众拆开包装欣赏一番，并再次向送礼者致谢，随后将礼品置于显眼、适当之处；如果当时不便打开欣赏，应在致谢后直接置于合适位置，过后拆看时再向送礼者致谢。

（3）接孩子礼品时。不要首先埋怨孩子乱花钱。老师如果觉得收学生礼物不妥，不要当面拒绝，应先收下礼物，然后通过家长谢绝。

> **想一想**
>
> 妈妈快过生日了，小欣决定自己做一颗手工的风铃送给妈妈，你认为可以吗？

2. 婉言拒收

对于受之有愧、当之不起的馈赠，应礼貌、从容地解释原因，婉言拒绝。同时，要感谢对方的好意，不可生硬地阻挡礼品，甚至直接表示怀疑对方用心不良。

事后退还礼品，一般应在 24 小时以内。

四、不同场合的礼物选择

1. 做寿礼

给老人做寿送礼可送象征长寿健康和表达关怀心意的礼物，比如长寿面、寿桃，或者电热毯、计步器、电子血压计等，忌讳送钟表、鞋子，水果则不能送梨，以避免老人比较忌讳的"送终""邪气""离别"的谐意。

2. 探病礼

送鲜花和水果并不是唯一，也不是最适合的探病礼物，因为有些人可能对鲜花过敏，一些病人不能吃水果。当鲜花凋落时，还有可能引起病人不好的联想。若要送植物则建议送长青植物。忌讳送药。例如，病人康复时可送小玩具、画册，病人治疗时可送羊毛毯、保温杯等。

3. 乔迁礼

祝贺主人乔迁之喜的礼物可以是生活用品，也可以是食物、鲜花。但要注意的是，送生活用品不宜送刀剪这些利器以及睡衣、浴衣这种隐私物。最受欢迎的乔迁之礼应该是主人有点舍不得买、但是又很喜欢的实用品。例如，多士炉、咖啡壶。

4. 做客礼

受邀到主人家做客一定要带些小礼物，空手拜访是失礼行为。但礼物无须贵重，否则反而会成为主人的负担。例如，鲜花、红酒。

5. 教子礼

长辈送孩子的礼物最好有文化教育和健身娱乐的作用，不宜送奢华礼物。例如，书籍、网球拍。

五、馈赠与受赠的忌讳

① 选择的礼物，你自己要喜欢。你自己都不喜欢，别人怎么会喜欢呢？

② 为避免几年选同样的礼物给同一个人的尴尬情况发生，最好每年送礼时做一下记录为好。

③ 千万不要把以前接收的礼物转送出去，或丢掉它，不要以为人家不知道，送礼物给你的人会留意你有没有用他所送的物品。

④ 切勿直接去问对方喜欢什么礼物，一方面可能他要求的会导致你超出预算，另一方面你即使照着他的意思去买，可能会出现这样的情况，"呀，我曾经见过更大一点儿的，大一点儿不是更好吗？"

⑤ 切忌送一些将会刺激别人感受的东西。

⑥ 不要打算以你的礼物来改变别人的品位和习惯。

⑦ 必须考虑接受礼物的人的职位、年龄、性别等。

⑧ 即使你比较富裕，送礼物给一般朋友也不宜太过，而送一些有纪念的礼物较好。如你送给朋友儿子的礼物贵过他父母送他的礼物，这自然会引起他父母的不快，同时也会令两份礼物失去意义。

⑨ 接受一份你的朋友难以负担的精美礼品，内心会很过意不去，因此，送礼的人最好在自己能力负担范围内较为人乐于接受。

⑩ 谨记要除去价钱牌及商店的袋装，无论礼物本身是如何不名贵，最好用包装纸包装，有时细微的地方更能显出送礼人的心意。接受别人赠送的礼物，切忌询问价钱。

⑪ 考虑接受者在日常生活中能否应用你送的礼物。

六、商务送礼的 4 个规矩

1. 礼物轻重得当

一般来讲，礼物太轻，意义不大，很容易让人误解为瞧不起他；礼物太贵重，又会使接受礼物的人有受贿之嫌，特别是对上级、同事更应注意。

第二章 日常礼仪

2. 送礼间隔适宜

送礼的时间间隔也很有讲究，过于频繁或间隔过长都不合适。送礼频繁，目的性太强。另外，礼尚往来，人家还必须还情于你。一般来说，以选择重要节日、喜庆、寿诞送礼为宜。

3. 了解风俗禁忌

送礼前应了解受礼人的身份、爱好、民族习惯，免得"送"出麻烦来。有个人去医院看望病人，带去一袋苹果以示慰问，哪知引出了麻烦，正巧那位病人是上海人，上海话中"苹果"跟"病故"二字发音相同。

4. 礼品要有意义

任何礼物都表示了送礼人的特别心意，或酬谢，或求人，或联络感情等。所以，你选择的礼品必须与你的心意相符，并使受礼者觉得你的礼物非同寻常，倍感珍贵。实际上，最好的礼品应该是根据对方兴趣爱好选择，是富有意义、耐人寻味、品质不凡却不显山露水的礼品。

部分国家和地区送礼的禁忌

1. 日本

日本人将送礼看作是向对方表示心意的物质体现。礼不在厚，赠送得当便会给对方留下深刻印象。送日本人礼品要选择适当，中国的文房四宝、名人字画、工艺品等最受欢迎，但字画的尺寸不宜过大。

给日本人送礼，最关键的是礼品的包装绝对不能草率，哪怕是一盒茶叶也应精心打理，有时候，日本人重视礼品包装甚于礼品本身。

中国人送礼成双，日本人则避偶就奇，通常用1、3、5、7等奇数，但又忌讳其中的"9"，因为在日语中"9"的读音与"苦"相同。另外，向个人赠礼须在私下进行，不宜当众送出。

2. 美国

与美国人交往，有两种场合可通过赠礼来自然地表达祝贺和友情，一是每年的圣诞节期间，二是当你抵达和离开美国的时候。如是工作关系可送些办公用品，也可选一些具有民族特色的精美工艺品。在美国，请客人吃顿饭，喝杯酒，或到别墅去共度周末，被视为较普遍的"赠礼"形式，你只要对此表示感谢即可，不必再作其他报答。去美国人家中做客一般不必备厚礼，带些小礼品如鲜花、美酒和工艺品即可，如果空手赴宴，则表示你将回请。

3. 欧洲国家

送礼在欧洲不大盛行，即使是重大节日和喜庆场合，这种馈赠也仅限于家人或亲密朋友之间。来访者不必为送礼而劳神，主人绝不会因为对方未送礼或礼太轻而产生不快。德国人不注重礼品价格，只要送其喜欢的礼品就行，包装则要尽善尽美；法国人将香槟酒、白兰地、糖果、香水等视为好礼品，体现文化修养的书籍、画册等也深受欢迎；英国人喜欢鲜花、名酒、小工艺品和巧克力，但对饰有客人所属公司标记的礼品不大欣赏。

4. 阿拉伯国家

中国的工艺品在这一地区很受欢迎，造型生动的木雕或石雕动物，古香古色的瓷瓶、织锦或香木扇，绘有山水花鸟的中国画和唐三彩，都是馈赠的佳品。向阿拉伯人送礼要尊重其民族和宗教习俗，不要送古代仕女图，因为阿拉伯人不愿让女子的形象在厅堂高悬；不要送酒，因为多数阿拉伯国家明令禁酒；向女士赠礼，一定要征得她们的丈夫或父亲许可，因为赠饰品给女士是大忌。

知识点 5 公共场所

公共场所的礼仪最能显示出人们的气质修养，反映他们所受的家庭教育。一个人的礼仪素养也总是通过日常的诸多细节得以体现，细节决定成败，细节彰显境界。因此，对于中职生来说，知礼、懂礼，将礼仪规范尽早内化为个人的行为习惯，对于塑造良好的个人形象和促进社会文明进步都有极其深远的意义。

一、广场散步时的礼仪

（1）**注重仪表，举止文明**。自觉恪守礼仪，行为适度，不能在广场上随意奔跑，不多人携手并行，不尾随围观，否则会扰乱广场秩序，妨碍他人。异性同行时，不应表现得过分亲密，否则既有碍文明又有不自重之嫌。

（2）**互帮互助，互谅互让**。遇到问路者应尽力相助，不要不予理睬。通过狭窄路段，应礼让他人先行，不要争先恐后。在拥挤之处不小心碰到他人，应立即致歉。

（3）**爱护公物，保护环境**。对广场上的各种设施设备，要自觉爱护，不做毁坏公物之事，如攀折树木、采摘花卉、蹬踏雕塑、信手涂鸦、划痕或践踏绿地、草坪等。此外，还应注意不得随地吐痰或乱扔废弃物品，以维护环境卫生。

二、排队等候的礼仪

（1）**调整心态，耐心等候**。排队时，应尽快调整好心态，自觉按照先来后到的顺序排列成行，耐心等候，不要起哄、拥挤。

（2）**遵守秩序，依次行事**。队列秩序需众人共同维护。排队的基本秩序为：先来后到，依次而行。不仅自己做到不插队，而且还要做到不让自己的任何熟人插队。

（3）**间距适当，互惠互利**。在排队时，大家均应缓步前行，两人间的距离尽量保持在一臂左右。前后间距过窄会让人局促不安，比如在自动提款机上取钱时，排在身后的人若与自己挨靠过近，就极易心生戒备，造成很大的恐慌。

三、超市购物的礼仪

（1）**慎重选取，物归原位**。在超市购物，选取后又决定不要的商品，应及时放回到货架上，尤其是那些冷冻商品。选购水果等食用商品时，不要随手乱翻、乱捏，那样会让水果过早腐烂。使用超市提供的手推车，要注意停放的位置，不要妨碍他人，结账后应将其推放到指定的地方。

（2）**诚实消费，损物赔付**。若因不慎而损坏超市里的物品，则需如实说明，主动承担责任并照价赔偿，不应若无其事，溜之大吉。趁人不备的"顺手牵羊"、小偷小摸或多拿少付等卑劣行径更是文明社会所不容的。

（3）**耐心说明，自觉排队**。选购商品时若遇纠纷，应以事实为依据，心平气和地耐心说明，不要发生无谓的争执。结账之际，遇顾客人数较多时，应自觉依次排队。

四、游乐园游玩的礼仪

（1）**安全至上，规范操作**。游乐园是深受广大青少年朋友喜爱的现代休闲娱乐场所之一。游乐场里的设施一般以动态项目为多，每位游客在使用游乐设施之前，都应认真倾听相关的安全知识讲解和安全事项说明，并接受必要的使用指导和培训，以掌握基本的操作要领。活动中则应严格按规程行事，绝不可掉以轻心。

（2）**爱护设施，遵守秩序**。对于游乐场里的任何设施，游客都有爱护的义务。为保障游乐场内各种游乐设施的安全运营，游客应自觉遵守各项活动规则，不随意争抢。若遇恶劣天气或设施故障时，应对工作人员所采取的应急措施予以积极的配合，尤其是当因违规而出现危情时，应虚心接受工作人员的提示和纠正，不得胆大妄为。

（3）**举止文明，共创愉悦**。参加游乐项目时，应自觉排队等候，切忌不讲先后随意插队或争抢，以免发生拥挤造成混乱。在活动过程中，应文明使用各类设施，不乱踩乱踏供游客休息就座之处，如滑梯面、秋千座、休憩椅等；不得长时间独占活动器具，尤其在有人等候时；不得出现猛晃、乱敲活动设施之类的破坏性行为，以共同营造轻松、愉快的游乐氛围。

五、参观博物馆（展览馆）时的礼仪

（1）**仪容整洁，穿戴得体**。凡参观博物馆或展览馆者均应注意自己的仪容穿戴，力求做到整洁、得体。蓬头垢面、衣冠不整或着装过于暴露，非但与馆内文化氛围不相宜，而且还有失自尊。

（2）**倾听，保持安静**。当工作人员介绍和讲解时，不论你是否感兴趣，都应认真倾听，以示尊重对方。若需提问，应举手示意，不得随意插话。说话音量适中，不得高声喧哗，以免影响他人的正常参观。

（3）**爱护展品，积极配合**。爱护展品，人人有责。参观时不妨"多用眼、少用手"。馆内展品，除有特别说明外，切勿随意触摸，以防损坏。此外，还应积极配合展馆管理人员的工作，按照指定线路参观，并自觉遵守相关规定。

六、剧院看演出时的礼仪

（1）**修饰得当，慎重着装**。在剧院观看演出是社会公认的一种高品位审美活动，为了体现对全体演职人员的尊重，必须注意自己的仪表修饰，自觉穿正装入场，绝不允许穿背心、短裤、拖鞋入场。在观看戏剧、舞蹈或出席音乐会时，着装的要求则更高一些，即便是牛仔服、运动服等过于休闲的服装也应慎重穿着。

（2）**尽早入场，安静就座**。为了既保证演出效果又不影响其他观众的欣赏，在观看演出时，应及早检票入场。演出正式开始之后，不宜再陆续入场。入场后应尽快安静就座，就座时宜轻、宜稳。演出过程中，应尽量避免发出任何声响，绝对禁止接打手机，最好不用相机，并禁止使用闪光灯。此外，中场休息时不应站在通道和检票口随意交谈，否则会妨碍他人的通行。

（3）**尊重演员，适时鼓掌**。在观看演出时，所有观众都应对全体演职人员的辛勤劳动表示应有的尊重。每逢一个节目终了或一幕结束之后，应热烈鼓掌（但西方的交响乐，每一篇章之间是禁止鼓掌的）；演出期间不宜频繁鼓掌，以免影响演出的视听效果。当演员谢幕之后，观众才可井然有序地退场。

七、观看电影时的礼仪

（1）**提前进场，对号入座**。到影院看电影，须提前10分钟左右到达。对号入座，即便座位有空余，也应坐在自己的位置上，以免与后到的此座位的持票者相冲突。但是开场后才入影院的，就要找就近的空位坐下，以免妨碍他人。

（2）**保持安静，举止文明**。放映期间，看到有趣、感人的画面，告诉孩子不要过于大声地哭或笑，也不要当场就和大人讨论问题，应保持安静，等放完后，再让孩子谈他的感想。观看时，不能戴帽，不要左顾右瞻，不吃带壳、会发出声响的食物，看完电影后，把自己的垃圾带到场外。

（3）**认真观看，避免干扰**。观看电影，有助于提高人们的艺术审美素养，若想有所收获，每位观众都有责任共同维持放映现场的秩序。随身携带手机的观众，在进入放映厅后即须自觉关闭手机或将其调至振动状态，不得在观看过程中随意接打手机或接发短信，特别是发短消息，因为过亮的手机屏幕，会让其他观众的视觉感到不适。

八、乘电梯（上下楼梯）的礼节

（1）**乘电梯时**。

❶ 电梯到达时，如有熟人一同等候，不必过分客气，你推我让，以致耽搁时间，引起电梯门前乘客不满。但应让女士或老弱先进入或走出电梯。

❷ 进入电梯后应立即转身面对电梯门，避免与他人面对而立。

❸ 在电梯内，勿高声谈话，更勿吸烟。

❹ 应等下电梯的人走出电梯后，再行进入电梯。

（2）上下楼梯时。

上下楼梯时，男女长幼之顺序如下：上楼时，女士在前男士在后；长者在前，幼者在后，此以示尊重也；下楼时，男士在前，女士在后；幼者在前，长者在后，此为安全顾虑之故。

九、洗手间的礼仪

❶ 清洁用过的厕所。	当你用完厕所，就要即时放水冲洗。有的地方，即使贴了告示，有人还是一走了之。
❷ 毛巾、纸巾和烘手机。	在国外，大部分厕所都有烘手机、毛巾和纸巾擦手，这是专为洗手后准备的。中国很多公共厕所都没有这些装备，有的地方尽管有，不少人却又对此视而不见。有些人习惯洗手以后一边走路一边挥动双手，请注意千万不要这样做，这样会把地板弄湿。在湿的地板上踩进踩出，地板很容易变脏。

❸ 用洗手间时要关门，用完洗手间时不用关门。

你知道吗

出门的礼仪

（1）衣冠不求华美，唯须整洁。

（2）见长者，必趋致敬。

（3）登高不呼，不指，不招呼。

（4）路上不吸烟，不嚼食物，不歌唱。

（5）乘车见长者必下，见幼者亦须与之领首为礼。

（6）夜必归家，因事不能归时，必先告知家人。

（7）车马繁杂冲区，不招呼敬礼。

（8）不立在路上久谈。

（9）不走马路中间，越路须先向左右看清，不可与汽车争路。

（10）行走时，步履宜稳重，并宜张胸闭口，目向前视。

（11）遇妇女老弱，应尽先让路让座。

（12）途次有人问路，须详为指示；问路于人，须随即称谢。

（13）一人不入古庙，两人不看深井。

（14）逢桥先下马，过渡莫争船。

（15）在舟车上或飞机上，不探首或伸手出窗，并不得随便吐痰。

知识点 6　交通礼仪

一、小轿车和出租车

① 小轿车的座位，如有司机驾驶时，以后排右侧为首位，左侧次之，中间座位再次之，前座右侧殿后，前排中间为末席。

② 如果由主人亲自驾驶，以驾驶座右侧为首位，后排右侧次之，左侧再次之，而后排中间座为末席，前排中间座则不宜再安排客人。

③ 主人夫妇驾车时，则主人夫妇坐前座，客人夫妇坐后座，男士要服务于自己的夫人，宜开车门让夫人先上车，然后自己再上车。

④ 如果主人夫妇搭载友人夫妇的车，则应邀友人坐前座，友人之妇坐后座，或让友人夫妇都坐前座。

⑤ 主人亲自驾车，坐客只有一人，应坐在主人旁边。若同坐多人，中途坐前座的客人下车后，在后面坐的客人应改坐前座，此项礼节最易被疏忽。

⑥ 女士登车不要一只脚先踏入车内，也不要爬进车里。需先站在座位边上，把身体降低，让臀部坐到位子上，再将双腿一起收进车里，双膝一定保持合并的姿势。

二、公共汽车、地铁

公共汽车是大众运输工具，经常需要搭乘。别小看那小小的车厢，方寸之间应对进退的礼貌却大有学问，有的人可能因为一早搭公共汽车就惹了一肚子的气，使得一整天的情绪低落，实在没有必要。其实，只要掌握礼让、无我的原则，做一个快乐的乘车族是不难的。

（1）按顺序上下车。**车到站时，要先下后上，自觉排队，不要拥挤**。一般情况下，"男女有别，长幼有序"应是一种公众准则。遇有残疾及行动不便者，应主动给予帮助。

绝不可凭借自己身强力壮，车尚未停稳便推开众人往上挤，这样不仅显得十分野蛮而且极不道德。

（2）**注意文明细节。上车后应主动买票、打卡、投币或出示月票。**上车后应尽量往里走，不要堵在车门口。一般情况下，一上公共汽车，如果车上仍有很多座位，应该避免坐老弱妇孺专座，如果大家都就座，只剩下老弱妇孺专座，那么暂且坐下无妨，但在下一站若有老弱妇孺上车，第一个必须起立让座的是这个座位上的乘客，这是毋庸置疑的。因为搭乘公共汽车几乎是大部分人生活的一部分，所以，即使是小小的礼貌细节，都可能会影响他人，引起不悦。诸如，在车上大声聊天、谈论别人的隐私；放任幼儿在车上啼哭、嬉戏，妨碍同车者的情绪，甚至影响司机开车的注意力；在车厢内吸烟、随地吐痰、乱扔废弃物等。人人应该争做净化乘车环境的使者。

（3）**上车后注意安全。**扶好、坐好，不要将身体伸到车厢外，或随意动车厢里的设施。

（4）**提前做好下车准备。**车到站以前，应提前做好下车准备。如果自己不靠近车门，应先礼貌地询问前面的乘客是否下车，如前面的乘客不下车，要设法与其调换一下位置。

三、火车

1. 持票有序上车

坐火车因为人多，停车时间短，故应提前到站，在候车室等候检票，检票时要排队。进入站台后，待火车停稳，方可在指定车厢前排队上车。不要拥挤，更不要从车窗上车，或是从车顶上、车厢下攀援、穿行。

铁路部门对乘客所携带的物品内容、数量均有规定。不应携带违禁物品或过量物品上车。必要时，应办理托运手续。当工作人员检查行李时，应主动予以配合。

2. 注意仪表

与邻座的乘客交谈时，要注意话题的分寸和谈话的深度。不要瞎吹乱弹，大发牢骚，传播小道消息与政治谣言。也不要轻易相信别人，以免上当受骗。当他人兴致不高或打算休息时，应适可而止。有人跟自己交谈时，不要置之不理。

3. 多伸援手

在火车上休息一般不应宽衣解带。除非在卧铺车上就寝，脱鞋脱袜也不适合。不论天气多么炎热，都不要打赤膊，下装亦不应过于短小。

第二章　日常礼仪

在坐席车上休息时，不要东倒西歪，卧倒于坐席上、坐席下、茶几上、行李架上或过道上。不要靠在他人身上，或把脚跷在对面的坐席之上。在卧铺车上休息时，不要采用不雅的姿态，也不要注视他人的睡相和睡前准备。

在火车上，大家尽管萍水相逢，也算是有缘千里来相会，因此彼此要相互关心、相互照顾。别人行李拿不动时，应援之以手。有人前去用餐或方便时，可代为照顾行李、孩子。有人晕车或病了时，应多加体谅。他人帮助了自己时，要多加感谢。

> **想一想**
>
> 在火车上有一妈妈带着一个一岁多的小孩分坐在相挨的两个座上，有一老大爷上了车，无座。
>
> 你认为妈妈可以给老大爷腾出一座吗？

4. 适当与邻座交谈

上车后应主动向邻座之人打招呼问好。若对方反应一般，向其点点头，微笑一下即可，不必一厢情愿，说得过多。

四、飞机

1. 积极配合安检

乘坐飞机时，航空公司通常都规定任何乘客不得携带枪支、弹药、刀具以及其他一切武器或凶器，不得携带一切易燃、易爆、剧毒、放射性物质以及其他任何有碍于航空安全的危险物品。在交付托运的行李之中夹带此类物品，一般也是不许可的。

乘机者在办理完登机手续之后，还必须接受例行的安全检查，此后方可登机。 如有必要，安检人员还有可能对乘客或其随身携带的行李使用探测仪进行检查，或者进行手工检查。**在接受此类检查时，不应当拒绝合作，或无端进行指责。**

2. 遵守安全乘机的规定

当飞机起飞或降落时，一定要自觉地系好自己的安全带，并且收起自己面前的小桌板，同时将自己的座椅调直。当飞机受到高空气流的影响而发生颠簸、抖动时，也要将安全带系好，切勿自行站立、走动。在飞机飞行期间，严禁使用移动电话、手提电脑、激光唱机、微型电视机、调频收音机、电子式玩具、电子游戏机等电子设备。

对于有关飞行安全设备、逃生方法的介绍一定要洗耳恭听，认真阅读，并且牢记在心。更重要的是切勿乱摸、乱动机上的安全用品。偷拿安全用品或私开安全门，这不仅有可能犯法，而且还有可能危及自己和其他乘客的生命安全。

3. 注意个人仪态举止

在飞机飞行期间，一定要熟知并遵守各项有关安全规定，上下飞机时，要注意依次而行。在机上放置自己随身携带的行李时，与其他乘客要互谅互让。在自己的座位上就座时，要保持自尊。不要当众脱衣、脱鞋，尤其是不要把腿、脚乱伸乱放。当自己休息时，注意不要使身体触及他人，或是将座椅调得过低，从而有碍于人。与他人交谈时，说笑声切勿过高。不要在机上吸烟或者乱吐东西。万一晕机呕吐，务必要使用专用的清洁袋。不属于自己的公用物品，如耳机、救生衣、书刊，都不能随便拿走。

4. 尊重乘务人员

上下飞机，机组乘务人员均在机舱门口列队迎送。对他们的招呼、问候，应予以友好的回应，不可置之不理。飞机升空或降落前，乘务人员都要检查乘客是否扣好安全带，身前小桌是否收起，此时必须听从管理和指导。当乘务人员送来饮料和食物时，应道声"谢谢"。

万一飞机因故晚点、停飞、返航或改降其他机场，应从大局出发，予以理解和配合，切勿拿乘务人员出气，更不要拒绝下飞机或拦截飞机起飞而触犯法律。

你知道吗

访　人

（1）先立外轻轻叩门，主人让入方入。
（2）入内有他客，主人应介绍，须一一为礼，辞出时亦如之。
（3）入内见有他客，不可久坐；有事，须请主人另至他所述说。
（4）座谈时见有他客来，即辞出。
（5）坐立必正，不倾听，不哗笑。
（6）不携一切动物上堂。
（7）主人室内之信件文书，概不取看。
（8）谈话应答必顾望。
（9）将上堂，声必扬。
（10）户开亦开，户阖亦阖；有后入者，阖而勿遂。
（11）主人欠伸，或看钟表，即须辞出。

第二章　日常礼仪

（12）饭及眠时不访客。
（13）晋谒长官尊长，应先鞠躬敬礼，然后就座；及退，亦然。
（14）与长官尊长，及妇女行握手礼时，应俟其先行伸手，然后敬谨与握。
（15）访公教人员，必先问明其上班钟点，不可久坐闲谈。

1. 简述日常交往礼仪的基本内容。

2. 舞会与沙龙中的礼仪规范包括哪些？

3. 公共场所的礼仪包括哪些？

第三章 学校礼仪

▼ **教学目标**

通过学习本章相关知识，使学生能够更好地了解在学校这个每天生活学习的地方应该有怎样的行为举止。

▼ **教学要求**

认知： 使学生对学生礼仪、校园公共场所礼仪及求职有所了解，以指导其今后学习及工作。

理解： 让职校生通过礼仪教育深刻体会到礼仪的内涵。

运用： 使学生能够将礼仪运用到校园生活中去，倡导一种良好的校园生活氛围，能使学生身临其境，在交往中自觉地、轻松地接受礼仪的熏陶。

第三章 学校礼仪

知识点 1 学生的日常礼仪规范

《2004年黑龙江省职业学校学生技能大赛》综合素质礼仪部分有这样一道题：请说出常用的十个文明用语，有的同学竟然得了0分，得满分的同学仅占23.6%。可见礼仪素质与交往能力的培养在学校教育中是一个不被重视的课题，而提到交往能力，人们往往与请客送礼的现象等同起来，实际上，良好的礼仪素质与交往能力对学生今后的发展与成才具有十分重要的作用。

事实上，现在的学生大多数是独生子女，从小就受到过多的呵护甚至溺爱，不少学生在交往中，往往习惯于以自我为主，缺乏一种与人谦让、合作的思想，不懂得尊重、关心、体谅别人，有时一些学生因为不善社交，孤独无伴，而形成了任性、内向、偏执等不良性格。而在我们的现代生活中，最需要的恰恰是人与人之间相互尊重、相互包容、团结协作的团队精神。由于有些学生礼仪素养不高，相互间交往困难，使得"踏着铃声进出课堂，宿舍里不声不响，互联网上述衷肠"成了校园生活的一种写照。学生与学生之间、老师与学生之间沟通交往比较困难；学生不会独立生活和为人处世；不善交往，不知道如何与人沟通，不懂得交往的技巧和原则；有的有自闭倾向，不易被人接受，相互之间关系不融洽，容易闹矛盾；在与社会交往中易给人留下不好的印象，进而影响自身的整体形象；在就业面试时容易被淘汰；到了工作岗位后也由于自己的不注意而导致和同事较难相处，工作打不开局面等；有的为交际而交际，不惜牺牲自己做人的原则而随波逐流。

所以，对即将走上工作岗位的中职学生来说，应该尽快建立人际交往的观念。**实践表明，那些人际关系处理得好的毕业生，工作中，较多的得到事业成功；而有些人际关系处理得不好的毕业生，尽管他们在学校成绩很优秀，仍不能很好地发挥自己的才能。**那些获得高薪或高职位或自己当老板的往往不是学习上的尖子生，而是那些全面发展、人际关系良好的毕业生，因为他们善于与人交往，善于展示自己的才华，能获得更多的发展机会和提拔重用。

一、中职学生礼仪现状

目前,中职学生中讲文明、重礼仪现状令人担忧。

(1)**只有部分学生具有较好的礼仪**。一部分学生如餐饮、旅游、营销等服务性专业的学生,由于较为系统地学习了"礼貌礼节"知识,又受过专门训练,参与过社会实践,因此他们中绝大部分能够做到"诚于中而形于外",平时讲文明、重礼仪,遵纪守法,顾全大局,尊敬师长,团结同学,待人真诚有礼,处事自然大方,不仅给老师留下了深刻印象,也给其他同学树立了良好的榜样。还有其他专业少部分素质较高的学生,其礼仪素质相对也较高。

试一试

你能再列举一些礼仪不好的现象吗?

(2)**绝大部分学生应有的文明礼仪不够**。英国著名哲学家培根说,"行为举止是心灵的外衣",但是有些学生由于缺乏文明礼仪的基本常识,只有礼貌之心,而无应有的礼节、礼仪之行。他们在与师生交往、待人接物方面以及在公共场所,不知道如何以礼交际,显得手足无措。有的学生见到老师,或应付式地叫一声"老师",便低头跑了,或羞涩地抿嘴一笑,或面无表情地喊一声"老师好",到老师面前或习惯性地插口袋,或东张西望。如是坐着谈心,有的学生竟跷起腿,女生亦不知双膝并拢的基本要求。总之,其现有行为与应有行为很不一致。

(3)**极少数学生文明礼仪素养极差**。有极少数学生不但没有养成最起码的文明礼仪习惯,还在社会上沾染了不少不文明、不礼貌的坏风气、坏习惯,满口脏话、粗话,经常抽烟喝酒,寻衅闹事,甚至打架斗殴。这部分学生大多是中学时候学校的"捣蛋鬼",以及他们来到学校后被"带"出来的所谓"跟班""徒弟"。

二、中职学生礼仪规范

因为中职学生即将走上社会,但又是学生,处在社会和学校的"交集"中。鉴于这种特殊性,从礼仪角度来说,应该注意以下几点。

(1)**适当注意自己的形象**。千万不要以为自己是学生,形象就不重要。你每天主要面对的是你的同学、老师。如果太不注意自己的形象,久之,会在别人的眼里形成邋遢的"深刻"印象,而这种印象一旦形成,就很难改变。而且,一旦形成不良的习惯,一时也难以改变。虽不至于像上班族那样苛刻地要求自己,但只要有条件,就应该使自己的外在形象利利索索、干干净净。

（2）日常生活中。女生在日常学习、生活中，以不化妆为宜；在社交娱乐活动中，可以化个淡妆。化妆的时候，应以自然、清淡为主，切忌痕迹过重，那会丧失年轻人自然的美感。不宜穿高跟皮鞋。男生不可以穿背心、光膀子、穿短裤拖鞋在外面活动。

（3）语言也要文明。现在的社会，说粗话、脏话成了很多人的习惯甚至是时尚，在公共场所大声喧哗也无所谓。中职学生是社会的精英、民族的希望、国家的未来，在他们身上体现的应该是积极的、阳光的、代表先进方向的事物。所以，中职学生首先必须做到语言文明，和脏话、粗话、公共场所大声喧哗告别。

（4）人际交往应注意。和自己的老师、同学交往，不要以为都是熟人，一切都无所谓。起码的礼貌、尊重，任何时候都不可以丢，即使是对自己至亲的人。因为这些是体现你的素养，体现你对别人的敬重。还有就像诚信、守约等，都应该严格做到。

（5）沟通不可小视。和同学、老师之间，一旦有任何事情，包括学习、生活上的事情，在不违反原则的前提下，都应该及时与他们沟通，以求得理解和支持。

（6）注意仪表。一个人长相的美和丑是父母生成的，而修养和气质却是后天获得的。所以，作为学生保持天生的自然美和质朴美，应做到：

女同学的发式以梳辫子、理短发、童发为宜。这样可给人一种清晰、活泼、纯真的感觉。披肩发也还可以。不要烫发、染发，以免显得过于老气和成人化。

男学生不要留长发，不要蓄须，以显得整洁、干净，富有朝气。当然现在开放多了，发式也多种多样。但不管是哪种发式，都要给人阳刚之气才好。如果不是出于学习的需要，留长发和蓄小胡子会显得疲沓、精神萎靡不振，甚至还会给人一种流气的印象。

（7）课堂礼仪。

上课：上课的铃声一响，学生应端坐在教室里，恭候老师上课，当教师宣布上课时，全班应迅速肃立，向老师问好，待老师答礼后，方可坐下；学生应当准时到校上课，若因特殊情况，不得已在教师上课后进入教室，应先得到教师允许后，方可进入教室。

听讲：在课堂上，要认真听老师讲解，注意力集中，独立思考，重要的内容应做好笔记。当老师提问时，应该先举手，待老师点到你的名字时才站起来回答，发言时，身体要立正，态度要落落大方，声音要清晰响亮，并且应当使用普通话。

下课：听到下课铃响时，若老师还未宣布下课，学生应当安心听讲，不要忙着收拾书本，或把桌子弄得嘭嘭作响，这是对老师的不尊重；下课时，全体同学仍需起立，与老师互道再见，待老师离开教室后，学生方可离开。

（8）课外的礼仪。学生和教师相遇，通常应由学生主动先向教师招呼，道声"老师早"或"老师好"，不能见到老师便躲；在车、船、码头遇见老师，即使客人多，人拥挤，学生也应让老师先上下车、船。

虽然不提倡学生恋爱，但中职学生恋爱却是非常普遍的现象。即使是恋人，在校园里必须注意自己的身份和形象，绝不可以表现得太亲热。绝不能说这是个人私事，别人无权干涉。否则，不仅和学生的身份不符，还有违学生行为规范，有伤校园风气。

你知道吗

同学之间的礼仪

要处理好同学关系，在礼仪方面应注意以下几点。

1. 尊重同学

相互尊重是处理好任何一种人际关系的基础，同学关系也不例外，同学关系不同于亲友关系，它不是以亲情为纽带的社会关系，亲友之间一时的失礼，可以用亲情来弥补，而同学之间的关系是以学校为纽带的，一旦失礼，创伤难以愈合。所以，处理好同学之间的关系，最重要的是尊重对方。

2. 物质上的往来应一清二楚

同学之间可能有相互借钱、借物或馈赠礼品等物质上的往来，但切忌马虎，每一项都应记得清楚明白，即使是小的款项，也应记在备忘录上，以提醒自己及时归还，以免遗忘，引起误会。如果所借钱物不能及时归还，应每隔一段时间向对方说明一下情况。在物质利益方面无论是有意或者无意地占对方的便宜，都会在对方的心理上引起不快，从而降低自己在对方心目中的人格。

3. 对同学的困难表示关心

同学的困难，通常首先会选择亲朋帮助，但作为同学，应主动问讯。对力所能及的事应尽力帮忙，这样，会增进双方之间的感情，使关系更加融洽。

4. 不在背后议论同学的隐私

每个人都有"隐私"，隐私与个人的名誉密切相关，背后议论他人的隐私，会损害他人的名誉，引起双方关系的紧张甚至恶化，因而是一种不光彩的、有害的行为。

5. 对自己的失误或同学间的误会，应主动道歉说明

同学之间经常相处，一时的失误在所难免。如果出现失误，应主动向对方道歉，征得对方的谅解；对双方的误会应主动向对方说明，不可小肚鸡肠，耿耿于怀。

第三章　学校礼仪

知识点 2　校园中的礼仪

一、宿舍礼仪

宿舍是学生共同生活的场所，学生有将近三分之二的时间花在宿舍里。所以这里生活得怎样，直接影响同学之间的人际关系状况以及学习状况。

宿舍是学生共同的家，也是反映学生精神文明和礼仪修养的一个窗口，一定要格外重视。

1. 宿舍内的卫生

❶ 保持宿舍内外整洁，经常打扫寝室，包括地面、桌椅、橱柜和门窗等。

❷ 被褥要折叠得整齐美观，并统一放在一定位置上，蚊帐钩挂好，床单不许露出床边，床上不许放置其他物品，床上用品要保持干净、整洁。

❸ 衣服、水杯、饭盒、热水瓶等，要统一整齐地放在规定的地方。

❹ 换下的脏衣服、脏鞋袜等必须及时洗干净，以免时间长了影响宿舍里的空气质量。

❺ 自己重要的书、衣服、用品等，不要乱丢乱放，要放在自己的橱柜内。

❻ 宿舍内外不应该乱写乱画，乱倒水，要保持干净。

❼ 不在宿舍区随地大小便；如果是住楼上，严禁向楼下倒水。

2. 在宿舍里串门、接待亲友或外人来访

❶ 应在有同学相邀，或在得到该室其他同学允许时，才可以串门。进门后，应主动向其他同学打招呼，并且只能坐在邀你的同学的铺位上，不能随处乱坐。不能乱用别人物品，不能乱翻动别人的东西。讲话声要轻，时间要短，不能坐得太久，以免影响其他同学的正常作息。

❷ 到异性同学的宿舍去，除注意上述要求外，还要注意，进门前要打招呼，在得到该室同学允许后方可进去。要选择好时间，不要选择在多数同学要处理生活问题的时候，更不要熄灯后过去。而且谈吐要文雅，逗留时间更要短暂。

❸ 接待亲友或外人来访时，在进入前自己应先向在室内的同学打招呼。进室后，自己应主动为同学做介绍，如果是异性亲友或外人来访，自己更要先打招呼，说明情况，要在同室人有所准备之后，再进。同室同学也要礼貌待人，这样既尊重了客人，也尊重了同学。

❹ 不要随便留人住宿，更不要留不明底细的人住宿，以免出问题。

> **想一想**
>
> 处理好宿舍里的同学关系，还需要注意哪些问题？

3. 要相互关心又不要干预别人私事

关心也应有个限度，如果过分热心于别人的私事，也可能会导致侵犯他人的个人权利。假如有意或无意地干预别人的私事，也可能会造成难堪的后果。

正确的做法是：

❶ 不可以私翻私看别人的日记。有的学生没养成随时收捡东西的习惯，连日记本也随便丢在枕边或课桌上，甚至翻开放在那里。即使碰到这种情况，别的同学也不应以任何借口去私自翻阅。

❷ 集体宿舍人多，信件也多，不可以私拆、私藏别人的信。

❸ 不可以打探同学的隐私。有的学生对自己的某种情况，或家中的某件事，不愿告诉别人，也不愿细谈。这是属于个人隐私，他有权保密，应受到尊重。在集体生活中，每位同学都要尊重别人的隐私权、人格，凡是别人不愿谈的事，不要去打听。

❹ 当同学有亲友来访，谈一些私事时，其他同学要适当回避。决不要在一旁暗听，更不要插嘴、询问。

❺ 有某同学离校去处理个人私事时，也没必要去打听、追根寻源，只要知道某同学向班主任或学校请了假就行了。

❻ 严禁吸烟、酗酒、赌博。这是作为学生这个身份必须严格做到的。

第三章 学校礼仪

二、图书馆礼仪

① 不说话或通电话，不与旁人窃窃私语。

② 走路时鞋子不发出声音。

③ 不要短信发个不停。

④ 不和身旁的异性打情骂俏。

⑤ 不吃东西，不嚼口香糖。

⑥ 不用任何东西占座，不把自己的包放在旁边暂时没有人坐的座位上。

⑦ 爱惜图书，不在书上注记或折页。

⑧ 看完的书籍按照要求放在图书馆规定的位置。

⑨ 离开图书馆时把自己的位子清理干净，将座椅向书桌靠拢。

⑩ 在借书还书时认真排队。

三、餐厅礼仪

① 有秩序地进餐厅，不要冲、跑、挤。

② 排队购买饭菜。夹塞的行为不应该发生在学生的身上。

③ 如果和师长在一起吃饭，要请长辈先入座。

④ 不要当着食堂工作人员的面，抱怨饭菜不好。如果有必要，可以以婉转的语气去建议。

⑤ 坐在座位上的时候，两脚自然并拢，双腿自然平放，坐姿自然，背直立。

⑥ 骨、刺以及无法吃的其他东西，不要随地乱吐，可以放到餐具里或吐到自己准备的其他盛具里。

⑦ 吃东西或喝汤时要小口吞咽，闭嘴咀嚼，尽量不发出响声。

⑧ 应该爱惜食物，不要随便剩饭、剩菜。如果有无法吃的饭、菜，要倒进指定的泔水桶里，不要往洗碗池、洗手池里倒。

⑨ 不要在食堂里大声喧哗。

⑩ 和师长、同学以及熟悉的人在一起吃饭，先吃完的时候要说"大家慢慢吃"。

你知道吗

古代的几种礼仪

1. 祭天

始于周代的祭天也叫郊祭，冬至之日在国都南郊圜丘举行。古人首先重视的是实体崇拜，对天的崇拜还体现在对月亮的崇拜及对星星的崇拜。所有这些具体崇拜，在达到一定数量之后，才抽象为对天的崇拜。周代人崇拜天，是从殷代出现"帝"崇拜发展而来的，最高统治者为天子，君权神授，祭天是为最高统治者服务的，因此，祭天盛行到清代才宣告结束。

2. 祭地

夏至是祭地之日，礼仪与祭天大致相同。汉代称地神为地母，说她是赐福人类的女神，也叫社神。最早祭地是以血祭祀。汉代以后，不宜动土的风水信仰盛行。祭地礼仪还有祭山川，祭土神、谷神、社稷等。

3. 宗庙之祭

宗庙制度是祖先崇拜的产物。人们在阳间为亡灵建立的寄居所即宗庙。帝王的宗庙制是天子七庙，诸侯五庙，大夫三庙，士一庙。庶人不准设庙。宗庙的位置，天子、诸侯设于门中左侧，大夫则庙左而右寝。庶民则是在寝室中灶膛旁设祖宗神位。祭祀时还要卜筮选尸。尸一般由孙辈小儿充当。庙中的神主是木制的长方体，祭祀时才摆放，祭品不能直呼其名。祭祀时行九拜礼："稽首""顿首""空首""振动""吉拜""凶拜""奇拜""褒拜""肃拜"。宗庙祭祀还有对先代帝王的祭祀，据《礼记·曲礼》记述，凡于民有功的先帝如帝喾、尧、舜、禹、黄帝、文王、武王等都要祭祀。自汉代起始修陵园立祠祭祀先代帝王。明太祖则始创在京都总立历代帝王庙。嘉靖时在北京阜成门内建立历代帝王庙，祭祀先王三十六帝。

4. 对先师先圣的祭祀

汉魏以后，以周公为先圣，孔子为先师；唐代尊孔子为先圣，颜回为先师。唐宋以后一直沿用"释奠"礼（设荐俎馔酌而祭，有音乐没有尸），作为学礼，也作为祭孔礼。南北朝时，每年春秋两次行释奠礼，各地郡学也设孔、颜之庙。明代称孔子为"至圣先师"。清代，盛京（辽宁沈阳）设有孔庙，定都北京后，以京师国子监为太学，立文庙，孔子称"大成至圣文宣先师"。曲阜的庙制、祭器、乐器及礼仪以北京太学为准式。乡饮酒礼是祭祀先师先圣的产物。

5. 相见礼

下级向上级拜见时要行拜见礼，官员之间行揖拜礼，公、侯、驸马相见行两拜礼，下级居西先行拜礼，上级居东答拜。平民相见，依长幼行礼，幼者施礼。外别行四拜礼，近别行揖礼。

知识点 3 求职中的礼仪规范

一、求职前的心理准备

中职毕业生面对人才市场的竞争与压力，要学会适应，积极应对，保持良好的心态。应以充分发挥自己的专业特长、在工作岗位上建功立业为原则。要走出追求大城市、大机关、大企业、高收入的误区。即将进入社会的中职学生，不要把各自的起点定得过高，不妨从小公司或单位的基层工作做起，这将更有利于在工作过程中积累丰富的实践经验。应着眼于提高自身素质，先就业后择业，志存高远，下决心在实际工作中锻炼自己，对自己的职业目标做出符合实际的选择与调整。要树立一种豁达的人生观、得失观，以积极的态度准备每一次面试。要有面试失败、应聘无果的心理准备，只有经受"踏破铁鞋无觅处"的考验，才会有"得来全不费工夫"的理想职业。

二、求职简历

一份吸引人的简历，是获取面试机会的敲门砖。所以，怎样写一份"动人"的简历，成了求职者首要的工作。

1. 写法灵活，忌硬套格式

安排结构、运用笔墨应遵循古人所说"定体则无，大体须有"的原则。也就是说，既要考虑一般规律，又要结合自身实际来确立重点、谋篇布局、组织材料，绝不可死搬硬套。

2. 扬长避短，忌泛泛而谈

从群体上看，中职毕业生的劣势是阅历较少、知识层次相对不高；优势是学校专业设置大多贴近市场实际、贴近一线需要，且中职毕业生年轻、肯吃苦、可塑性强。从个体来说，每位毕业生的优势与长项又各不相同，如有相当一部分毕业生动手操作能力较好；有些学生非常上进，上学期间还同时参加了职业资格考试或自学考试。所以，**在实事求是、不弄虚作假的前提下，要特别注意扬长避短，从而在竞争中取得优势，打动聘任者**。没有重点和章法的写作易使文章显得头绪不清、条理紊乱。

3. 把握语体，忌措辞不当

> 个人简介的语体属于应用语体，其特点是：
>
> ❶ 措辞力求准确、恰当，不宜用口语词、歧义词和生僻的简称。
>
> ❷ 句法要求完整严密，一般不用感叹句、省略句，更不能出现病句。
>
> ❸ 语言简洁，个人简介讲究以事实说话，写作过程即是将事实归纳、分类的过程，文章力避重复啰唆、冗长，切忌大话、空话满篇。
>
> ❹ 语气以平实为主，某些地方也可写得较为活泼生动（如开头、结尾部分），但不宜用抒情色彩浓重的词语和夸张等修辞手法；同时，既要谦虚又不能谦卑，既要自信又不能自傲。

在写作简历时，要时刻记住你是在一个商业环境中推销自己，尽量使用适合这种环境的语言，尤其是在对你的曾经的成绩和成就进行说明的时候。那么，什么样的语言是商业语言呢？简单地说，就是定量化的语言，你的简历中具体的数字越多、具体事实越多，越和你所求职位相关，商业价值就传达得越明确，就越有说服力，比大而空、口号式的语言强得多。

时代在改变，某些求职用词也在淘汰。像"我对这个工作很有信心""我是抱着学习的目的而来的""请给我一个学习的机会"等，这些听起来美丽的辞藻却把你的机会丢进了垃圾桶里。

对于没有经验的人来说，除了学历之外一无所有，再加上那些错误的用语，这机缘一失，可能三五年都不见得能弥补得回来。现在外资企业渐多，传统公司要求的谦虚、保守等品质，已经无法适合需求了。

简单地说，**说话要投其所好是履历每投必中的原则。投其所好必须明确的是：公司想知道的是你能为公司带来什么利益、贡献或成效，并不想花钱请你来学习**。

三、面试服饰礼仪

应聘者的外在形象，是给主考官的第一印象。外在形象的好坏在一定程度上会影响到能否被录用。面试时，一定要注意，恰当的着装能够弥补自身条件的某些不足，树立起自己的独特气质，使你脱颖而出。

1. 男士

注意脸部的清洁，胡子一定要刮干净，头发梳理整齐。查看领口、袖口是否有脱线和污浊的痕迹。

春、秋、冬季，男士面试最好穿正式的西装。夏天要穿长袖衬衫，系领带，不要穿短袖衬衫或休闲衬衫。西装的色调要以给人稳重感觉的深素色为主，如藏青色、蓝色、黑色、深灰色等。配套的衬衫最容易的选择是白色。领带应选用丝质的，领带上图案可以根据自己的爱好选择，最好是单色的，它能够和各种西装和衬衫相配。单色为底，印有规则重复出现的小圆点的领带，格调高雅，也可以用。斜条纹的领带能表现出你的精明。领带在胸前的长度以达到皮带扣为好。如果一定要用领带夹，应夹在衬衫第三和第四个扣子中间的位置。

深色的袜子、黑色的皮鞋。皮带要和西装相配，一般选用黑色。男士着装三一律原则：皮鞋、皮带、皮包颜色一致，一般为黑色。

眼镜要和自己的脸型相配。镜片擦拭干净。

钢笔一定不要插在西装上衣的口袋里，西装上衣的口袋是起装饰作用的。

2. 女士

> ❶ 服装。面试时的着装，要简洁、大方、合体。职业套装是最简单，也是最合适的选择。裙子不宜太长，这样显得不利落，但是也不宜穿得太短。低领、紧身的服装，过分时髦和暴露的服装都不适合面试时穿。春秋的套装可用花呢等较厚实的面料，夏季用真丝等轻薄的面料。衣服的质地不要太薄、太透，薄和透有不踏实不庄重的感觉。色彩要表现出青春、典雅的格调。所用颜色，要表现出品位和气质，不宜穿抢眼的颜色。
>
> ❷ 丝袜被称为女性的第二层皮肤，一定要穿，以透明近似肤色的颜色最好。要随时检查是否有脱线和破损的情况。最好带一双备用的。
>
> ❸ 穿式样简单、没有过多装饰的皮鞋，后跟不宜太高，颜色和套装的颜色一致，如果你不知道如何配色，最简单的办法就是穿黑色的皮鞋。凉鞋在面试时就不要穿了。

④ 如果习惯随身携带包，那么包不要太大，款式可以多样，颜色要和服装的颜色相搭配。

⑤ 化淡妆。如果用香水，应该用香型清新、淡雅的，头发要梳理整齐，前额刘海不要超过眉毛。

⑥ 佩戴饰物应注意和服装整体的搭配，最好以简单朴素为主。

出发前，最好从头到脚再检查一遍，看看扣子、拉链是否扣好、拉好，领子袖口是否有破损，衣服是否有褶皱，鞋子是否干净光亮。

四、面试礼仪

1. 面试前的准备

面试前5分钟，最后检查一下仪表。看需不需要补一下妆，发型有没有乱，口红及齿间有没有异物等，用小镜子照一下。在感觉一切准备就绪的状态下，才能从容地接受公司的面试。

（1）**检索简单常识**。人们往往一紧张，就连平时挂在嘴边的话都想不起来，所以把一些常用词汇、时事用语、经济术语整理一下，面试前随手翻阅。所整理的词汇可根据具体应聘职务而有所不同。

（2）**前一天的表情练习**。面试当天一早，做些简单的缓解脸部肌肉紧张的运动，就从发"啊、噢、哦、呜"等音开始。

（3）**首饰佩戴**。佩戴小巧精致的耳环，不失为一种礼仪，而且也起到了亮点的作用，不过切忌戴上夸张的首饰。

（4）**整齐、干净的指甲**。看似很隐蔽，但据说观察指甲的面试官却比想象中多得多，修饰整齐的指甲也是很有必要的。

2. 走进房间的时候

自己的名字被喊到，就有力地答一声"是"，然后再进门。如果门关着，就要以里面听得见的力度敲门，听到回复后再进去。开门关门尽量要轻，向招聘方各位行过礼之后，清楚地说出自己的名字。

3. 坐姿

在没有听到"请坐"之前，绝对不可以坐下，面试官还没有开口前，就顺势把自己挂在椅子上的人，已经被扣掉了一半分数了，从门口走进来的时候，也要挺起胸膛堂堂正正地走。坐下时也不要在椅沿上轻坐，要舒服地坐进去。并拢双膝，把手自然地放在上面。

4. 视线处理

说话时不要低头，要看着对方的眼睛或眉间，不要回避视线。一味直勾勾地盯着对方的眼睛也会觉得突兀。做出具体答复前，可以把视线投在对方背景上，如投在墙上约两三秒钟做思考，不宜过长，开口回答问题时，应该把视线收回来。

5. 要集中注意力

无论谈话投机与否，或者对方有其他的活动，如暂时处理一下文件，接个电话等，你都不要因此分散注意力。不要四处看，显出似听非听的样子。如果你对对方的提问漫不经心、言论空洞，或是随便解释某种现象，轻率下断语，借以表现自己的高明，或是连珠炮似的发问，让对方觉得你过分热心和要求太高，以至于难以对付，这都容易破坏交谈，是不好的交谈习惯。

6. 知之为知之，不知为不知

在面试场上，常会遇到一些不熟悉、曾经熟悉现在忘记或根本不懂的问题。面临这种情况，默不作声、回避问题是失策；牵强附会、"强不知为知之"更是拙劣，坦率承认为上策。

7. 与旁人唠叨是禁忌

在接待室恰巧遇到朋友或熟人，就旁若无人地大声说话或笑闹，对刚才面试的过程大肆渲染，往往会有这种情况出现。别忘了关注这些，面试官的视线是不会饶过你的。

8. 口香糖、香烟要三思

走进公司的时候，口香糖和香烟最好都收起来，因为大多数的面试官都无法忍受你边面试边嚼口香糖或吸烟。

9. 要注意面试官可不止一人

有些应聘者对面试官彬彬有礼，走出门却对普通员工或其他工作人员傲慢无礼。不要忘记，进入公司的瞬间，就要接受所有人的面试，公司里的每个人都是你的面试官。

10. 学会倾听

好的交谈是建立在"倾听"基础上的。倾听是一种很重要的礼节。不会听，也就无法回答好主考官的问题。倾听就是要对对方说的话表示出兴趣。在面试过程中，主考官的每一句话可以说都是非常重要的。你要集中精力，认真地去听，记住说话人讲话的内容重点。倾听对方谈话时，要自然流露出敬意，这才是一个有教养、懂礼仪的人的表现。**要做**

到：记住说话者的名字；身体微微倾向说话者，表示对说话者的重视；用目光注视说话者，保持微笑。适当地做出一些反应，如点头、会意地微笑、提出相关的问题。

11. 注意身体语言

身体语言是指人的动作和举止，包括姿态、体态、手势和面目表情。它是一个人的修养、教育以及与人相处的基本态度的自然流露。面试的时候，一定要避免：拖拉椅子，而发出很大噪声；一屁股坐在椅子上；坐在椅子上时，耷拉着肩膀，含胸驼背；半躺半坐，男的跷着二郎腿；女的双膝分开、叉开腿等，会给人放肆和缺乏教养的感觉；坐在椅子上，脚或者腿自觉不自觉地颤动或晃动。

面试时重要的是自信。这种自信可以通过你的步态表现出来。自信的步态应该是，身体重心稍微前倾，挺胸收腹，上身保持正直，双手自然前后摆动，脚步要轻而稳，两眼平视前方。步伐要稳健，步履自然，有节奏感。需要注意的是，如果同行的有公司的职员或接待员，你不要走在他们前面，应该走在他们的斜后方，距离1米左右。

五、面试后的礼仪

许多求职者只留意应聘面试时的礼仪，而忽略了应聘后的善后工作，而这些步骤亦能加深别人对你的印象。面试结束并不意味着求职过程就完了，也不意味着求职者就可以袖手以待聘用通知的到来，有些事你还得干。

1. 感谢

为了加深招聘人员对你的印象，增加求职成功的可能性，面试后两天内，你最好给招聘人员打个电话或写封信表示谢意。

感谢电话要简短，最好不要超过5分钟。

感谢信要简洁，最好不超过一页。感谢信的开头应提及你的姓名及简单情况。然后提及面试，并对招聘人员表示感谢。感谢信的中间部分要重申你对该公司、该职位的兴趣，增加些对求职成功有用的事实内容，尽量修正你可能留给招聘人员的不良印象。感谢信的结尾可以表示你对自己的素质能符合公司要求的信心，主动提供更多的材料，或表示能有机会为公司的发展壮大做出贡献。

面试后表示感谢是十分重要的，因为这不仅是礼貌之举，也会使主考官在作决定之时对你有印象。据调查，十个求职者往往有九个人不回感谢信，你如果没有忽略这个环节，则显得"鹤立鸡群"，格外突出，说不定会使对方改变初衷。

2. 不要过早打听面试结果

在一般情况下，面试官每天面试结束后，都要进行讨论和投票，然后送人事部门汇总，最后确定录用人选，可能要等 3～5 天。求职者在这段时间内一定要耐心等候消息，不要过早打听面试结果。

3. 查询结果

一般来说，你如果在面试两周后或在主考官许诺的通知时间到了，还没有收到对方的答复时，就应该写信或打电话给招聘单位或主考官，询问是否已做出了决定。应聘中不可能个个都是成功者，万一你在竞争中失败了，也不要气馁。这一次失败了，还有下一次，就业机会不止一个，关键是必须总结经验教训，找出失败的原因，并针对这些不足重新做准备，"吃一堑，长一智"，谋求"东山再起"。

你知道吗

中职生几大求职谬误

有些中职学生多番求职，但四处碰壁，皆因他们为自己订下太多框框，其实都是源于他们对求职态度有误解。

谬误 1：求职必有一定的逻辑可循。找工作常是突发行动，需要"灵机一动"，不是按部就班和按照一定计划就可以成功的。

谬误 2：好好计划，按照既定方向前进，必能飞黄腾达。人生可走的路不只一条，若执意于一个方向，说不定日后会后悔，应把未来规划得宽广一点，不再是"一生只有一次选择"。

谬误 3：最好的工作，一定是在"不公开"的就业市场。工作难找并不能全怪就业市场的不完全开放，何不注意一般分类广告、人事顾问公司等提供的工作机会。

谬误 4：要前途一帆风顺，一定要积极地"拉关系"。当然并非单靠"关系"就能所向披靡。太过积极、盲目地拉关系可能会弄得鼻青脸肿，在别人看来既"失态"，又不合情理。有新意、可不断扩展的"关系"应该趋向精细、保守，还要注意技巧及谋略。

谬误 5：最好的工作机会尽在最热门的行业。以史为证，投入飞快成长的行业并非唯一的成功之道。

 每章一练

1. 学生的日常礼仪包括什么？

2. 校园中应遵守哪些礼仪规范？

3. 简述求职中的礼仪规范。

家庭礼仪

第四章

教学目标

通过本章的学习，使学生明白在日常生活中应该注意自己的处事方法、言谈举止和居家礼仪，只有做到这些，才能拥有一个幸福美满、关系和睦的家庭。

教学要求

认知：了解基本的家庭礼仪，包括父母与子女之间、兄弟姐妹之间和夫妻之间的礼仪。

理解：在初步学习的基础上，能够深刻理解家庭礼仪的内涵。

运用：使学生能够自觉自愿地遵守这些简单的家庭礼仪，不断提高自身素质。

知识点 1 家庭礼仪的基本概念

一、家庭礼仪的含义

所谓 **家庭礼仪**，指的就是人们在长期的家庭生活中，用以沟通思想、交流信息、联络感情而逐渐形成的约定俗成的行为准则和礼节、仪式的总称。

"不幸的家庭有各自的不幸，幸福的家庭却一样幸福。"这里所说的幸福是建立在礼仪的基础上的。"相敬如宾、白头偕老"阐明的就是夫妻间也要有礼节才能幸福一辈子的道理。"父子和而家不败，兄弟和而家不分，乡党和而争讼息，夫妇和而家道兴"，可见"和"是关键。这个"和"用今天的话来解释，也就是相互谦恭有礼的意思。

家庭礼仪在现代社会生活中发挥着重要的作用。简单地说，家庭礼仪是维持家庭生存和实现幸福的基础，家庭礼仪能调节家庭成员之间达成和谐的关系，家庭礼仪也有助于社会的安定、国家的发展。

二、家庭礼仪溯源

过去，民间普遍重视家庭礼仪，子女对父母的话，必须听从，不得顶撞和翻嘴，说是"不听老人言，吃亏在眼前"。不听父母话的人叫"忤逆贼"。子女不能与父母平起平坐；父母或长者入室时，子女或晚辈须起立让座；成年子女寝卧，父母或长辈入室时，须起身下床；有的甚至父母不就寝时，子女不得先睡；父母在堂屋就餐或说话时，子女不能坐正中；父母不问时，不能随意插话，俗谚曰："父在前，子不言。"吃饭时，男性长辈按辈分、年龄依次在炕上盘腿而坐，子孙须双手把饭菜端给他们，然后方能自食；年轻媳妇不能和叔伯兄弟同桌吃饭。晚辈要给长辈装烟点火，沏茶倒水。父母与亲友或同龄人开玩笑时，要避开子女。家人有病时，其他人要主动侍奉。公公无事不能随便进入儿媳房中。兄长与弟媳始终保持严肃状态，不开玩笑，不能闲扯，不能同起同坐。嫂弟之间虽然可开玩笑，但要尊重嫂子，谨遵"有父尊父，无父尊兄；有母尊母，无母尊嫂"的古训。有顺口溜说："兄长不进弟媳门，初一十五不出门；公公不进儿媳门，儿媳不能锁房门；男人不进月婆门，安门不安走扇门，开门不能门对门，尸体不能抬进门。"就反映了这方面的"清

第四章　家庭礼仪

规戒律"。爷奶以上辈分，可与孙子、孙媳谈笑嬉戏，但也要讲究分寸。子女外出要事前征得父母同意，回家后先给父母打招呼，告诉外出情况。如果家中吃用困难，要先照顾老人，麦面给老人吃，好衣给老人穿。新中国成立后，这些烦琐的家庭礼仪，不合理的部分多被废除，符合道德规范的至今保留因循。

三、家庭礼仪的特点

家庭礼仪的基本特点主要表现在以血缘关系为基础，以感情联络为目的，以相互关心为原则、以社会效益为标准四个方面。

（1）**以血缘关系为基础**。家庭礼仪主要体现在家庭成员之间，而家庭成员之间的关系是人类社会中最为普遍的关系，以血缘关系、感情关系为核心。因此，在家庭礼仪的形成、建立和运用过程中，必须从血缘关系这一基本点出发。

（2）**以感情联络为目的**。家庭礼仪的主要职能并非以个人形象的塑造为侧重点，而是通过种种习惯形成的礼节、仪式来进一步沟通感情，俗话说的"亲戚亲戚，不走不亲"，就是强调亲友间的感情有了血缘关系的基础，还得需要通过一定的礼仪手段来维持、强化和巩固。婚嫁喜庆、乔迁新居、寿诞生日等种种快乐，通过礼仪的传播，可以使更多的人体会和享受，这一传播过程的最终目的就是加强感情联系。

（3）**以相互关心为原则**。之所以说"母爱是最伟大、最神圣的爱"是因为母爱的主要内涵是无私的奉献、无微不至的关怀。要衡量一件事或某一行为是否符合家庭礼仪要求，只要分析一下双方之间是否存在相互关心的成分、真诚的祝贺、耐心的劝导，热情的帮助本身就是合乎礼仪的。

（4）**以社会效益为标准**。不同的时代环境、不同的区域、不同的风俗，礼仪存在着很大的差异性，家庭礼仪也一样，因为它受多种因素的影响，家庭活动中的许多礼节、仪节始终也是变化发展的，如封建社会的婚礼有拜堂入洞房等繁文缛节，而当今出现了许多集体婚礼、旅游结婚等新的婚礼程序。但有一点却是可以肯定的，那就是要评判某一种家庭礼节、仪式是否是进步的、合乎礼仪规范的，只要看它是否能产生很好的社会效益这一标准就知晓了。

你知道吗

女人应是家庭的礼仪大全

女人在家里的位置是承上启下的。老人、丈夫、子女，还有家庭的其他成员，都可以在一个出色的女主人的指挥下紧密地团结在一起。都说女人是家里的福，那么身为女性，身为家庭的"黏合剂"，更应成为一家人的文明表率，做一个家庭礼仪向导。

都说女子天生就具有很强的平衡能力。这话不假，把家庭事业两头搞定的"成功人士"中，女性比男性多。男人们总说"忠孝不可两全"，他们会全力以赴把能量都放在天平的一端，而女性则不然。都说女性坚韧到了极致就变做了水，刀砍不断、斧劈不开。能做到家庭事业两不误，一碗水端平的大多是女性。

"相夫教子"似乎一直以来都是女性的天然职责，尽管从过去的"全职"变作了今天的"兼职"，但这一光荣而伟大的使命却从未旁落过。身为女性，完全可以成为家庭的中流砥柱，成为一家人的精神向导。在文明礼仪等方面更要做到表率及监督作用。

首先，在家不能邋遢，一脸残妆未卸、扎着围裙屋里屋外忙忙叨叨的管家婆形象还是趁早丢弃吧。要时刻让自己和家人保持清爽干净，明朗的笑容、清香的怀抱，才是一个优秀妈妈的必备妆容。

其次，注意自己的行为形象。在家跷着二郎腿，坐没坐相、站没站相实在有伤大雅。

再次，外出时，要注意提醒家人注意自己的文明礼仪举止。男同胞们和小孩子是最容易大大咧咧的了，管住他们的不文明行为，该是一个出色的女性的必杀技。

最后，最重要的，一定要让自己成为家庭的润滑剂。无论家里的妯娌、姑嫂关系有多复杂，但是作为成熟的知礼女性，你应该有能力协调处理好所有的问题。老人最怕看到家人关系不和谐，化解所有的矛盾和不愉快，是你当仁不让的责任。

知识点 2　家人相处的礼仪

一、父母子女相处的礼仪

父母是孩子的第一位老师。父母的文化素养、性格爱好，对于子女的自制力、思维灵活性、思维水平、求知欲等方面的发展，有着相当大的影响。

第四章　家庭礼仪

1. 子女教育礼仪

父母首先要做到：孩子在场时,父母不要吵架;任何时候都不要对孩子撒谎;父母之间相互谦让,互相体谅;父母和孩子保持亲密无间的关系;孩子提出的问题,父母要尽量给以答复;孩子的朋友来家里做客,父母要表示出欢迎和尊重;在他的朋友面前,不要讲孩子的过错;注意观察和表扬孩子的优点。

父爱母爱一旦变成溺爱就会酿成祸患,对孩子必要的批评,也是创造良好的家庭环境、教育子女健康成长的手段。但批评一定要讲究方法,选好时机;没有弄清事件真相时,不要盲目批评孩子,沉默比说错话要好得多;不要当外人面批评子女。

父母应尽量缩短代沟的距离,要挤时间和孩子在一起;要相互了解、相互理解;要提高家庭透明度,把问题公开,使子女了解家长情况;鼓励孩子在挫折中重新振作起来;培养孩子的自理能力。

言教更要身教,父母的言行举止对子女所起潜移默化的作用是十分巨大的。

2. 子女对父母应有的礼仪

首先要尊敬孝顺。每一个人都是父母从小拉扯大的,都倾注了父母的大量心血,父母到了晚年,做儿女的应该对父母养育之恩、报答,不仅要有物质上的赡养,还要有精神上的安慰。所以,即使不在父母身边,经常性的问候是非常必要的。而且,在父母眼里,子女永远都是小孩,所以即使父母再唠叨,绝不可以嫌他们烦甚至出现抵触情绪。

> **想一想**
>
> 同学们,请谈谈你是否有过对父母失礼的地方,今后应怎样改正?

其次不要干涉父母的事。父母有自己的社交、人情、利益开支,更有自己的思想感情,做子女的切忌越俎代庖。尤其是失偶父母再婚问题,子女应为父母自身的幸福着想,支持理解,不能粗暴干涉。

还要注意一些小事。比如和父母在一起的时候,应尽可能地帮父母多做一些家务活,多和他们聊聊天。父母生日的时候,在可能的情况下,为他们准备一点小礼物,一家人在一起吃顿饭。这些看似不起眼的事情,对于父母失落、孤独的心,是最好的安慰。

3. 婆媳、父婿之间的礼仪

美国礼仪专家伊丽莎白·波斯特就曾说过："女婿同岳父、儿媳同婆婆的关系是两个最难处的关系，很难有愉快和成功的结果。"

"婆媳难和"几乎成为人们的一种传统心理。这是因为婆媳关系与其他家庭关系相比有其特殊性。婆媳、父婿之间缺乏建立亲密关系的天然条件，他们之间没有血缘关系，只有通过儿女的婚姻而形成的亲属关系，这种关系决定了他们心理上和情感上的差距。父母和子女，有时在礼节上双方都不会太计较，即使发生了矛盾和争吵，也容易不计前嫌，和好如初。而婆媳、父婿关系则不同，双方对对方的言行举止都很敏感，一旦闹起矛盾，常常会一发不可收拾。要想处理好这些关系，需注意以下礼仪。

（1）**称呼要有礼**。俗话说："马好在腿上，人好在嘴上。"如果做媳妇、女婿的能随时亲切自然地称呼对方一声"妈妈""爸爸"，家中的气氛就会大不一样。别小看了这一称呼，它往往可以把双方的感情距离一下子拉近，使长辈感到媳妇、女婿也是自己的孩子。

（2）**遇事多商量**。在经济开支、教育后代、家务安排等问题上，做媳妇、女婿的遇事应尽量征求并尊重长辈的意见，如果他们的意见明显不合理，也要耐心解释，不可生顶硬撞，更不能不把婆婆和岳父放在眼里，自行其是。

（3）**入乡随俗**。各家有各家的生活习惯和规矩，"入乡随俗"的原则用在这里也是非常合适的。婆媳、父婿过去生活在不同的家庭中，生活习惯各异。特别是媳妇进了婆家后应当仔细了解婆家的规矩，不要这也看不惯，那也不顺眼，动不动就说我娘家怎样怎样，这样四处挑剔极易引起争吵，从而伤害对方的感情。

（4）**生活多体贴**。媳妇、女婿对婆婆、岳父的日常生活要多加关怀。应当主动多做些家务事，让长辈多休息。有了好吃的东西，一定要先敬公公婆婆、岳父岳母吃。长辈生病，更应精心照料，及时请医生诊治。

（5）**待客一视同仁**。结为夫妻后，原来夫妻各自的亲属就成了双方共同的亲属，要一视同仁，不能厚此薄彼，否则极易引起不满。

（6）**相处不要有见外心理**。不要总想着改变对方，而要加强自我约束。婆婆不能要求媳妇完全按自己的一套行事，媳妇也不应要求婆婆完全合自己的意愿。婆媳间不要随意责怪，遇事应多考虑对方的情况。都要管住自己的嘴，不要背地议论，应注意多交流，不断融洽相互之间的关系。作为公婆儿子的妻子，儿媳就应该像子女一样，不在公婆面前分你我里外，一样体现出理解、敬重、孝顺。另一方面，作为公婆，也必须把儿媳当女儿一样看待，绝不能有什么"外人"的念头，给予和儿女一样的尊重、关爱、体谅。

女婿要想和岳父母处好关系，起码要注意两个方面：一是多奉献少索取，二是在岳母面前多夸奖妻子。女婿首先体现出对岳父母的孝、妻子的爱，当然就能赢得岳父母对女婿的真诚关爱。

第四章　家庭礼仪

你知道吗

尊老四大礼仪样板

1. 笤帚不要朝着老人扫

虽说现在城市居民家里都铺了地板，可是扫地仍然不可避免。其实扫地也很有学问。首先，当家中有客人的时候最好不扫地，即便是客人在客厅也不要扫厨房。另外，即便是自家老人长辈在场时，扫地方向都不能朝着老人扫，任何时候扫帚都要朝自己的方向挥动，应该往后退着扫地，不能朝着老人方向往前扫。

2. 应在老人身后走

现代社会是一个竞争的社会，可是生活中现代人讲文明讲礼仪有时就要放弃争先后，尤其是和老人、长辈在一起时。无论是骑车出行还是步行，作为年轻晚辈，我们都应该注意不要走在老人、长辈的前面，这样有失尊敬。如果步履缓慢的陌生老人挡住你的去路，应该客气地向老人道歉后，再借路而过。

3. 点菜时先问老人口味

逢年过节人们都喜欢在饭店吃顿大餐，可是在点菜时很多人不注意规矩，老人还没说话，自己就抱着菜谱跟服务员招呼上了："来个辣子鸡！"殊不知这种行为非常不礼貌。首先，任何时候都应该先让老人开口，等老人点菜完毕后自己再点菜。在这个过程中还要注意多询问老人是否忌口，"能不能吃辣，能不能吃甜"。

4. 在老人面前少提"老"

有的人在长者面前很不注意，常以"老"自称，叫自己"老王""老李"，或者感叹"岁月不饶人"，这样会引得年长者为自己的年老体衰而感到伤感，有失礼节。还需要注意的是，现在有多数老年人也不喜欢别人说自己老，老人们在心态上最喜欢别人觉得自己依然正当年，所以称呼老人也要慎用"老"字。

二、兄弟姐妹相处的礼仪

兄弟之间讲求"兄友弟恭"，也就是一个"悌"字。兄弟是手足，且辈分相同，因此情感较浓，烦琐的规矩较少；但因我国讲究"长幼有序"，常言道："不可以没大没小的。"做弟弟的须对哥哥恭敬有礼，而做哥哥的要爱护弟弟，并为弟弟树立好榜样，教导弟弟。

有时弟弟为了顾全大局，甚至肯代兄死。如明代卢宗济，父兄并有罪，吏将逮治，宗济谓其兄曰："父老矣，兄冢嗣（即嫡长子），且未有后，我幸产儿，可代父兄死。"这不但是悌道的最高表现，也可反映出中国人重嫡长子与重子嗣的观念。

中国自周代宗法社会以来，就重视嫡长子，把嫡长子看成主要的延续世系和继承香火的人，因此嫡长子在家中的地位特别重要。《礼仪》"丧服"中规定，父亲为众子和未出嫁的女儿服不杖期的丧服，但若父亲本身是长子，就要替他自己的长子反服斩衰，因其长子继承祭祖的责任与义务。由此可见长子与众子有很大的差别。再者，当父亲过世后，长子常继为家长，主持家政，因此诸弟对长兄自然敬礼有加了。

现在多数家庭只有一个孩子，但是独生子女的堂兄弟姐妹、表兄弟姐妹还是不少的。**不论是亲兄弟姐妹，还是堂表弟姐妹，都要相互尊重、关心、谅解、帮助、谦让，长爱幼，幼尊长，彼此爱护，不争不吵，情同手足，共同创造温馨祥和的气氛。**

在生活中，兄弟姐妹都是同龄人，朝夕相处，要做到处处符合礼仪，也并不是一件容易的事。

1. 哥哥姐姐应以身作则

假如你是哥哥或姐姐，那就应时时以身作则，努力成为父母的得力助手，多干家务活。遇事要宽宏大量，不与弟弟妹妹斤斤计较，更不要以为他们比自己小就随意指挥他们干活。当弟弟妹妹求教或请求帮忙时，应耐心帮助和解答，切忌不耐烦或不屑帮忙。弟弟妹妹有错时，不要在父母或他人面前斥责他们，以免伤害他们的自尊心，更不能经常在父母面前"告状"，而引起他们的反感。万一与弟弟妹妹发生争吵，应当着弟弟妹妹的面，在父母面前做自我批评。兄弟姐妹要和睦，如有意见要通过父母解决，不可相互争吵。

2. 弟弟妹妹要尊重哥哥姐姐

假如你是弟弟或妹妹，就要尊重哥哥姐姐。不能有优越感，更不能娇蛮无理，干什么事都不把哥哥姐姐放在眼里，为所欲为，不为他人着想。与兄姐发生争执时，不要利用自己的得宠地位到父母亲面前去"告状"，以免加深兄弟姐妹间的隔阂。

弟弟妹妹称呼自己的哥哥姐姐、堂表兄、堂表姐，不应直呼姓名或小名，也不能起外号。如果在场的堂表弟姐妹多，称呼时可能不知你在叫哪一位，可在称谓前加上他她的名字，如海东哥哥、英金姐姐等。

三、夫妻相处的礼仪

夫妻关系是家庭人际关系的主体和核心，是血亲和姻亲的基础。夫妻之间要讲究哪些礼仪？

1. 互爱互谅

最珍贵的是谅解，最可爱的是了解，最难得的是理解，最可悲的是误解。夫妻不可能事事统一、处处一致，争吵是难免的。争吵时情绪激动，容易口出秽言，说"过头话"、做"过头事",所以夫妻争吵有"四忌":忌口出秽言、忌翻旧账、忌回娘家搬人、忌人身攻击。应该多对对方的优点或成绩予以肯定,如果能够记住对方的生日并适时送一份小礼物等小事情,都是夫妻关系加温的添加剂。

2. 切忌大男子主义,切莫唯我独尊

我国的传统文化中认为"男尊女卑",这直接影响到一部分男性,习惯耍威风,对妻子发号施令,不顾妻子自尊,粗暴无理,甚至大打出手。也有的女性,从小在家被娇生惯养,养成了唯我独尊的习气,眼中根本没有他人,结了婚,就总想统治丈夫,漠视公婆。这样的话,夫妻关系很难和睦。

3. 遇事多商量,生活细节要讲究

夫妻之间应相互信任。不论是有关家庭的决策,还是一方个人工作上的困惑或计划,都不应一个人说了算。很多人在婚后,就特别不在意自己的外在形象,显得很邋遢,以为"打扮给谁看呀"。其实,一如既往地注意自己的仪表,既是对对方的爱,也使自己在各种场合中更加自信、更加赢得别人的尊重。

4. 共同承担家务劳动

丈夫不应该把家务都推给妻子,而作为妻子也不应该娇气,把自己能做的事都推给丈夫。对家务事可以做出不同的分工,这样做起来有条有理,忙而不乱。丈夫,在适当的时候,帮妻子做一些小的家务活,也说明了你对她的关心、对家庭的责任心,无疑会使感情更加默契。

你知道吗

夫妻间的"八互"

周恩来和邓颖超总结出的夫妻之间关系处理的"八互"经验:互敬、互爱、互信、互助、互让、互谅、互慰、互勉,值得每对夫妻学习。

互敬:夫妻间应该互相尊敬,尤其是在孩子面前,形成良好的家庭氛围。

互爱:夫妻间因为爱情走到一起,但结婚仅仅是爱情的开始,双方应该继续营造爱情的氛围,互相爱护、互相扶持,以巩固爱情的成果。

互信:夫妻间互相信任既体现着彼此尊重,也是爱情长久的原则。切忌互相猜疑,无中生有,也不可随便查看对方的手机、信笺,双方应保持适当的距离感。

互助:夫妻双方要互相帮助、互相扶持,在事业或者生活上,一旦一方遇到困难,另一方都应该尽可能地帮助对方,巩固家庭幸福的根基。

互让：夫妻间斗嘴吵架是难免的，意见不统一可以商量，一方一旦动怒，另一方要谦让一些，不可针锋相对，引发更大的矛盾。在孩子面前，彼此更要互相谦让。

互谅：夫妻一方出现错误，另一方不要不依不饶，只要不是原则问题，两个人仍愿意共同生活，就需要体谅对方的心情，及早消除不愉快的气氛，以求家庭和睦。

互慰：夫妻间应多多交流，互相倾听对方的心事，遇到问题彼此安慰。

互勉：夫妻间的事业可能大不相同，但互相勉励仍能令对方信心大增，从而坚强地面对生活。

知识点 3 邻里相处的礼仪

"室内现代化，室外脏乱差；与己无关事，红灯高高挂；楼上挨楼下，不知谁姓啥；手拿大哥大，见面不说话"，成了现在很多邻里关系的写照。但我们有句俗话"远亲不如近邻"，家庭间的各种交往中，交往最频繁的就是邻里了。从主观来说，绝大多数人都想搞好邻里关系。但客观上不知怎么搞好邻里关系以及搞不好的为数并不少。

一、自己的习惯

自觉爱护公共卫生，自觉参与社区公共活动，为维护一个好的生活环境尽一份力。

要相互帮助和讲信用。邻里之间能办到的事情要尽量帮忙，别人有了困难，应该积极主动地去帮一把，万不可幸灾乐祸，在一旁看笑话；同时邻里之间还要讲信用，做不到的事情千万不要对别人夸海口，以免误了别人的大事。借邻居的东西一定要及时归还，如果因一时疏忽而延误了归还时间，应当面向人家表示歉意。

要考虑自己的兴趣爱好、生活习惯会不会给别人带来打扰。比如，是否有喜欢晚上唱卡拉 OK，而且一唱就超过晚上 12 点的习惯；你是否老把洗衣服的水或别的不干净的污水一出家门就泼在邻里共用的路面上；你是不是有半夜才回家，而且走路、说话声音很大的习惯，等等。这些看起来并不起眼的小事是最容易伤了邻居之间的和气的。

第四章 家庭礼仪

学会礼让与宽容。对邻居要以礼相待，平易近人，不要视若路人。见面后要主动和别人打招呼，平时对邻居不要苛求，谈得来的就多交往；谈不来的维持一种有距离的友好态度就行。指桑骂槐是没教养的坏习惯。对于邻居不合理的要求和做法，采取"有理、有节"的态度，合理地、妥善地解决处理。

二、占楼道等公共场所

遇到特殊情况需要占用楼道空间临时放些物品，必须先和相关楼层的邻居做好沟通。要说清原因以及占用时间，以得到他们的体谅，也可以在物品旁贴一张"安民告示"说明情况；其次要注意什么能放什么不能放，比如不要放易碎、易燃、易腐蚀、易腐烂和气味难闻的物品，体积太大影响上下楼的也不要放。最后，绝对不要长时间占用楼道公共空间，这不符合邻里礼仪规范，也不利于防火防盗。

三、养宠物

养宠物的时候，要注意两个细节问题：一要注意卫生。一些宠物，特别是猫、狗等时常随地大小便，主人应带上塑料袋或者旧报纸等，将宠物的排泄物包好扔到垃圾箱，保持公共场所的卫生和美观。**二要注意安全。**出门遛狗，要给狗拴上绳索，不要任它狂吠乱叫，追逐扑咬。遇到老人和小孩，要特别小心，别让他们受到惊吓。

四、关于小孩

小孩活泼好动，可能喜欢又蹦又跳或者玩玩具，不会意识到激情"表演"的声响会给楼下邻居造成多大的影响。

作为家长必须有意识地提前"防范"，就避免了给左右邻居造成不必要的干扰：选择轻便软底的室内拖鞋；在地上铺上泡沫或者毛巾毯，避免孩子在蹦跳或者是玩玩具时弄出太大的声响；如果孩子想拍皮球、玩乒乓球，则应该带他们到室外去玩；平时多教育孩子养成在家中轻放东西，轻声走路的好习惯。

五、邻里串门

如果应邀去串门，那么可要选择好适当的时间。如果约好具体时间，那当然好。如果没说具体时间，就要避开人家的吃饭时间和休息时间。如果是周六、周日，上午10点之前是不宜打扰的。

进门前有门铃的要按门铃，没门铃的要轻轻叩门，即使门已经为你开了。这样做的目的是告诉对方,你来了,以让对方有个心理准备,而不要冒冒失失闯进去,让人家吓一跳。

如果是带小孩做客,一定要教育好小孩不要在别人家里调皮、乱动别人东西。

如果对方是长辈或你是第一次进入家做客时,主人没坐你就不能先坐。如果家里有长辈,要主动和长辈打招呼。

主人端茶、拿糖果招待的时候,一定要表示感谢。如果有长辈在说话,不但要用心听,还不可以插话。

如果是主人看表、打呵欠等谢客表示,或者快到了吃饭时间,作为客人就要起身告辞了。

如果是请人吃饭,那就要提前准备,而不要到了吃饭时间才匆匆忙忙去做准备,使人家觉得是打扰。

你知道吗

古代邻里佳话

1. 罗威饲犊

汉代罗威,邻居家的牛几次吃了他家的庄稼,罗威和邻居交涉,邻居不理不睬,罗威并没有火冒三丈,而是想怎样解决牛的饥饿问题。罗威每天天不亮就起床去打青草,然后悄无声息地堆放在邻居家的牛圈前。牛闻到鲜嫩的青草,就大嚼大咽起来,吃饱了,牛也就安稳睡了,不再去吃罗威家的庄稼。邻居每天起来,总看到牛圈前有一堆青草,开始感到很纳闷,后来半夜起床亲眼看到是罗威所为,愧疚万分,从此对自家的牛严加看管。"罗威饲犊"的故事从此传为美谈。

2. 司马徽让猪

司马徽是东汉末年一位学者。有一次,邻居走失了一头猪,因为司马家的猪和他走失的猪相似,就非说司马家的猪是他家的。司马徽并不争辩,说:"是你的你就拿去。"邻居便毫不客气地把猪赶回家。过了几天,邻居从别处找到了自己的猪,很抱歉地把司马家的猪送回去。司马徽不但没责备他,反而说邻里间发生这类误会并不奇怪,还赞扬他懂道理、知错能改,邻居听了十分感动。

1. 简述家庭礼仪的含义。
2. 家人相处的礼仪包括哪些?
3. 邻里相处要注意什么?

商务礼仪

教学目标

通过本章的学习,使学生了解一个成功的商务人员,除了具备敏锐的头脑、睿智的眼光,高深的文化修养外,还应懂得商务礼仪的规范。

教学要求

认知:了解并遵守商务礼仪,基本掌握其类型及特点等。
理解:在初步了解的基础上,懂得商务礼仪不仅有助于树立良好的职业形象,展示人格魅力,而且有利于在商务活动中赢得对方的尊重和信任。
运用:在理论知识掌握牢固的基础上,能够自觉主动将所学知识应用于实践中,不断加强这方面的修养。

知识点 1 商务会面简介

在日常交往和商务交往中,需要使用一些常规的礼仪。商务交往中,见面时的礼仪是要讲究的,见面是首轮效应,第一印象非常重要。本节将着重谈一下商务礼仪中见面应注意的问题。

一、问候

问候就是打招呼。**问候时有三个问题要注意。一是问候要有顺序**。专业来讲位低的先问候位高的,下级首先问候上级、主人先问候客人、男士先问候女士,这是一个社会公德。**二是因场合而异**。在国外女士与男士握手,女士可以不站起来,而在国内,在工作场合是男女平等的,社交场合讲究女士优先,尊重妇女。**三是内容有别**。中国人和外国人、生人和熟人、本地人和外地人不大一样。

二、行礼

行礼要符合国情,适合社会上的常规,常规上我们还是比较习惯于握手。握手时要讲伸手的前后顺序。"尊者居前",尊者先出手,主人和客人握手,客人到来之前,主人先出手,客人走的时候,客人先出手。**握手时:一般不能用左手、不能戴墨镜、不应该戴帽子、一般不戴手套、与异性握手不能双手去握**。

三、介绍

人和人见了面要介绍,这样大家才能相互认识。有时候不介绍就麻烦了,生活中有时我们会遇到这种人,初次见面他对你很客气,可跟你说了半天话你却不知道他是谁,这样你就没办法跟他沟通了,这就是忽略了自我介绍所致。

介绍有三种,各有各的规矩,我们都需要了解。第一种介绍——自我介绍,第二种介绍——介绍他人,第三种介绍——业务介绍。

第五章　商务礼仪

1. 自我介绍

（1）**自我介绍时最好是先递名片再介绍**。交换名片时要注意时机问题，比如商务活动中，两人都把事谈完了，要走了，你才给对方留名片，这样会给对方的感觉，是不是你才信任我，以前都不信任我？如果有经验，两人一见面就应该把名片递过去，什么头衔、什么职务都不用说了，最多把名字重复一下，免得对方读错了，也着重指出了自己，加深了印象。所以有经验的人是先递名片再介绍。

商务活动中的自我介绍和前面日常礼仪中的自我介绍有啥异同？

（2）**自我介绍时间要简短，愈短愈好**。比如，"先生、女士怎么称呼？" "我叫×"，"您在什么地方高就？" "我在工商银行北京市分行"。介绍时直截了当，不要连篇累牍地大说废话。一般自我介绍半分钟以内就完全可以结束了，要训练有素。

（3）**自我介绍时内容要全面**。自我介绍一般要有四个要素：单位、部门、职务、姓名。比如公务活动中自我介绍："我在工商银行北京市分行，信贷管理部，总经理，我叫×。"单位、部门、职务、姓名，语气顺畅，一气呵成。不能像挤牙膏似的，比如，"先生在哪儿高就？" "一个破单位。" "到底什么单位？" "不值得一提的一个单位。"这也真够不值得一提了，提都提不起来。

（4）**自我介绍时单位和部门头衔如果较长时，第一次介绍要使用全称**。如果你所在单位和部门头衔较长时，一定要注意第一次介绍的时候要使用全称，第二次才可以改简称。比如简称"南航"，大多数人就会想到南方航空公司，可还有一个"南航"——南京航空航天大学。所以在国际交往中，一定要注意先讲全称，再讲简称，否则会造成麻烦。再比如工商银行的人知道"杭院"，可外面的人就不一定知道"杭院"是指"工商银行杭州金融研修学院"。

2. 介绍他人

按照社交场合的惯例，介绍人一般应该是女主人。而在国际交往中，介绍人一般是三种人。

❶ **第一种为专业对口的人士。**

比如邀请一个外国教授来学院办讲座，那邀请人就有义务在外国教授跟校领导之间做介绍，即专业对口人士。

❷ **第二种为公关礼宾人士。**

外事办公室的同志，办公室主任或者秘书，或者专门委托的接待陪同人员，各地的接待办公室的同志，即搞接待的人士。

> ❸ 第三种为身份对等人士。
>
> 　　如果有贵宾，礼仪上讲身份对等，所谓对等，就是在场人士中职务最高的，即身份对等人士。

3. 业务介绍

> 业务介绍有两点要注意：
>
> ❶ 要把握时机，在销售礼仪中有一个零干扰的原则，就是你在工作岗位上，向客人介绍产品的时候，要在客人想知道或感兴趣的时候再介绍，不能强迫服务，破坏对方的心情。
>
> ❷ 要掌握分寸，该说什么不该说什么要明白。
>
> 一般来说业务介绍要把握三个点：
>
> | ❶ 人无我有。 | ❷ 人有我优。 | ❸ 人优我新。 |

知识点 2　微　笑

　　有人这样描写微笑：面部柔软松弛，嘴角微微向上扬起，形成一个好看的弧度。就这么简单？你抑或是惊异了。的确，就这么简单。可是，你是否读懂了这个简单的动作后面蕴藏着无与伦比的美呢？

　　一个微笑的表情、谦和的面孔，是表示自己真诚、守礼的重要途径。在经济学家眼里，微笑是一笔巨大的财富；在心理学家眼里，微笑是最能说服人的心理武器；在服务行业，微笑是服务人员最正宗的脸谱。微笑确实是一种力量，是一种可以创造效益的不可忽视的力量。

第五章　商务礼仪

一、礼仪表达最认同"微笑"

礼仪是文明的体现，是"自然人"与"社会人"的区别。礼仪的表达要讲究场合和得体，在与人交往的过程中，目前人们最喜欢、最认可的礼仪表达方式有哪些呢？有公司做过调查，设立了多项礼仪表达方式，涉及个人礼仪中的仪表、举止、言谈、交际、握手、称呼等选项。调查显示，受访者认同最多的礼仪表达方式是"对人微笑"，被选率高达89.7%。多数受访者认为，"微笑"是日常生活中最普遍、最常用的礼仪表达方式。在生活中，给人一个微笑，是善意的释放，是最基本的礼仪形式。一些受访者表示，现在很多人似乎缺乏微笑的功能，与朋友、与同事、与家人相见，也少有微笑，更不要说与陌生人交流时的微笑了。这也是大多数受访者首选微笑作为礼仪表达方式的理由了。

二、微笑在商务交往中的作用

笑容是一种令人感觉愉快的面部表情，它可以缩短人与人之间的心理距离，为深入沟通与交往创造温馨和谐的氛围。因此有人把笑容比作人际交往的润滑剂。在笑容中，微笑最自然大方，最真诚友善。世界各民族普遍认同微笑是基本笑容或常规表情。在商务交往中，保持微笑，至少有以下几个方面的作用。

（1）**表现心境良好**。面露平和欢愉的微笑，说明心情愉快，充实满足，乐观向上，善待人生，这样的人才会产生吸引别人的魅力。

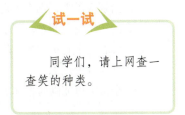

试一试

同学们，请上网查一查笑的种类。

（2）**表现充满自信**。面带微笑，表明对自己的能力有充分的信心，以不卑不亢的态度与人交往，使人产生信任感，容易被别人真正地接受。

（3）**表现真诚友善**。微笑反映自己心底坦荡，善良友好，待人真心实意，而非虚情假意，使人在与其交往中自然放松，不知不觉地缩短了心理距离。

（4）**表现乐业敬业**。工作岗位上保持微笑，说明热爱本职工作，乐于恪尽职守。如在服务岗位，微笑更是可以创造一种和谐融洽的气氛，让服务对象备感愉快和温暖。

真正的微笑应发自内心，渗透着自己的情感，表里如一，毫无包装或矫饰的微笑才有感染力，才能被视作"参与社交的通行证"。发自内心的微笑，会自然调动人的五官：眼睛略眯起、有神，眉毛上扬并稍弯，鼻翼张开，脸肌收拢，嘴角上翘，唇不露齿，做到眼到、眉到、鼻到、肌到、嘴到，才会亲切可人，打动人心。微笑在于它是含笑于面部，给人以回味、深刻、包容感。如果露齿或张嘴笑起来，再好的气质也没有了。

三、微笑的理由

微笑富有魅力，微笑招人喜爱。英国诗人雪莱说："微笑，实在是仁爱的象征，快乐的源泉，亲近别人的媒介。有了笑，人类的感情就沟通了。"确实，**微笑可以缩短人与人之间的距离，化解令人尴尬的僵局，是沟通彼此心灵的渠道，使人产生一种安全感、亲切感、愉快感。**当你向别人微笑时，实际上就是以巧妙、含蓄的方式告诉他，你喜欢他，你尊重他，这样，你也就容易博得别人的尊重和喜爱，赢得别人的信任。生活中多一些微笑，也就多些安详、融洽、和谐与快乐。

美国的卡耐基说："微笑，它不花费什么，却创造了许多成果。它丰富了那些接受的人，而又不使给予的人变得贫瘠。它产生在一刹那间，却给人留下永久的记忆。"商务礼仪中最关键的一条也是最基本的一种礼仪就是微笑。

> **微笑的10个理由：**
>
> ❶ 微笑比紧锁双眉要好看。
> ❷ 令别人心情愉快。
> ❸ 令自己的日子过得更有滋有味。
> ❹ 表示友善。
> ❺ 留给别人良好的印象。
> ❻ 送给别人微笑，别人也自然报以微笑。
> ❼ 有助于结交新朋友。
> ❽ 令你看起来有更加的自信和魅力。
> ❾ 令别人减少忧虑。
> ❿ 一个微笑可能随时帮你展开一段终生的友谊。

微笑是永不过时的通行证。"一笑解千愁"，"笑一笑十年少"，"怒拳不打笑脸人"，微笑的好处自是不言而喻。生活不能缺少微笑，服务更离不开微笑。许多企业纷纷实行"三步微笑""三米微笑""微笑服务"，足见对微笑的重视非同一般。

你知道吗

怎样微笑

现代职场，微笑是有效沟通的法宝，是人际关系的磁石。没有亲和力的微笑，无疑是重大的遗憾，甚至会给工作带来不便。商务礼仪中你会微笑吗？如何才能改变自己的微笑呢？

第五章 商务礼仪

（1）放松面部肌肉，然后使嘴角微微向上翘起，让嘴唇略呈弧形。最后，在不牵动鼻子、不发出笑声、露出牙齿，尤其是不露出牙龈的前提下，轻轻一笑。

（2）闭上眼睛，调动感情，并发挥想象力，或回忆美好的过去或展望美好的未来，使微笑源自内心，有感而发。

（3）对着镜子练习。使眉、眼、面部肌肉、口形在笑时和谐统一。

（4）当众练习法。按照要求，当众练习，使微笑规范、自然、大方，克服羞涩和胆怯的心理。也可以请观众评议后再对不足进行纠正。

知识点 3 名 片

名片是现代人的自我介绍信和社交的联谊卡。日常交往中一张名片递过去，你姓甚名谁，何方人士，所居何处，现居何位一清二楚，彼此联系也很方便。

在日常交往中，尤其你的交际圈比较大的时候，名片是不可缺少的交际工具。在商务交往中，一个没有名片的人，将被视为没有社会地位的人。一个不会使用名片的人是没有交际经验的人。换而言之，商务交往中拿不出名片的人，人家会怀疑你是真是假，有没有地位可言。而一个不随身携带名片的人，是不尊重别人的人。名片不仅要有，而且要带着。而名片放在什么地方都得有讲究，一般是放在专用名片包里或者西装上衣口袋里，不能乱放。如女职业经理人，名片一般放在公文包一伸手就能拿得出来的地方。不能找了半天找不到，到是拿出别的物品来了，那就失礼了。在现代生活中，我们要有名片、要会用名片。

一、索取名片

商务交往中尽量不要去索取名片，因为名片交换有讲究，地位低的人首先把名片递给地位高的人，所以你要去索取名片的话，马上就出现了地位方面的落差。

如果要索取名片也最好不要采取直白的表达。索取名片有几种方法：第一种为**交易法**，

这是最常用的方法。"将欲取之，必先予之"。我想要李先生名片，先把名片递给他了，"李先生这是我的名片"，他无论如何也要回我一张，不至于告诉我"收到"。在商务交往中，有的人会有一些落差，比如地位高的、身份高的，你把名片递给他，他跟你说声谢谢，就没下文了，这种情况存在。

如果担心出现跟对方有较大落差这种情况，不妨采用第二个办法，称为**激将法**。"尊敬的王董事长，很高兴认识你，不知道能不能有幸跟您交换一下名片？"这话跟他说清楚了，"不知道能不能有幸跟你交换一下名片"，他不想给你也得给你，他不至于告诉你，不换，就是不换。

还可以采用第三个方法，称为**联络法**。"张小姐，认识你非常高兴，以后希望还能够见到你，不知道以后怎么跟你联络比较方便？"这就是联络法，那就是暗示她，怎么才能找到你？她一般会给，若她不给，她也有恰到好处的退路，我跟你联系吧，其深刻含义就是不会跟你联系，联络也要讲互动。

二、递名片

当你把名片递给别人的时候，一般的做法就是你拿的名片要把文字最重要的那个部分对着别人，名字要正对着别人，别倒给。非常正规的做法就是拿着它两个上角，有时也可右手拿着上角但一般不要左手递名片，尤其对外交往中，左手在很多国家是不被接受的，把名片递给别人应该用双手或者用右手，一般不用左手。

名片现场交换时要注意尊卑有序、循序渐进，**需要递名片的人现场不是一个人时，正规的做法，就是按照职务高低前进**。如果弄不清楚，还有非正规的做法，就是由近而远，谁离我近我先给谁，不能跳跃式，如果是圆桌，就要按顺时针方向进行，这从位次排列上来讲是一个比较吉利的方向。

三、接受名片

接受别人的名片，要起身迎接，同时要把手里的事放下来站起来接，并要表示谢意。

首先要注意的是，接受名片得有来有往，就是要回敬对方，"来而不往非礼也"，你拿到人家名片一定要回。当然这个在我国就会出现一个比较大的问题，就是相当数量的同志，大概是没有名片的，特别是做内勤的同志没有。在商务交往中，即便没有一般也不说，而要采用委婉的表达，"不好意思，名片用完了"或是"抱歉，今天没有带"。没有带或者用完了，其实是两种可能。第一，对方不愿意给你，地位高，或者对你有猜忌之心，不知道你是谁。第二，是确实没有，这种情况下你应给对方退路下台，"没关系，改日再补"。不要拆穿人家。

其次要注意的是，接过名片一定要看，是否对人家尊重，是否待人友善，这点很重要。

第五章 商务礼仪

接过名片要通读一遍,这个是最重要的。看名片是对对方表示重视,是要了解对方的确切身份,不看就会出现问题了。比如,介绍对方时张冠李戴,把单位弄错,特别是把人家的名字和姓氏都搞错了,怠慢对方是不行的。

对于看名片,世界各国对此都有比较具体的规定,比如在东南亚一些国家,接过名片不仅要看,而且要看一分钟左右,因为看一分钟会看三四遍,看三四遍就记得很清楚了。有些国家要求更高,不仅要看,还要做默读状。如果发现对方有重要头衔,要朗读出来,"董事长,这么年轻就是董事长,看不出来。"你想想对方是什么感觉,这时名片的作用就显现出来了。

在接受名片时还要注意的就是要把对方的名片收藏到位。现场收藏,给别人一个非常妥帖非常被重视的感觉。最忌讳当场交换名片之后,名片被放桌上。经常有这样的人,会客或者吃饭时把收到的名片扔到桌子上去,而且扭头走了,名片没拿走,这是非常不好的感觉。别人的名片也不要放在办公桌上或者随便给别人,因为对方出于对你尊重才把名片给你,出于信任把联络方式交给你,你未经允许就给了别人,这是对对方非常不尊重的表示。

礼仪是交往的艺术。现代生活中,名片的使用无处不在,有鉴于此,礼多人不怪,我们要认真正确地使用名片。

你知道吗

名片在商务交往中有三个不准

1. 名片不能随意涂改

这是你的形象意识,并不是节约不节约的问题。如电话改号了,联通变成移动的,就划掉再写;电话升位了,7位改成8位,或者部门换过了,这种事常有。但是在商务交往中,强调名片譬如脸面,脸面是不改的,递出去的名片不能是涂改过的,否则会贻笑大方。

2. 名片不能提供两个以上的头衔

印一大堆喧宾夺主、主次不分的头衔影响你的社会交往,破坏你的个人形象。如果头衔比较多可准备多种名片,就是不同的交往对象给不同头衔的名片。商务交往中,遇到了好朋友可能会留家里的电话,在中国给的是中国总公司的名片,在德国给的是德国总公司的名片,反正能找到你,不会影响你的业务,也不会给自己添麻烦。这也是名片的有效使用问题。

3. 名片不提供私宅电话

商务礼仪也是讲究保护个人隐私的,有教养、有身份的人不向别人索取手机号码、私宅电话。在商务交往中,要注意讲公私有别,如因公跟你打交道的,那给你的电话就是办公室的电话,手机号码不给你,私宅电话更不给你。

知识点 4 商务电话

在所有电子通信手段中，电话出现得最早。迄今为止，它也是使用最广的。因此，电话礼仪是商务交往中要掌握的重点。**在商务交往中，电话不仅仅是一种传递信息、获取信息、保持联络的寻常工具，而且也是自己所在单位或个人形象的一个载体**。在商务交往中，普普通通的接打电话，实际上是在为通话者所在的单位、为通话者本人绘制一幅给人以深刻印象的电话形象。所谓电话形象，即人们在通电话的整个过程之中的语言、声调、内容、表情、态度、时间感等的集合。它能够真实地体现出个人的素质、待人接物的态度，以及通话者所在单位的整体水平。正是因为电话形象在现代社会中无处不在，而商务交往又与电话"难解难分"，因此凡是重视维护自身形象的单位，无不对电话的使用给予了高度的关注。

电话是现代人之间进行交流和沟通的便捷工具。在没有电话的时代，很可能为了讲一句话而必须千里迢迢地登门拜访。现在，通过电话就能立刻与对方进行联系。商务交往离不开电话这一便捷的通信工具，当你的声音通过话筒传向世界各地时，是否也能做到彬彬有礼？

一、拨打电话的礼仪

（1）在主动拨打电话之前。**先打一个提纲，有所准备，这样可以节省打电话的时间，同时这也是一个非常好的商务习惯**。因为你并不知道接电话的人正在忙什么，在通话之前做到心里有数，可以有效地节省时间，并能够提高电话沟通的效率。提纲打好之后，应该做一个简单的寒暄，然后迅速直奔主题，不要闲聊天，东拉西扯，偏离你要表达的主要意思。

（2）选择适当的通话时间。一般情况下，**选择通话时间应遵循不在早上8点之前、晚上10点以后、三餐之间给人打电话**。也就是说，白天应在8点以后，假日最好在9点以后，夜间则要在10点以前，以免干扰受话人

包括对方老人或小孩的睡眠，三餐之间应该给对方一个舒心的就餐心情，所以尽量不要在三餐之间给对方打电话。还有，老年人大多数有午睡的习惯，无特殊情况，也不要在中午给老年人打电话。

（3）**查清对方的电话号码，并正确地拨号**。万一弄错了，应向接电话者表示歉意，不要将电话一挂了事。拨号以后，如只听铃响，没有人接，应耐心等待片刻，待铃响六七次后再挂断。否则，如对方正巧不在电话机旁，匆匆赶来接时，电话已挂断了，这也是失礼的。

二、重要的第一声

当我们打电话给某单位，若一接通，就能听到对方亲切、优美的招呼声，心里一定会很愉快，使双方对话能顺利展开，对该单位有了较好的印象。在电话中只要稍微注意一下自己的行为就会给对方留下完全不同的印象。同样说"你好，这里是某某公司"，但声音清晰、悦耳、吐字清脆，给对方留下好的印象，对方对其所在单位也会有好印象。因此要记住，接电话时，应有"我代表单位形象"的意识。这就是语调的魅力，用清晰而愉快的语调接电话能显示出说话人的职业风度和可亲的性格。

三、要有喜悦的心情

打电话时我们要保持良好的心情，这样即使对方看不见你，但是从欢快的语调中也会被你感染，给对方留下极佳的印象，由于面部表情会影响声音的变化，所以即使在电话中，也要抱着"对方看着我"的心态去应对。

四、端正的姿态与清晰明朗的声音

打电话过程中绝对不能吸烟、喝茶、吃零食，即使是懒散的姿势对方也能够听得出来。如果你打电话的时候弯着腰躺在椅子上，对方听你的声音就是懒散的，无精打采的。若坐姿端正，身体挺直，所发出的声音也会亲切悦耳，充满活力。**打电话时的语调应平稳柔和、安详**，这时如能面带微笑地与对方交谈，可使你的声音听起来更为友好热情，虽然对方无法看到你的面容，但你的喜悦或烦躁仍会通过语调流露出来。**打电话时声音要文雅有礼，以恳切之话语表达**，口与话筒间应保持适当距离，适度控制音量，以免听不清楚，滋生误会，或因声音粗大，让人误解为盛气凌人。因此打电话时，即使看不见对方，也要当作对方就在眼前，尽可能注意自己的姿势和语调。

五、迅速准确的接听

现代工作人员业务繁忙，桌上往往会有两三部电话，听到电话铃声，应准确迅速地拿起听筒，接听电话，以长途电话为优先，最好在三声之内接听。在礼貌问候对方之后应主动报出公司或部门名称以及自己的姓名，电话铃声响一声大约3秒钟，若长时间无人接电话，或让对方久等是很不礼貌的，对方在等待时心里会十分急躁，你的单位会给他留下不好的印象。即便电话离自己很远，听到电话铃声后，若附近没有其他人，我们应该用最快的速度拿起听筒，这样的态度是每个人都应该拥有的，这样的习惯是每个办公室工作人员都应该养成的。如果电话铃响了5声才拿起话筒，应该先向对方道歉，若电话响了许久，接起电话只是"喂"了一声，对方会十分不满，这样会给对方留下恶劣的印象。

根据你所学的知识，你试着打一个电话咨询某书店有没有你要买的一本书。

六、认真清楚的记录

随时牢记 5W1H 技巧，所谓 5W1H，一是 When（何时），二是 Who（何人），三是 Where（何地），四是 What（何事），五是 Why（为什么），六是 How（如何进行）。在工作中这些资料都是十分重要的。电话记录既要简洁又要完备。

七、有效电话沟通

上班时间打来的电话几乎都与工作有关，公司的每个电话都十分重要，不可敷衍，即使对方要找的人不在，切忌粗率答复。接电话时要尽可能问清事由，避免误事。对方查询本部门其他单位电话号码时，应迅即查告，不能说不知道。

首先应确认对方身份，了解对方来电的目的，如自己无法处理，也应认真记录下来，委婉地探求对方来电目的，就可不误事而且赢得对方的好感。对对方提出的问题应耐心倾听。表示意见时，应让他能适度地畅所欲言，除非不得已，否则不要插嘴。期间可以通过提问来探究对方的需求与问题。注重倾听与理解、抱有同情心、建立亲和力是有效电话沟通的关键。接到责难或批评性的电话时，应委婉解说，并向其表示歉意或谢意，不可与发话人争辩。电话交谈事项，应注意正确性，将事项完整地交代清楚，以增加对方认同，不可敷衍了事。如遇需要查寻数据或另行联系之查催案件，应先估计可能耗用时间之长短，若查阅或查催时间较长，最好不让对方久候，应改用另行回话之方式，并尽早回话。以电话索取书表时应即备案把握时效，尽快地寄达。

八、让工作顺利的电话术

1. 迟到、请假由自己打电话。
2. 外出办事，随时与单位联系。
3. 外出办事应告知去处及电话。
4. 延误拜访时间应事先与对方联络。
5. 用传真机传送文件后，以电话联络。
6. 同事家中电话不要轻易告诉别人。
7. 借用别家单位电话时应注意一般不超过10分钟。遇特殊情况，非得长时间接打电话时，应先征求对方的同意和谅解。

在商业投诉中，单位的电话留言不能及时回电话最为常见。为了不丧失每一次成交的机会，有的公司甚至做出对电话留言须在1小时之内答复的规定。一般应在24小时之内对电话留言给予答复，如果回电话时恰遇对方不在，也要留言，表明你已经回过电话了。如果自己确实无法亲自回电，应托付他人代办。

打电话时要留意时差。要搞清地区时差以及各国工作时间的差异，不要在休息日打电话谈生意，以免影响他人休息。即使客户已将家中的电话号码告诉你，也尽量不要往家中打电话。要恰当地使用电话。在美国你可以通过电话向一个素不相识的人推销商品，而在欧洲、拉美和亚洲国家，电话促销或在电话中长时间地谈生意就难以让人接受。发展良好商务关系的最佳途径是与客户面对面地商谈，而电话主要用来安排会见。当然一旦双方见过面，再用电话往来就方便多了。

九、不要煲"电话粥"

当你有急事，对方电话一直占线时，你一定会心急如焚。然而，你自己是否也曾有过煲"电话粥"的情形呢？打电话，切忌喋喋不休，不分重点，唠唠叨叨说个没完，而要简明扼要，节省时间。电话交谈所持续的时间，以谈话内容多少来定，事多则长，事少则短。如果不是预约电话，时间须5分钟以上的，那么就应首先说出自己的通话大意，并征询对方现在讲话对对方是否合适。若不方便，就请对方另约时间。有时候来电话的人啰啰唆唆，你不愿再花费时间和他无聊地谈下去，你可以礼貌地说："我不想占你太多的时间，以后再谈行吗？"

十、挂电话前的礼貌

要结束电话交谈时，一般应当由打电话的一方提出，然后彼此客气地道别，应有明确的结束语，说一声谢谢或再见，再轻轻挂上电话，不可只管自己讲完就挂断电话。

电话礼仪的特点，直接与"电话形象"密切相关。不论是打电话还是接电话，都必须以礼待人，克己而敬人。假如不注意在使用电话的过程中讲究礼貌、先敬于人，无形之中，将会使自己的人际关系受到损害。我们应该随时保持良好的电话形象，养成良好的电话礼仪习惯。

你知道吗

转接电话拿着话筒和放下话筒一个样

很多人在拿着话筒时，通常会比较注意自己的语言，会说"您找哪位？请您稍等。"放下电话找人时，往往忘了对方也能听见，变得随心所欲，比如，说对方"是个男的"，或者说"一个有外地口音的人""一个声音挺娇的小姑娘"。当对方在电话里听到这些形容方式时，会感到不愉快。因此转接时，要同样用客气的方式叫人，或者应该用手捂上话筒，注意隔音。

1. 做好电话记录

如果对方要找的人不在，要尽量做好电话记录工作。记录内容包括什么人、什么时间打的电话、大概是要说什么事（如果对方不愿意不必强问）、对方有什么要求（一看到字条马上回电话，还是晚上再打电话等）。通常很多人在转接电话时不予记录或者记录得非常简单，只有一个姓和一个电话号码，这样对方要找的人工作繁忙时，这种电话可能得不到及时回复。

2. 确认对方姓名身份尽量用褒义词语

替人转接电话，确认对方姓名时，尽量要用褒义词语。不要脱口而出，用习惯用语去确认对方的姓名。比如"您姓孙，是孙子的孙吗？""您姓冷，是冷淡的冷吗？"诸如此类，让对方听了感到不快。其实可以改成"是孙子兵法的孙吗？""是冷热的冷吗？"在记录对方电话号码时，则一定要重复，以免记错。

3. 未经要接电话者同意不要轻易将手机号码告诉对方

转接电话时，如果来电者要找的人不在，对方询问手机号码时，转接者一定要经过要接电话者同意才能把手机号码告诉对方。否则可能严重干扰到要接电话者的工作或生活。

4. 讲究口德不乱传闲话

如果转接到了一个敏感人物的电话，比如大家怀疑某某跟某某有特殊关系，恰好某某打电话找某某时被你接到了，这种时候千万不要捕风捉影，不要去转告第三人"谁给谁来电话了"，更不能在旁边偷听对方的电话内容。不论是绯闻还是面对关系过于紧张的上下级，接电话者都不能妄自猜测，随意传播。

知识点 5 商务宴会

一、赴宴前的准备

赴宴是交际者经常性的活动之一，其中有许多值得注意的礼节。**赴宴前，应注意仪表整洁，穿戴大方，最好稍作打扮**。忌穿工作服，满脸倦容或一身灰尘。为此，进行一番洗理一番化妆是很有必要的。男士要刮净胡须，如有时间还应理发。注意鞋子是否干净、光亮，袜子是否有臭味，以免临时尴尬。

赴宴要遵守约定的时间，既不要太早，显得急于进餐，也不能迟到。最好事先探询一下，可依据请柬注明的时间，稍微提前一点。如果你与主人关系密切，则不妨早点到达，以帮助主人招待宾客，或做些准备工作。

当你抵达宴请地点时，首先跟主人握手、问候致意。对其他客人，无论相识与否，都要笑脸相迎，点头致意，或握手寒暄，互相问好；对长辈老人，要主动让座问好，对小孩则应多加关照。万一迟到，在你坐下之前，应先向所有客人微笑打招呼，同时说声抱歉。

二、宴请中桌次与座位的礼仪

在宴请中，桌次与座位是一个不可忽视的问题。**按习惯，桌次的高低以离主桌位置远近而定。右高左低**。桌数较多时，要摆桌次牌。宴会可用圆桌、方桌或长桌，一桌以上的宴会，桌子之间的距离要适中，各个座位之间的距离要相等。团体宴请中，宴桌排列一般以最前面的或居中的桌子为主桌。餐桌的具体摆放还应与宴会厅的地形条件而定。各类宴会餐桌摆放与座位安排都要整齐统一，椅背达到纵横成行，台布折纹要向着一个向，给人以整体美感。

礼宾次序是安排座位的主要依据。我国习惯按客人本身的职务排列，以便谈话，如夫人出席，通常把女方排在一起，即主宾坐在男主人右上方，其夫人坐在女主人右上方，两桌以上的宴会，其他各桌第一主人的位置一般与主

人主桌上的位置相同，也可以面对主桌的位置为主位。在具体安排座位时，还应考虑其他因素。例如，双方关系紧张的应尽量避免安排在一起，身份大体相同，或同一专业的可安排在一起。

一般家庭举行宴请，因正房为坐北向南，故方桌北面即向门一面为客人的位置。现在则以迎门一方的左为上，右为下，是为首次两席。两旁仍按左为上、右为下依次安位。主人则背门而坐。

恰当的用桌次和座位的安排显示你的地位，表达你的尊敬，将会为赴会和宴请增添礼仪之邦的风采，并取得特定的效果。

三、进餐

入座后，主人招呼，即开始进餐。取菜时，不要盛得过多。盘中食物吃完后，如不够，可以再取。如由招待员分菜，需增添时，待招待员送上时再取。如果本人不能吃或不爱吃的菜肴，当招待员上菜或主人夹菜时，不要拒绝，可取少量放在盘内，并表示"谢谢，够了"。对不合口味的菜，勿显露出难堪的表情。

（1）**吃东西要文雅**。闭嘴咀嚼，喝汤不要啜，吃东西不要发出声音。如汤、菜太热，可待凉后再吃，切勿用嘴吹。嘴内的鱼刺、骨头不要直接外吐，用餐巾掩嘴，用手（吃中餐可用筷子）取出，或轻轻吐在叉上，放在菜盘内。吃剩的菜，用过的餐具牙签，都应放在盘内，勿置桌上。嘴内有食物时切勿说话。剔牙时，用手或餐巾遮口。

（2）**交谈**。无论是做主人、陪客或宾客，都应与同桌的人交谈，特别是左右邻座。不要只同几个熟人或只同一两人说话。邻座如不相识，可先自我介绍。

（3）**宽衣**。在社交场合，无论天气如何炎热，不能当众解开纽扣脱下衣服。小型便宴，如主人请客人宽衣，男宾可脱下外衣搭在椅背上。

（4）**喝茶（或咖啡）**。喝茶或喝咖啡时，如愿加牛奶、白糖，可自取加入杯中，用小茶匙搅拌后，茶匙仍放回小碟内，通常牛奶、白糖均用单独器皿盛放。喝时右手拿杯把，左手端小碟。

（5）**吃水果**。吃梨、苹果时，不要整个拿着咬，应先用水果刀切成四到六瓣，再用

第五章　商务礼仪

刀去皮、核，然后用手拿着吃，削皮时刀口朝内，从外往里削。香蕉先剥皮，用刀切成小块吃。橙子用刀切成块吃，橘子、荔枝、龙眼等则可剥了皮吃。其余如西瓜、菠萝等，通常都去皮切成块，吃时可用水果刀切成小块用叉取食。

（6）**水盂**。在宴席上，上鸡、龙虾、水果时，有时送上一小水盂（铜盆、瓷碗或水晶玻璃缸），水上漂有玫瑰花瓣或柠檬片，供洗手用（曾有人误为饮料，成为笑话）。洗时两手轮流沾湿指头，轻轻刷洗，然后用餐巾或小毛巾擦干。

（7）**纪念物品**。有的主人为每位出席者备有小纪念品或一朵鲜花。宴会结束时，主人招呼客人带上。遇此，可说一两句赞扬这小礼品的话，但不必郑重表示感谢。有时，外国访问者，往往把宴会菜单作为纪念品带走，有时还请同席者在菜单上签名留念。除主人特别示意作为纪念品的东西外，各种招待用品，包括糖果、水果、香烟等，都不要拿走。

（8）**致谢**。有时在出席私人宴请活动之后，往往致以便函或名片表示感谢。

（9）**冷餐会、酒会取菜**。冷餐、酒会，招待员上菜时，不要抢着去取，待送至本人面前再拿。周围的人未拿到第一份时，自己不要急于去取第二份。勿围在菜桌旁边，取完即退开，以便让别人去取。

（10）**餐具的使用**。**中餐的餐具主要是碗、筷，西餐则是刀、叉、盘子。通常宴请外国人吃中餐，亦以中餐西吃为多，既摆碗筷，又设刀叉。刀叉的使用是右手持刀，左手持叉，将食物切成小块，然后用叉送入嘴内。**欧洲人使用时不换手，即从切割到送食均以左手持叉。美国人切割后，会把刀放下，右手持叉送食入口。就餐时按刀叉顺序由外往里取用。每道菜吃完后，将刀叉并拢排放盘内，以示吃完。如未吃完，则摆成八字或交叉摆，刀口应向内。吃鸡、龙虾时，经主人示意，可以用手撕开吃，否则可用刀叉把肉割下，切成小块吃。切带骨头或硬壳的肉食，叉子一定要把肉叉牢，刀紧贴叉边下切，以免滑开。切菜时，注意不要用力过猛撞击盘子而发出声音。不容易叉的食品，或不易上叉的食品，可用刀把它轻轻推上叉。**除喝汤外，不用匙进食**。汤用深盘或小碗盛放，喝时用汤匙由内往外舀起送入嘴，即将喝尽，可将盘向外略托起。吃带有腥味的食品，如鱼、虾、野味等均配有柠檬，可用手将汁挤出滴在食品上，以去腥味。

（11）**遇到意外情况**。宴会进行中，由于不慎，发生异常情况时，例如用力过猛，使刀叉撞击盘子，发出声响，或餐具摔落地上，或打翻酒水等时，应沉着不必着急。餐具碰出声音，可轻轻向邻座或向主人说一声"对不起"。餐具掉落可由招待员另送一副。酒水打翻溅到邻座身上，应表示歉意，协助擦干（如对方是女性，只要把干净餐巾或手帕递上即可，由她自己擦干）。

四、宴会向客人敬酒礼仪要点

敬酒也就是祝酒，是指在正式宴会上，由男主人向来宾提议，提出某个事由而饮酒。在饮酒时，通常要讲一些祝愿、祝福类的话，甚至主人和主宾还要发表一篇专门的祝酒词。

祝酒词内容越短越好。敬酒可以随时在饮酒的过程中进行。要是致正式祝酒词，就应在特定的时间进行，并不能因此影响来宾的用餐。祝酒词适合在宾主入座后、用餐前开始，也可以在吃过主菜后、甜品上桌前进行。

在饮酒特别是祝酒、敬酒时进行干杯，需要有人率先提议，可以是主人、主宾，也可以是在场的人。 提议干杯时，应起身站立，右手端起酒杯，或者用右手拿起酒杯后，再以左手托扶杯底，面带微笑，目视其他特别是自己的祝酒对象，嘴里同时说着祝福的话。有人提议干杯后，要手拿酒杯起身站立。即使是滴酒不沾，也要拿起杯子做做样子。将酒杯举到眼睛高度，说完"干杯"后，将酒一饮而尽或喝适量，然后，还要手拿酒杯与提议者对视一下。这个过程就算结束。

在中餐里，干杯前，可以象征性地和对方碰一下酒杯。 碰杯的时候，应该让自己的酒杯低于对方的酒杯，表示你对对方的尊敬。用酒杯杯底轻碰桌面，也可以表示和对方碰杯。当你离对方比较远时，完全可以用这种方式代劳。如果主人亲自敬酒，干杯后，要求回敬主人，和他再干一杯。

一般情况下，敬酒应以年龄大小、职位高低、宾主身份为先后顺序，一定要充分考虑敬酒的顺序，分明主次。 即使和不熟悉的人在一起喝酒，也要先打听一下身份或是留意别人对他的称号，避免出现尴尬或伤感情。即使你有求于席上的某位客人，对他自然要倍加恭敬，但如果在场有更高身份或年长的，也要先给尊长者敬酒，不然会使大家很难为情。如果因为生活习惯或健康等原因不适合饮酒，也可以委托亲友、部下、晚辈代喝或者以饮料、茶水代替。作为敬酒人，应充分体谅对方，在对方请人代酒或用饮料代替时，不要非让对方喝酒不可，也不应该好奇地"打破砂锅问到底"。要知道，别人没主动说明原因就表示对方认为这是他的隐私。

在西餐里，祝酒干杯只用香槟酒， 并且不能越过身边的人而和其他人祝酒干杯。作为主宾参加外国举行的宴请，应了解对方祝酒习惯，即为何人祝酒、何时祝酒等，以便做必要的准备。碰杯时，主人和主宾先碰，人多时可同时举杯示意，不一定碰杯，祝酒时注意不要交叉碰杯。在主人和主宾致辞、祝酒时，应暂停进餐，停止交谈，注意倾听，也不要借此机会抽烟。奏国歌时应肃立。主人和主宾讲完话与贵宾席人员碰杯后，往往到其他各桌敬酒，遇此情况应起立举杯，碰杯时，要目视对方致意。

五、宴会上该说些什么

（1）众欢同乐，切忌私语。大多数酒宴宾客都较多，所以应尽量多谈论一些大部分人能够参与的话题，得到多数人的认同。因为个人的兴趣爱好、知识面不同，所以话题尽量不要太偏，避免唯我独尊，天南海北，神侃无边，出现跑题现象，而忽略了众人。特别是尽量不要与人贴耳小声私语，给别人一种神秘感，往往会产生"就你俩好"的嫉妒心理，影响喝酒的效果。

（2）**瞄准宾主，把握大局**。大多数酒宴都有一个主题，也就是喝酒的目的。赴宴时首先应环视一下各位的神态表情，分清主次，不要单纯地为了喝酒而喝酒，而失去交友的好机会，更不要让某些哗众取宠的酒徒搅乱东道主的意思。

（3）**语言得当，诙谐幽默**。酒桌上可以显示出一个人的才华、常识、修养和交际风度。有时一句诙谐幽默的语言，会给客人留下很深的印象，使人无形中对你产生好感。所以，应该知道什么时候该说什么话，语言得当，诙谐幽默很关键。

（4）**锋芒渐射，稳坐泰山**。酒席宴上要看清场合，正确估价自己的实力，不要太冲动，尽量保留一些酒力和说话的分寸，既不让别人小看自己又不要过分地表露自身，选择适当的机会，逐渐放射自己的锋芒，才能稳坐泰山，不致给别人产生"就这点能力"的想法，使大家不敢低估你的实力。

宴会上相互敬酒表示友好。活跃气氛，但切记喝酒过量。喝酒过量容易失言，甚至失态，因此必须控制在本人酒量以内。的确，酒作为一种交际媒介，迎宾送客，聚朋会友，彼此沟通，传递友情，发挥了独到的作用。所以，探索一下酒桌上的"奥妙"，有助于自身的成功。

你知道吗

完美宴会的几大戒律

1. 戒纵酒

戒纵酒是反对饮食时以酒胜食，喧宾夺主；而主张宴饮以食为主，以酒为辅。"纵酒"者宴饮时，"唯酒是务，焉知其余"。"拇战之徒"视佳肴而不见，无心品尝其"味之美恶"，而一意"呼呶酗酒"甚至灌得酩酊大醉，更辨不出佳肴味道，"啖佳菜如啖木屑，心不存焉"。纵酒的后果是"治味之道扫地矣"，何况又伤害身体，故应"戒"之。

2. 戒强让

戒强让是反对宴饮时主人强逼客人进食，而主张"凭客举箸"，造成自在随意的进食环境与气氛。袁枚认为"治具宴客，礼也"，如果主人"强让"，就有些"非礼"。因为菜肴精肥、整碎不同，而且客人各有所好，故强调让客人自己选择，听其自便，以适合客人各自的口味。请客根本无须"强让"，盖客人本身"非无手无目之人"；否则就是对客人的不尊重。袁枚甚至认为"以箸取菜，硬入人口，有类强奸，殊为可恶"，妙语解颐，亦可见其对"强让"的厌恶。

3. 戒"耳餐"

其意是反对饮食者"务名",即贪图虚名的态度;而倡导务实的思想。"耳餐"是:贪贵物之名,夸敬客之意,"是以耳餐,非口餐也"。这种态度之选择饮食,不是根据食物本身的滋味、营养,而是根据物的名气、贵贱,其症结是几乎不考虑美味,只是满足某些人的虚荣心而已。例如:某太守宴客,大碗如缸,白煮燕窝四两,丝毫无味,人争夸之,对此"耳餐"之举,袁枚评曰:"我辈来吃燕窝,非来贩燕窝也。可贩不可吃,虽多奚为?若徒夸体面,不如碗中竟放明珠百粒,则价值万金矣。其如吃不得何?"可见"耳餐"态度之荒谬绝伦。

4. 戒"目食"

是反对主人请客贪图数量多,以求得"悦目";而主张饮食要讲究质量,求得"适口",求得味觉享受。"目食者,贪多之谓也。今人慕'食前方丈'之名,多盘叠碗,是以目食,非口食也"。"目食"满足眼中有类似满汉全席一般的品种、量数,"每张饮,必震而惊心曰'三撤席',曰'两重叠',燕窝如山,海参似海。"(《答章观察招饮》)看上去视觉似乎很满足,但不管是否可口味美。袁枚之反对"贪多",是因为量多与质高是很难兼顾的。如果以"目食"为目的宴请宾客,尽管"主人自腥秽",却难开胃口,甚至回家"仍煮粥充饥",这就完全丧失了宴请的意义。

知识点 6 商务拜访与接待

一、商务拜访礼仪

1. 拜访前的相邀艺术

事前与被访者进行电话联系,这是商务拜访中的基本礼仪。

联系过程中要自报家门,并询问被访者是否在单位(家),是否有时间或何时有时间。电话中要提出访问的内容,使对方有所准备,在对方同意的情况下定下具体的时间、地点。需要注意的是要避开吃饭和休息、特别是午睡的时间。

第五章 商务礼仪

2. 要守时守约

当今时代讲求效率。守时守信更是商务礼仪中的基本原则。

守时要求准时赴约，不要迟到。越是正式的、重要的或规模较小的活动，越不能迟到。晚来一点非但不被认为"聪明""时髦""显贵"，不能引人注目，反而显得自私自利，不为别人着想。因为迟到必然会影响或打扰他人。

在决定参加一个活动的时候，首先，应明确活动的具体时间和地点，然后估计行车或步行到达活动地点所需的时间；并将堵车或其他偶然事件可能耗费的时间考虑进去。当然，所谓准时到达也是有一定的时间余地的，这一点不同地区、不同国家有一定差别，如果可能应事先搞清楚。一般说来，在我国，提前2～3分钟到达最好；在外国，特别是欧美，晚到2～3分钟显得更有礼貌。如果是中方组织的活动，最好遵从咱们中国人的习惯；如果是外方组织的活动，则应考虑外国人的习惯。**如果到达的时间太早了一点，应当在街上转转，到时候再去。如果因故迟到，应向主人说明理由和表示道歉，必要时还应向其他客人表示歉意。**

举办会议或活动，主人应早于客人到场，晚于客人离场；客人应准时抵达。会议、活动应准时开始，让客人久候，是无礼的表现。如果客人迟到，主人不要流露出不耐烦的情绪，因为对方不一定是有意而为。

3. 讲究敲门的艺术

敲门是种学问，人们常说，言为心声，敲门亦可为心声。

我们都有这种体验，一听到敲门声，就能猜出来者是谁。因为敲门声往往可以反映一个人的性格，比如：性急者敲门声急促，性缓者敲门声缓慢，粗鲁的人敲门不分点次，懒散的人好半天才敲一下……只有文雅的人，敲门才稳重沉着，且有音乐般的节奏感。

敲门声还能反映一个人的性别和年龄：男性敲门多半沉紧，音质洪亮；女性敲门一般细腻纤弱，而且"声声慢"；老年人敲门浑厚沉缓；小孩儿敲门力薄音脆；少女敲门则活泼清亮，有如天堂鸟的鸣叫声。

一般说来，在商务拜访中，要用食指敲门，力度适中，间隔有序敲三下，等待回音。如无应声，可再稍加力度，再敲三下，如有应声，再侧身立于右门框一侧，待门开时再向前迈半步，与主人相对。

4. 拜访对象面前要做到"彬彬有礼"

如果拜访对象是年长者或上级时，主人不坐，自己不能先坐。主人让座之后，你要口称"谢谢"，然后采用规矩的礼仪坐姿坐下。对于递上的烟茶要双手接过并表示谢意。如果拜访对象没有吸烟的习惯，要克制自己的烟瘾，尽量不吸，以示对拜访对象习惯的尊重。桌上的果品，要等年长者或其他客人动手后，自己再取用。

另外，如果拜访对象因故不能马上接待，可以在接待人员的安排下在会客厅、会议室或在前台，安静地等候。如果接待人员没有说"请随意参观参观"之类的话，而随便地东张西望，甚至伸着脖子好奇地往房间里"窥探"，都是非常失礼的。

5. 把握告辞的时机

总体来说，商务拜访的时间不宜过长。当宾主双方都已经谈完该谈的事情时，就要及时起身告辞。另外，如果遇到下面五种情况，也要及时"知趣"而退。

❶ 双方话不投机，或当你说话的时候，被拜访者反应冷淡，甚至不愿答理。

❷ 被拜访者站起身来，或是把你们的谈话总结了一下，并说出以后可以再继续交流的话。

❸ 被拜访者虽然显得很"认真"，但反复看手表或时钟。

❹ 被拜访者把双肘抬起，双手支在椅子的扶手上。

❺ 快到了休息或就餐时间。

提出告辞的时候，被拜访者往往会说上几句"再坐坐"之类的客套话，那往往也只是纯粹的礼节性客套。所以如果没有非说不可的话，就要毫不犹豫地起身告辞。

准备告辞的时候，最好不要选择在被拜访者或其他人说完一段话之后，因为这会使人误以为对他的那段话听得不耐烦。所以最适合的告辞时间，是在你自己说完一段话之后。同时，告辞前千万别打呵欠，伸懒腰。

告别前，应该对被拜访者的友好、热情等给以适当的肯定，并说一些"打扰了""添麻烦了""谢谢了"之类的客套话。 如果必要，还可以说些诸如："这两个小时过得真快""和您说话真是一种享受""请您以后多指教""希望我们以后能多多合作"等话。

起身告退的时候，如果还有其他客人，即使和这些客人不熟悉，也要遵守"前客让后客"的原则，礼貌地向他们打招呼。

如果被拜访者送的话，送上几步后，你可以说上一句"请留步"之类的客套话，这时候就可以主动向被拜访者伸出手相握，以示告别。

二、商务接待礼仪

商务交往中，迎来交往是重要的工作内容。所以，商务礼仪中如何处理接待，既要讲求商务礼仪技巧，又是一门艺术。

接待工作也蕴含着艺术的想象。商业经理人应该有这种意识，要获得业务并成功合作，必须使客人得到真正的快乐。商务接待，应该被看作一种投资，而且最好要有明确目的。明确目的指的是具体的需要。

第五章　商务礼仪

商务接待的基本原则是，可以高消费，但是要反对浪费。

商务接待成功的秘诀在于细心，照顾到每一个客人的喜好，当然他们会感谢你的细心的。

商务接待是经常发生的活动，从办公室的一杯茶水到招待客人吃工作餐，再到高级别的正式宴会。好的商务接待可从以下方面去着手：

1. 事先，就要在一对一的基础上去了解客人。
2. 无论是新朋友，还是老朋友；无论是尊贵的来宾，还是一般的来宾，都要热情相待，但是允许标准和档次上有所区别。
3. 得到帮助，真诚表达你的谢意。
4. 商业场合不要羞于推销你自己。
5. 得到热情接待，要在适当时机考虑回报。
6. 不断巩固和老客户的关系。
7. 在商务接待中提高公司形象。
8. 注意在接待过程中牢记公司的任务，然后恰当地将工作任务在和对方的交流中，自然而漂亮地体现出来。这样，才能深谙商务礼仪之艺术。

商务接待，往往直接影响到企业和商务伙伴的关系。所以，以下四个待客的"雷区"，千万碰不得。

（1）**不要劝茶**。我们传统文化中，有"端茶送客""茶三送客"的说法。特别是接待老者、海外华人、港澳台同胞，更要注意。当然，如果是用饮料招待，就不涉及这个问题了。

（2）**要避免消极的身体语言**。培根说过："行为举止是心灵的外衣"，在别人看来，你的一言一行，都是当时心理的真实反映。所以，一些消极的身体语言，也必然给人消极的联想。这些消极的身体语言在接待中要坚决避免，比如看手表、打哈欠、坐姿不规范，以及斜视、翻眼、频繁地眨眼等。

（3）**不要随便让人代劳**。如果你是接待人员或是来拜访你的，你就必须责无旁贷、善始善终地做好接待工作。尽量不要中途甩下来访者或让他们过久地坐冷板凳。不然，会给人不被重视、受冷落的感觉。而且，如果临时换成其他人来接待，也很容易造成交接上的差错，以致造成整体接待上的缺憾。

（4）**不要以自我为中心**。既然接待工作是为企业之间的商务往来服务的，所以，接待中的一切服务工作，都要为来访者着想和服务，具体有：不要在来访者和其他人面前说方言俚语；如果有抽烟的习惯，还必须不要当着对方的面吞云吐雾，以免对方受到刺激。

你知道吗

推销员的客户拜访礼仪

商务推销人员要想推销商品，就要拜访客户，取得客户的好感，获得客户的信任。在拜访客户时，要想给对方留下良好的印象，把商品推销出去，应注意拜访客户的礼仪。

1. 衣着庄重，重视第一印象

推销，始于推销自己；推销自己，始于推销自己的形象。在推销中，懂得形象包装、给人留下良好第一印象的推销员，将是永远的赢家。一般来说，衣着打扮能直接反映出一个人的修养、气质和情操。穿戴整齐、干净利落的推销员容易赢得顾客的信任和好感；而衣冠不整的推销员会让顾客留下办事马虎、懒惰、糊涂的印象。有心理学家做过关于外表影响力的实验，很能说明问题：两位男士，一位衣装笔挺，另一位穿沾满油污的工人服，在人行横道的红灯亮起而无过往车辆的时候穿越马路，结果，跟随衣着笔挺者的群众远远高于后者。美国一项调查也表明，80%的客户对推销员的不良外表持反感态度。

2. 举止得体，创造良好形象

良好的行为举止是推销员言行一致、表里如一的反映，是尊重客户的体现。推销员举止不当，忽略礼仪，往往会在无形中破坏交谈的结果。曾经有一个推销员，在与客户交换名片落座后，一直把名片拿在手上把玩，最后客户面露愠色要回名片，转身离去。客户是聪明的，他们只向值得信赖、举止端正的推销人员去购买。落落大方的举止并非一日形成，它需要推销员在平时多注重个人修养的培养，多积累礼仪知识，甚至从不随地吐痰、不随手扔垃圾等点滴文明行为做起。

3. 找共同点，缩短心理距离

推销员与客户原本没有任何关系。开始也许会有自我介绍或随便聊几句，但要记住，目标是接近客户。要从言谈举止中寻找共同点，如共同的嗜好甚至是读过相同的小说、看过相同的体育比赛等。然后，再以这些共同点为开端，慢慢地向客户接近。

如果实在找不出很好的理由，可以日常生活中的琐事作话题。气候、娱乐、旅行、认识的人、工作，甚至是衣、食、住、行中的任何一项，都可作为展开商谈活动的说话题材。总之，必须先引起对方的注意，才能达到进一步详谈的目的。推销员在逐步接近客户时，必须特别留意聆听对方的话。注意运用"一、二、三"方式：即自己说一分钟，聆听对方说两分钟，再附和三分钟。同时，以"扩大的自我"、消息、利益、兴趣或日常生活中的种种琐事，作为谈话内容。使用这种

第五章 商务礼仪

方法,可以解除对方的心理戒备,进而深入到对方的心灵,传达商谈的内容。

4. 面对拒绝,心平气和

在接近客户时,往往会遭到拒绝。拒绝是推销的孪生兄妹。即使出色的推销员,也经常被拒绝。面对拒绝,应做到以下两个方面:

一是心平气和,从容不迫。很少有推销员刚上门客户就说"你来得正好,我正急需这类物品"之类的巧合话。所以,无论遭到何种方式的拒绝,都应保持微笑,目光正视对方,不必难为情地低下头或转身就走,仍应礼貌地道声"打扰了""谢谢",然后告辞。

二要认真分析被拒绝的原因。是对方对产品和企业不了解还是不喜欢?是顾客没有钱还是时机不恰当?还是自己推销中出了什么问题?然后针对这些原因,拟订方案,重新振作精神,鼓起勇气,再去推销。

推销是与人打交道的工作。在拜访客户时,推销自己和推销产品同等重要。拜访客户的工作在一定程度上影响着企业利润的实现,甚至影响着企业的生存。因此,拜访客户的礼仪在推销过程中,起着举足轻重的作用。

知识点 7 商务谈判

有的事情在你的生活、工作中的每一天都要做,你却并未意识到。其实,它们对你的职业成功是绝对关键的。这就是谈判。

随着团队和项目管理的兴起,权力的界限变得模糊,谈判变得尤为重要。员工盲目按领导的吩咐做事的时代已经一去不复返了。如果你想成功地实现管理,你最好对你提出的要求有充足的理由并且善于游说别人。此时就要跟对方谈判。一提起商务谈判,往往会想到,企业家或商人在谈判桌上时而慷慨陈词,就各自的利益据理力争;时而对合同的某个条款问题争论得面红耳赤;有

时也会出现双方相互对视而默默无言的僵局。的确，在任何商务活动中，谈判的双方或多方都有着一定的共同利益，同时也存在商务立场、商业利益的冲突，这是谈判的本质。

那如何成为一名成功的商务谈判者呢？你必须花时间在镜子面前做威胁姿态吗？你须预先演习拍桌子吗？你必须策划一系列的方案吗？事实上，这些都不需要。商务谈判所需要的只是精心的准备，主动了解对方的需求以及建立和谐、信任关系的能力。

一、商务谈判之准备

商务谈判之前首先要确定谈判人员，与对方谈判代表的身份、职务要相当。其次要对谈判主题、内容、议程做好充分准备，制订好计划、目标及谈判策略。还要布置好谈判会场，采用长方形或椭圆形的谈判桌，门右手座位或对面座位为尊，应让给客方。谈判代表也要有良好的综合素质，应整理好自己的仪容仪表，穿着要整洁正式、庄重。男士应刮净胡须，穿西服必须打领带。女士穿着不宜太性感，不宜穿细高跟鞋，应化淡妆。

二、商务谈判之初

谈判双方接触的第一印象十分重要，言谈举止要尽可能创造出友好、轻松的良好谈判气氛。做自我介绍时要自然大方，不可露傲慢之意。询问对方要客气。介绍完毕，可选择双方共同感兴趣的话题进行交谈。稍作寒暄，以沟通感情，创造温和气氛。

谈判之初的姿态动作也对把握谈判气氛起着重大作用，目光注视对方时，目光应停留于对方双眼至前额的三角区域正方，这样使对方感到被关注，觉得你诚恳严肃。手心向上比向下好，手势自然，不宜乱打手势，以免造成轻浮之感。切忌双臂在胸前交叉，那样显得十分傲慢无礼。

谈判之初的重要任务是摸清对方的底细，因此要认真听对方谈话，细心观察对方举止表情，并适当给予回应，这样既可了解对方意图，又可表现出尊重与礼貌。

三、商务谈判的基本功

（1）**保持沉默**。在紧张的谈判中，没有什么比长久的沉默更令人难以忍受。但是也没有什么比这更重要。另外还要提醒自己，无论气氛多么尴尬，也不要主动去打破沉默。

（2）**耐心等待**。时间的流逝往往能够使局面发生变化，这一点总是使人感到惊异。正因为如此，我们常常在等待，等待别人冷静下来，等待问题自身得到解决，等待不理想的生意自然淘汰，等待灵感的来临。一个充满活力的领导总是习惯于果断地采取行动，但是很多时候，等待却是人们所能采取的最富建设性的措施。每当怀疑这一点时，就得提醒自己有多少次成功来自关键时刻的耐心，而因缺乏耐心又导致了多少失败。

（3）随时观察。在办公室以外的场合随时了解别人。这是邀请"对手"或潜在客户出外就餐，打高尔夫、打网球等活动的好处之一，人们在这些场合神经通常不再绷得那么紧，使得你更容易了解他们的想法。

（4）亲自露面。没有什么比这更使人愉快，更能反映出你对别人的态度。这就像亲临医院看望生病的朋友，与仅仅寄去一张慰问卡相比是有区别的。

四、商务谈判的语言技巧

成功的商务谈判都是谈判双方出色运用语言艺术的结果。

商务谈判的语言技巧与日常人际交往中的语言技巧有何异同？

（1）针对性强。在商务谈判中，双方各自的语言，都是表达自己的愿望和要求的，因此谈判语言的针对性要强，做到有的放矢。模糊、啰唆的语言，会使对方疑惑、反感，降低己方威信，成为谈判的障碍。针对不同的商品、谈判内容、谈判场合、谈判对手，要有针对性地使用语言，才能保证谈判的成功。

例如，对脾气急躁、性格直爽的谈判对手，运用简短明快的语言可能受欢迎；对慢条斯理的对手，则采用春风化雨般的倾心长谈可能效果更好。在谈判中，要充分考虑谈判对手的性格、情绪、习惯、文化以及需求状况的差异，恰当地使用针对性的语言。

（2）表达方式婉转。谈判中应当尽量使用委婉语言，这样易于被对方接受。比如，在否决对方要求时，可以这样说："您说的有一定道理，但实际情况稍微有些出入。"然后再不露痕迹地提出自己的观点。这样做既不会有损对方的面子，又可以让对方心平气和地认真倾听自己的意见。

其间，谈判高手往往努力把自己的意见用委婉的方式伪装成对方的见解，提高说服力。在自己的意见提出之前，先问对手如何解决问题。当对方提出以后，若和自己的意见一致时，要让对方相信这是他自己的观点。在这种情况下，谈判对手有被尊重的感觉，他就会认为反对这个方案就反对他自己，因而容易达成一致，获得谈判成功。

（3）灵活应变。谈判形势的变化是难以预料的，往往会遇到一些意想不到的尴尬事情。因此要求谈判者具有灵活的语言应变能力，与应急手段相配合，巧妙地摆脱困境。当遇到对手逼你立即做出选择时，你若是说"让我想一想""暂时很难决定"之类的语言，便会被对方认为缺乏主见，从而在心理上处于劣势。此时你可以看看表，然后有礼貌地告诉对方："真对不起，9点钟了，我得出去一下，与一个约定的朋友通电话，请稍等5分钟。"于是，你便很得体地赢得了5分钟的思考时间。

（4）恰当地使用无声语言。商务谈判中，谈判者通过姿势、手势、眼神、表情等非发音器官来表达的无声语言，往往在谈判过程中发挥重要的作用。在有些特殊环境里，有时需要沉默，恰到好处的沉默可以取得意想不到的良好效果。

（5）**多听少说**。缺乏经验的谈判者最大的弱点是不能耐心地听对方发言，他们认为自己的任务就是谈自己的情况，说自己想说的话和反驳对方的反对意见。因此，在谈判中，他们总在心里想下面该说的话，不注意听对方发言，许多宝贵信息就这样失去了。他们错误地认为优秀的谈判员是因为说得多才掌握了谈判的主动。其实成功的谈判员在谈判时把50%以上的时间用来听。他们边听、边想、边分析，并不断向对方提出问题，以确保自己完全正确地理解对方。他们仔细听对方说的每一句话，而不仅是他们认为重要的，或想听的话，因此能获得大量宝贵信息，从而增加了谈判的筹码。有效地倾听可以了解对方的需求，找到解决问题的新办法，"谈"是任务，而"听"则是一种能力，甚至可以说是一种天赋。"会听"是任何一个成功的谈判者都必须具备的条件。**在谈判中，我们要尽量鼓励对方多说，我们要向对方提问题请对方回答，使对方多谈他们的情况，以达到尽量了解对方的目的。**

五、商务谈判之签约

签约仪式上，双方参加谈判的全体人员都要出席，共同进入会场，相互致意握手，一起入座。 双方都应设有助签人员，分立在各自一方代表签约人外侧，其余人排列站立在各自一方代表身后。

助签人员要协助签字人员打开文本，用手指明签字位置。双方代表各在己方的文本上签字，然后由助签人员互相交换，代表再在对方文本上签字。

签字完毕后，双方应同时起立，交换文本，并相互握手，祝贺合作成功。其他随行人员则应该以热烈的掌声表示喜悦和祝贺。

商务谈判应是互惠互利的，没有胜败之定论，成功的商务谈判每一方都是胜者，商务谈判应是基于双方或多方的需要，寻求共同最大利益的过程，在这一过程中，每一方都渴望满足直接与间接的需要，但必须顾及对立的需要，商务谈判才能成功。能把商务谈判对手变成朋友，正是成功的商务谈判者的高招。商务谈判并不是一件难事，只要掌握了有关商务谈判礼节和技巧，你一定能够成为商务谈判高手。

商务谈判中的拖延战术

商务谈判中的拖延战术，形式多样，目的也不尽相同。由于它具有以静制动、少留破绽的特点，因此成为谈判中常用的一种战术手段。拖延战术按目的分，大致可分为四种。以下介绍其中两种。

1. 清除障碍

这是较常见的一种目的。当双方"谈不拢"造成僵局时，有必要把洽谈节奏放慢，看看到底阻碍在什么地方，以便想办法解决。

柯南道尔是《福尔摩斯探案集》的作者，生性固执，在写完探案集第四卷后，执意不肯再写，用实际行动，让笔下的福尔摩斯与罪犯莫里亚蒂教授同坠深谷，"一了百了"了。柯氏的出版商梅斯是个精明人，知道柯氏只是厌倦了这种通俗文学的写作，对于这个给作者带来过巨大声誉和利益的福尔摩斯，柯氏还是情有独钟的。于是梅斯一面牢牢抓住版权代理不放，同时拼命作柯氏的工作，不时向他透露福尔摩斯迷们的种种惋惜不满之情；同时又许以一个故事一千镑的优厚稿酬。双管齐下，一年以后果然有了成果，柯南道尔又重新执笔，让福尔摩斯从峡谷里爬了出来，再演出一段段精彩的探案故事。

试想，如果当时梅斯不是给对方一段缓冲时间，而是心急火燎，不断催逼，恐怕侦探文学史上将会失去一颗巨星。

当然，有的谈判中的阻碍是"隐性"的，往往隐蔽在种种堂而皇之的借口之下，不易被人一下子看破，这就更需要我们先拖一拖，缓一缓，从容处理这种局面。

2. 消磨意志

人的意志就好似一块钢板，在一定的重压下，最初可能还会保持原状，但一段时间以后，就会慢慢弯曲下来。拖延战术就是对谈判者意志施压的一种最常用的办法。突然的中止，没有答复（或是含糊不清的答复）往往比破口大骂、暴跳如雷更令人无法忍受。

20世纪80年代末，硅谷某家电子公司研制出一种新型集成电路，其先进性尚不能被公众理解，而此时，公司又负债累累，即将破产，这种集成电路能否被赏识可以说是公司最后的希望了。幸运的是，欧洲一家公司慧眼识珠，派三名代表飞了几千英里来洽谈转让事宜。诚意看起来不小，一张口起价却只有研制费的三分之二。

电子公司的代表站起来说："先生们，今天先到这儿吧！"从开始到结束，这次洽谈只持续了三分钟。岂料下午欧洲人就要求重开谈判，态度明显"合作"了不少，于是电路专利以一个较高的价格进行了转让。

硅谷公司的代表为什么敢腰斩谈判呢？因为他知道，施压有两个要点：一是压力要强到让对方知道你的决心不可动摇；二是压力不要强过对方的承受能力。他估计到欧洲人飞了几千英里来谈判，决不会只因为这三分钟就打道回府。这三分钟的会谈，看似打破常规，在当时当地，却是让对方丢掉幻想的最佳方法。

知识点 8　仪典和会务

一、剪彩的礼仪

剪彩，在从一次偶发的"事故"发展为一项重要的活动程序，再进而演化为一项隆重而热烈的仪式的过程之中，其自身也在不断地吐故纳新，有所发展，有所变化。例如，剪彩者先是由专人牵着一条小狗来充当，让小狗故意去碰落店门上所拴着的布带子。接下来，改由儿童担任，让他单独去撞断门上所拴着的一条丝线。再后来，剪彩者又变成了千娇百媚、闭月羞花的妙龄少女。她的标准动作，就是要勇往直前地去当众撞落拴在门口上的大红缎带。到了最后，也就是现在，剪彩则被定型为邀请社会贤达和本地官员，持剪刀剪断由花容月貌的众多佳丽们手中所持的大红缎带。

据历史记载，剪彩的头一次亮相是在1912年，地点是美国圣安东尼奥州的华狄密镇。而那位因发明剪彩仪式而一时出尽风头的店主，叫作威尔斯。时至今日，了解这一切的人不一定很多，可是知道剪彩仪式的人却肯定不会太少。

从剪彩的发展过程中可以看到，它最初只不过是人们用以促销的一种手段，到了后来，它才渐渐地演变为商务活动中的一项重要的仪式。

剪彩仪式，严格地讲，指的是商界的有关单位，为了庆贺公司的设立、企业的开工、宾馆的落成、商店的开张、银行的开业、大型建筑物的启用、道路或航线的开通、展销会或博览会的开幕等，而隆重举行的一项礼仪性程序。因其主要活动内容，是约请专人使用剪刀剪断被称之为"彩"的红色缎带，故此被人们称为剪彩。

在一般情况下，在各式各样的开业仪式中，剪彩都是一项极其重要的、不可或缺的程序。尽管它往往被单独地分离出来，独立成项，但是在更多的时候，它是附属于开业仪式的。这是剪彩仪式的重要特征之一。

剪彩仪式上有众多的惯例、规则必须遵守，其具体的程序亦有一定的要求。剪彩的礼仪，就是对此所进行的基本规范。

目前，虽有不少人对剪彩提出非议，认为它乃是"劳民伤财"的"多此一举"，而剪彩自身在内容、形式、步骤等方面也在不断地日趋简化，并逐渐地得以革新，但是在实际的商务活动之中，绝大多数商界人士却依旧坚持认为，剪彩是不宜被取消，不能被替代的。

第五章 商务礼仪

具体而言，剪彩一直长盛不衰并且仍然被业内人士所看好，主要是基于如下三个方面的原因：

❶ 剪彩活动热热闹闹，轰轰烈烈，既能给主人带来喜悦，又能令人产生吉祥如意之感。

❷ 剪彩不仅是对主人既往成绩的肯定和庆贺，而且也可以对其进行鞭策与激励，促使其再接再厉，继续进取。

❸ 剪彩可借自己的活动良机，向社会各界通报自己的"问世"，以吸引各界人士对自己的关注。

在上述三条原因之中，最后一条至关重要。正因为如此，商界人士才可以理直气壮地向外界解释说：规模适度的剪彩，其实是一种业务宣传活动，而并非只是铺张浪费，毫无任何收益。在剪彩活动中，量力而行地进行适当地投入，绝对是得大于失的。

当然，在组织剪彩仪式时，没有必要一味地求新、求异、求轰动，而脱离了自己的实际能力。勤俭持家，无论何时何地都是商界人士所必须铭记在心的。

从操作的角度来进行探讨，**目前所通行的剪彩礼仪主要包括剪彩的准备、剪彩的人员、剪彩的程序、剪彩的做法等四个方面的内容**。以下，就分别择其要点进行介绍。

1. 剪彩的准备必须一丝不苟

与举行其他仪式相同，剪彩仪式也有大量的准备工作需要做好。其中主要涉及场地的布置、环境的卫生、灯光与音响的准备、媒体的邀请、人员的培训，等等。在准备这些方面时，必须认真细致，精益求精，这自不待言。

除此之外，尤须对剪彩仪式上所需使用的某些特殊用具，诸如红色缎带、新剪刀、白色薄纱手套、托盘以及红色地毯，仔细地进行选择与准备。

（1）**红色缎带**。作为主角，它自然是万众瞩目之处。**按照传统作法，它应当由一整匹未曾使用过的红色绸缎，在中间结成数朵花团而成**。目前，有些单位为了厉行节约。而代之以长度为两米左右的细窄的红色缎带，或者以红布条、红线绳、红纸条作为其变通，也是可行的。一般来说，红色缎带上所结的花团，不仅要生动、硕大、醒目，而且其具体数目往往还与现场剪彩者的人数直接相关。循例，红色缎带上所结的花团的具体数目有两类模式可依。其一，是花团的数目较现场剪彩者的人数多上一个。其二，是花团的数目较现场剪彩者的人数少上一个。前者可使每位剪彩者总是处于两朵花团之间，尤显正式。后者则不同常规，亦有新意。

试一试

请从网上下载一段剪彩录像，观摩并学习。

（2）**新剪刀**。**必须是每位现场剪彩者人手一把，而且必须崭新、锋利而顺手**。事先，一定要逐把检查一下将被用以剪彩的剪刀是否已经开刀，好不好用。务必要确保剪彩者在用之正式剪彩时，可以"手起刀落"，一举成功，而切勿一再补刀。在剪彩仪式结束后，主办方可将每位剪彩者所使用的剪刀经过包装之后，送给对方以资纪念。

（3）**白色薄纱**。**在正式的剪彩仪式上，剪彩者剪彩时最好每人戴上一副白色薄纱手套，以示郑重其事**。在准备白色薄纱手套时，除了要确保其数量充足之外，还须使之大小适度、崭新平整、洁白无瑕。有时，亦可不准备白色薄纱手套。

（4）**托盘**。在剪彩仪式上是托在礼仪小姐手中，用作盛放红色缎带、剪刀、白色薄纱手套的。**在剪彩仪式上所使用的托盘，最好是崭新、洁净的。它通常首选银色的不锈钢制品**。为了显示正规，可在使用时铺上红色绒布或绸布。就其数量而论，在剪彩时，可以一只托盘依次向各位剪彩者提供剪刀与手套，并同时盛放红色缎带；也可以为每一位剪彩者配置一只专为其服务的托盘，同时使红色缎带专由一只托盘盛放。后一种方法显得更加正式一些。

（5）**红色地毯**。**其长度可视剪彩者人数的多寡而定，其宽度则不应在一米以下**。在剪彩现场铺设红色地毯，主要是为了提升其档次，并营造一种喜庆的气氛。有时，亦可不予铺设。

2. 剪彩的人员必须审慎选定

在剪彩仪式上，最为活跃的，当然是人而不是物。因此，对剪彩人员必须认真进行选择，并于事先进行必要的培训。

除主持人之外，剪彩的人员主要是由剪彩者与助剪者等两个主要部分的人员所构成的。以下，就分别来简介一下对于他们的主要礼仪性要求。

在剪彩仪式上担任剪彩者，是一种很高的荣誉。剪彩仪式档次的高低，往往也同剪彩者的身份密切相关。因此，在选定剪彩的人员时，最重要的是要把剪彩者选好。

剪彩者，即在剪彩仪式上持剪刀剪彩之人。根据惯例，剪彩者可以是一个人，也可以是几个人，但是一般不应多于五人。通常，剪彩者多由上级领导、合作伙伴、社会名流、员工代表或客户代表所担任。

确定剪彩者名单，必须是在剪彩仪式正式举行之前。名单一经确定，即应尽早告知对方，使其有所准备。在一般情况下，确定剪彩者时，必须尊重对方个人的意见，切勿勉强对方。需要由数人同时担任剪彩者时，应分别告知每位剪彩者届时他将与何人同担此任。这样做，是对剪彩者的一种尊重。千万不要"临阵磨枪"，在剪彩开始前方才强拉硬拽，临时找人凑数。

按照常规，剪彩者应穿套装、套裙或制服，并将头发梳理整齐。不允许戴帽子，也不允许其穿便装。

如果剪彩者仅为一人，则其剪彩时居中而立即可。如果剪彩者不止一人，那么其同时上场剪彩时位次的尊卑就必须予以重视。一般的规矩是：中间高于两侧，右侧高于左侧，距离中间站立者愈远位次便愈低，即主剪者应居于中央的位置。需要说明的是，之所以规定剪彩者的位次"右侧高于左侧"，主要是因为这是一项国际惯例，剪彩仪式理当遵守。但是，如果剪彩仪式没有外宾参加的情况下，按照我国的"左侧高于右侧"传统作法，也是可以的。

二、开业的礼仪

在商界，任何一个单位的创建、开业，或是本单位所经营的某个项目、工程的完工、落成，比如，公司建立、商店开张、分店开业、写字楼落成、新桥通车、新船下水等，按照成例，当事者通常都要特意为此而专门举办一次开业仪式。

开业仪式，是指在单位创建、开业，项目完工、落成，某一建筑物正式启用，或是某项工程正式开始之际，为了表示庆贺或纪念，而按照一定的程序所隆重举行的专门的仪式。有时，开业仪式亦称作开业典礼。

开业的礼仪，一般指的是在开业仪式筹备与动作的具体过程中所应当遵从的礼仪惯例。通常，它包括两项基本内容。其一，是开业仪式的筹备。其二，是开业仪式的动作。

开业仪式尽管进行的时间极其短暂，但要营造出现场的热烈气氛，取得彻底的成功，却绝非一桩易事。由于它牵涉面甚广，影响面巨大，不能不对其进行认真的筹备。筹备工作认真、充分与否，往往决定着一次开业仪式能否真正取得成功。主办单位对于此点，务必要给予高度重视。

筹备开业仪式，首先在指导思想上要遵循"热烈""节俭"与"缜密"三大原则。

❶ 所谓"热烈"	是指要想方设法在开业仪式的进行过程中营造出一种欢快、喜庆、隆重而令人激动的氛围，而不应令其过于沉闷、乏味。有一位曾在商界叱咤风云多年的人士说过："开业仪式理应删繁就简，但不可以缺少热烈、隆重。与其平平淡淡、草草了事，或是偃旗息鼓、灰溜溜地走上一个过场，反倒不如索性将其略去不搞。"
❷ 所谓"节俭"	是要求主办单位勤俭节约，在举办开业仪式以及为其进行筹备工作的整个过程中，在经费的支出方面量力而行，节制、俭省。反对铺张浪费，暴殄天物。该花的钱要花，不该花的钱千万不要白花。
❸ 所谓"缜密"	则是指主办单位在筹备开业仪式之时，既要遵行礼仪惯例，又要具体情况具体分析，认真策划，注重细节，分工负责，一丝不苟。力求周密、细致，严防百密一疏，临场出错。

具体而论，筹备开业仪式时，对于舆论宣传、来宾约请、场地布置、接待服务、礼品馈赠、程序拟订等6个方面的工作，尤其需要事先做好认真安排。

1. 要做好舆论宣传工作

既然举办开业仪式的主旨在于塑造本单位的良好形象，那么就要对其进行必不可少的舆论宣传，以吸引社会各界对自己的注意，争取社会公众对自己的认可或接受。为此要做的常规工作有：**一是选择有效的大众传播媒介，进行集中性的广告宣传**。其内容多为：开业仪式举行的日期、开业仪式举行的地点、开业之际对顾客的优惠、开业单位的经营特色，等等。**二是邀请有关的大众传播界人士在开业仪式举行之时到场进行采访、报告，以便对本单位进行进一步的正面宣传**。

2. 要做好来宾约请工作

开业仪式影响的大小，往往取决于来宾身份的高低与其数量多少。在力所能及的条件下，要力争多邀请一些来宾参加开业仪式。地方领导、上级主管部门与地方职能管理部门的领导、合作单位与同行单位的领导、社会团体的负责人、社会贤达、媒体人员，都是邀请时应予优先考虑的重点对象。为慎重起见，用以邀请来宾的请柬应认真书写，并装入精美的信封，由专人提前送给对方，以便对方早做安排。

3. 要做好场地布置工作

开业仪式多在开业现场举行，其场地可以是正门之外的广场，也可以是正门之内的大厅。按惯例，举行开业仪式时宾主一律站立，故一般不布置主席台或座椅。为显示隆重与敬客，可在来宾尤其是贵宾站立之处铺设红色地毯，并在场地四周悬挂横幅、标语、气球、彩带、宫灯。此外，还应当在醒目之处摆放来宾赠送的花篮、牌匾。来宾的签到簿、本单位的宣传材料、待客的饮料等，亦须提前备好。对于音响、照明设备，以及开业仪式举行之时所需使用的用具、设备，必须事先认真进行检查、调试，以防其在使用时出现差错。

4. 要做好接待服务工作

在举行开业仪式的现场，一定要有专人负责来宾的接待服务工作。除了要培训本单位的全体员工在来宾的面前，人人都要以主人翁的身份热情待客，有求必应，主动相助之外，更重要的是分工负责，各尽其职。在接待贵宾时，需由本单位主要负责人亲自出面。在接待其他来宾时，则可由本单位的礼仪小姐负责此事。而且还须为来宾准备好专用的停车场、休息室，并应为其安排饮食。

5. 要做好礼品馈赠工作

举行开业仪式时赠予来宾的礼品，一般属于宣传性传播媒介的范畴之内。若能选择得当，必定会产生良好的效果。根据常规，**向来宾赠送的礼品，应具有如下三大特征：其一，是宣传性**。可选用本单位的产品，也可在礼品及其包装上印上本单位的企业标志、广告用语、产品图案、开业日期，等等。**其二，荣誉性**。要使之具有一定的纪念意义，并且使拥有者对其珍惜、重视，并为之感到光荣和自豪。**其三，独特性**。它应当与众不同，具有本单位的鲜明特色，使人一目了然，并且可以令人过目不忘。

6. 要做好程序拟订工作

从总体上来看，开业仪式大都由开场、过程、结局三大基本程序所构成。开场，即奏乐，邀请来宾就位，宣布仪式正式开始，介绍主要来宾。过程，是开业仪式的核心内容，它通常包括本单位负责人讲话，来宾代表致词，启动某项开业标志，等等。结局，则包括开业仪式结束后，宾主一同进行现场参观、联欢、座谈，等等。它是开业仪式必不可少的尾声。为使开业仪式顺利进行，在筹备之时，必须要认真草拟个体的程序，并选定好称职的仪式主持人。

站在仪式礼仪的角度来看，开业仪式其实只不过是一个统称。在不同的适用场合，它往往会采用其他一些名称。例如，开幕仪式、开工仪式、奠基仪式、破土仪式、竣工仪式、下水仪式、通车仪式、通航仪式，等等。它们的共性，都是要以热烈而隆重的仪式，来为本单位的发展创造一个良好的开端。它们的个性，则表现在仪式的具体运作上存在着不少的差异，需要有所区别。

三、赞助会

经过艰苦创业，坤亚集团已经发展成为一个拥有10亿元固定资产的大型商贸型企业。在其成立20周年来临之际，坤亚集团决定为自己举行一次别开生面的庆祝活动。

在坤亚集团创建20周年的庆祝活动开始之后，绝大多数的与会者才知道，活动的中心内容并非社会上所司空见惯的歌功颂德、一唱一和、大摆排场，而是由坤亚集团的董事长郑重其事地代表董事会宣布了集团一项正式决定：为了回报社会，救助失学儿童，特此改革本集团庆祝活动的内容，将其进行简化，从中节省下来的50万人民币的活动费用，全部当场捐献给"希望工程"。

坤亚集团的此番作为的确不俗，因此它受到了社会各界的交口称赞。站在商务礼仪的角度上来看，坤亚集团在其创建20周年之际所进行的向"希望工程"捐款的义举，可称之为赞助活动。在一般情况下，人们往往将赞助活动简称为赞助。

为了扩大影响，商界在公开进行赞助活动时，往往会专门为此而举行一次规模的正式会议。这种以赞助为主题的会议，即为赞助会。欲使赞助会取得成功，遵守赞助会礼仪是十分必要的。赞助会礼仪，一般指的是筹备、召开赞助会的整个过程中所应恪守的有关礼仪规范。

根据商务礼仪的规范，赞助会通常应由受赞助者出面承办，而由赞助单位给予其适当的支持。

赞助会的举行地点，一般可选择受赞助者所在单位的会议厅。亦可由其出面，租用社会上的会议厅。用以举行赞助会的会议厅，除了其面积的大小必须与出席者的人数成比例之外，还需打扫干净，并且略加装饰。

举行赞助会的会议厅之内，灯光应当亮度适宜。在主席台的正上方，或是面对会议厅正门之处的墙壁上，还需悬挂一条大红横幅。在其上面，应以金色或黑色的楷书书写着"某某单位赞助某某项目大会"，或者"某某赞助仪式"的字样。前一种写法，意在突出赞助单位；后一种写法，则主要是为了强调接受赞助的具体项目。

一般来讲，赞助会的会场不宜布置得美轮美奂，过度豪华张扬。否则，极有可能会使赞助单位产生不满，因为它由此可能产生受赞助单位不务正业华而不实的感觉。

参加赞助会的人士，既要有充分的代表性，又不必在数量上过多。**除了赞助单位、受赞助者双方的主要负责人及员工代表之外，赞助会应当重点邀请政府代表、社区代表、群众代表以及新闻界人士参加**。在邀请新闻界人士时，特别要注意邀请那些在全国或当地具有较大影响力的电视、报纸、广播等媒体人员与会。

所有参与赞助会的各界人士，在与会之时，皆须身着正装，修饰仪表，并且检点个人的举止动作。赞助会的整体风格是庄严而神圣的，因此任何与会者都不能与之唱反调。

依照常规，一次赞助会的全部时间，不应当长于一个小时。因此赞助会的具体会议过程，必须既周密，又紧凑。赞助会的具体会议过程，大致上有如下六项：

第一项，宣布赞助会正式开始。

赞助会的主持人，一般应由受赞助单位的负责人或公关人员担任。在宣布正式开会前，主持人应恭请全体与会者各就各位，保持肃静，并且邀请贵宾到主席台上就座。

第二项，奏国歌。

此前，全体与会者须一致起立。在奏国歌之后，还可奏本单位标志性歌曲。有时，奏国歌、奏本单位标志性歌曲，可改为唱国歌、唱本单位标志性歌曲。

第三项，赞助单位正式实施赞助。

其具体做法通常是赞助单位的代表首先出场，口头上宣布其赞助的具体方式或具体数额。随后，受赞助单位的代表上场，双方热情握手。接下来，由赞助单位的代表正式将标有一定金额的巨型支票或实物清单双手捧交给受赞助单位的代表。必要时，礼仪小姐应为双方提供帮助，若赞助的物资重量、体积不大时，亦可由双方在此刻当面交接。在此过程之中，全体与会者应热情鼓掌。

第四项，赞助单位代表发言。

他的发言内容，重在阐述赞助的目的与动机。与此同时，还可以对本单位的简况略做介绍。

第五章　商务礼仪

> 第五项，受赞助单位代表发言。
>
> 　　此刻的发言者，一般应为受赞助单位的主要负责人或主要受赞助者。其发言的中心，应当集中在对赞助单位的感谢方面。
>
> 第六项，来宾代表发言。
>
> 　　根据惯例，可邀请政府有关部门的负责人讲话。他的讲话，主要是肯定赞助单位的义举，同时亦可呼吁全社会积极倡导这种互助友爱的美德。该项议程，有时亦可略去。至此，赞助会即可宣告结束。

　　在赞助会正式结束后，赞助单位、受赞助单位双方的主要代表以及会议的主要来宾，通常应当合影留念。此后，宾主双方可稍事晤谈，然后来宾即应一一告辞。在一般情况下，在赞助会结束后，东道主大都不为来宾安排膳食。如确有必要，则至多略备便餐，而绝对不宜设宴待客。

　　在极个别的情况下，赞助会亦可由赞助单位操办。由赞助单位所操办的赞助会，其会务工作与以上所述基本相仿。

四、茶话会

　　适合举行茶话会的场地主要有：主办单位的会议厅；宾馆的多功能厅；主办单位负责人的私家客厅；主办单位负责人的私家庭院或露天花园；包场高档的营业性茶楼或茶室。餐厅、歌厅、酒吧等地方，不合适举办茶话会。

1. 茶点的准备

　　茶话会不上主食，不安排品酒，只提供茶点。茶话会是重"说"不重"吃"的，没必要在吃的方面过多下功夫。

　　对于用来待客的茶叶、茶具，务必要精心准备。应尽量挑选上品，不要滥竽充数。还要注意照顾与会者的不同口味。最好选用陶瓷茶具，并且讲究茶杯、茶碗、茶壶成套。

　　除主要供应茶水外，在茶话会上还可以为与会者略备一些点心、水果或是地方风味小吃。需要注意的是，在茶话会上向与会者所供应的点心、水果或地方风味小吃，品种要适合、数量要充足，并要方便拿，同时还要配上擦手巾。

2. 座次的安排

安排茶话会与会者具体座次的时候，可以采取下面的办法。

（1）**环绕式**。就是不设立主席台，把座椅、沙发、茶几摆放在会场的四周，不明确座次的具体尊卑，而听任与会者在入场后自由就座。这一安排座次的方式，与茶话会的主题最相符，也最流行。

（2）**散座式**。散座式排位，常见于在室外举行的茶话会。它的座椅、沙发、茶几四处自由地组合，甚至可由与会者根据个人要求而随意安置。这样就容易创造出一种宽松、惬意的社交环境。

（3）**圆桌式**。圆桌式排位，指的是在会场上摆放圆桌，请与会者在周围自由就座。圆桌式排位又分下面两种形式：一是适合人数较少的，仅在会场中央安放一张大型的椭圆形会议桌，而请全体与会者在周围就座。二是在会场上安放数张圆桌，请与会者自由组合。

（4）**主席式**。在茶话会上，这种排位是指在会场上，主持人、主人和主宾被有意识地安排在一起就座，并且按照常规就座。

3. 茶话会的基本议程

（1）**主持人宣布茶话会开始**。宣布开始后，主持人可对主要与会者略加介绍。

（2）**主办单位的主要负责人讲话**。讲话应以阐明这次茶话会的主题为中心内容，还可以代表主办单位，对全体与会者表示欢迎和感谢。

（3）**与会者发言**。这些发言在任何情况下都是茶话会的重心。为了确保与会者在发言中直言不讳，畅所欲言，通常，主办单位事先不对发言者进行指定和排序，也不限制发言的具体时间，而是提倡与会者自由地进行即兴式的发言。一个人还可以多次发言，来不断补充、完善自己的见解、主张。

（4）**主持人总结**。主持人略作总结后，可以宣布茶话会结束。

现场发言在茶话会上举足轻重。茶话会假如没有人踊跃发言，或者是与会者的发言严重脱题，都会导致茶话会的最终失败。

茶话会上，主持人更重要的作用是在现场上审时度势，因势利导地引导与会者的发言，并且控制会议的全局。大家争相发言时，主持人决定先后。没有人发言时，主持人引出新的话题；或者恳请某位人士发言。会场发生争执时，主持人要出面劝阻。在每位与会者发言前，主持人可以对发言者略做介绍。发言的前后，主持人要带头鼓掌致意。

茶话会与会者的发言以及表现必须得体。在要求发言时，可以举手示意，但也要注意谦让，不要争抢。不管自己有什么高见，都不要打断别人的发言。肯定成绩时，要力戒阿谀奉承。提出批评时，不能讽刺挖苦。切忌当场表示不满，甚至私下里进行人身攻击。

五、企业发布会

20世纪80年代后期，国内的一家民营企业开发出了一种全新的果汁型饮料。这种饮料不仅营养丰富、无添加剂、口感舒适，而且符合健康和卫生标准，并与国际上饮料的流行趋势相吻合。然而，国内的饮料市场几乎全部已被外国饮料所占领，要在当时特定的条件下，将这种新型的国产饮料推上市场，并且争得一席之地，可以说是难上加难的。

要想在广告宣传上与财大气粗、经验丰富的外国饮料商决一雌雄，显然不是国内这家民营企业的强项。于是，它的负责人决定另辟蹊径，在力所能及的情况下，为自己做上一次"软广告"。在饮料消费的旺季来临之前，这家企业专门租用了首都北京的一座举世知名的建筑物，在其中召开了一次由新闻界人士为主要参加者的新产品说明会。在会上，这家企业除了向与会者推介自己的新产品之外，还邀请到了国内著名的饮料专家与营养专家，请其发表各自的高见，并邀请全体与会者亲口品尝这项新产品。

此后，不少与会的新闻界人士不仅争先恐后地在自己所属的媒体上发布了这条消息，而且还纷纷自愿地为其大说好话。有些新闻界人士甚至还站在维护国产饮料的立场上，为其摇旗呐喊。结果一时间令其名声大振，销量也随之大增，终于在列强林立的饮料市场上脱颖而出。

从会务礼仪的角度上来看，那家民营企业为推出自己的新品饮料所举行的那次带来了巨大成功的新产品说明会，即为新闻发布会，是非常成功的。

新闻发布会，**简称发布会，有时亦称记者招待会。它是一种主动传播各类有关的信息，谋求新闻界对某一社会组织或某一活动、事件进行客观而公正的报道的有效沟通方式。** 对商界而言，举办新闻发布会，是自己联络、协调与新闻媒介之间的相互关系的一种最重要的手段。新闻发布会的常规形式是：由某一商界单位或几个有关的商界单位出面，将有关的新闻界人士邀请到一起，在特定的时间里和特定的地点内举行一次会议，宣布某一消息，说明某一活动，或者解释某一事件，争取新闻界对此进行客观而公正的报道，并且尽可能地争取扩大信息的传播范围。按照惯例，当主办单位在新闻发布会上进行完主题发言之后，允许与会的新闻界人士在既定的时间里围绕发布会的主题进行提问，主办单位必须安排专人回答这类提问。简言之，新闻发布会就是以发布新闻为主要内容的会议。

发布会礼仪，一般指的就是有关举行新闻发布会的礼仪规范。对商界而言，**发布会礼仪至少应当包括会议的筹备、媒体的邀请、现场的应酬、善后的事宜等四个主要方面的内容**。以下，对其分别加以介绍。

◆ **首先，会议的筹备。**

筹备新闻发布会，要做的准备工作甚多。其中最重要的，是要做好主题的确定、时空的选择、人员的安排、材料的准备等具体工作。

◆ **其次，媒体的邀请。**

在新闻发布会上，主办单位的交往对象自然是以新闻界人士为主。在事先考虑邀请新闻界人士时，必须有所选择、有所侧重。不然的话，就难以确保新闻发布会真正取得成功。

◆ **再次，现场的应酬。**

在新闻发布会正式举行的过程之中，往往会出现种种这样或那样的确定和不确定的问题。有时，甚至还会有难以预料到的情况或变故出现。要应付这些难题，确保新闻发布会的顺利进行，除了要求主办单位的全体人员齐心协力、密切合作之外，最重要的，是要求代表主办单位出面应付来宾的主持人、发言人，要善于沉着应变、把握全局。

◆ **最后，善后的事宜。**

新闻发布会举行完毕之后，主办单位需在一定的时间之内，对其进行一次认真的评估善后工作。

六、商务洽谈会

根据商务洽谈举行地点的不同，可以将它分为客座洽谈、主座洽谈、客主座轮流洽谈以及第三地点洽谈。**客座洽谈**，即在洽谈对手所在地进行的洽谈。**主座洽谈**，即在我方所在地进行的洽谈。**客主座轮流洽谈**，即在洽谈双方所在地轮流进行的洽谈。**第三地点洽谈**，即在不属于洽谈双方任何一方的地点所进行的洽谈。

以上四种洽谈会地点的确定，应通过各方协商而定。倘若我方担任东道主，出面安排洽谈，一定要在各方面打好礼仪这张"王牌"。人们常说："礼多人不怪"，其实在洽谈会中，又何尝不是如此呢！在洽谈会的台前幕后，恰如其分地运用礼仪，迎送、款待、照顾对手，都可以赢得信赖，获得理解与尊重。在这个意义上，完全可以说在洽谈会上主随客便，主应客求，与以"礼"服务实际上是一回事。

在洽谈会上，如果我方身为东道主，那么不仅应当布置好洽谈厅的环境，预备好相关的用品，而且应当特别重视礼仪性很强的座次问题。

只有在某些小规模洽谈会或预备性洽谈会的进行过程中，座次问题才可以不必拘泥。在举行正式洽谈会时，则对它不能不予以重视。因为它既是洽谈者对规范的尊重，也是洽谈者给予对手的礼遇。

举行双边洽谈时，应使用长桌子或椭圆形桌子。宾主应分坐于桌子两侧。若桌子横放，则面对正门的一方为上，应属于客方；背对正门的一方为下，应属主方。若桌子竖放，则应以进门的方向为准，右侧为上，属于客方；左侧为下，属于主方。

第五章　商务礼仪

在进行洽谈时，各方的主谈人员应在自己的一方居中而坐。其余人员则应遵循右高左低的原则，依照职位的高低自近而远地分别在主谈人员的两侧就座。假如需要翻译员，则应安排其就座于仅次主谈人员的位置，即主谈人员之右。

举行多边洽谈时，为了避免失礼，按照国际惯例，一般均以圆桌为洽谈桌来举行"圆桌会议"。这样一来，尊卑的界限就被淡化了。即便如此，在具体就座时，依旧讲究有关各方的与会人员尽量同时入场，同时就座。至少，主方人员不应在客方人员之前就座。

商务礼仪规定，商界人士在参加洽谈会时，首先要更新意识，树立正确的指导思想，并且以此来指导自己的洽谈表现。这就是所谓洽谈的方针。谈判方针的核心，依旧是一如既往地要求洽谈者在庄严肃穆的洽谈会上，以礼待人，尊重别人，理解别人。具体来说，它又分为以下六点。

（1）礼敬对手。礼敬对手，就是要求洽谈者在洽谈会的整个过程中，要排除一切干扰，始终如一地对自己的洽谈对手讲究礼貌，时时、处处、事事表现出对对方不失真诚的敬意。

在洽谈过程中，不管发生了什么情况，都始终坚持礼敬对手，无疑能给对方留下良好的印象，而且在今后的进一步商务交往中，还能发挥潜移默化的功效，即所谓"你敬我一尺，我敬你一丈"。

调查结果表明，在洽谈会中，能够面带微笑、态度友好、语言文明礼貌、举止彬彬有礼的人，有助于消除对手的反感、漠视和抵触心理。在洽谈桌上，保持"绅士风度"或"淑女风范"，有助于赢得对手的尊重与好感。

与此相反，假如在洽谈的过程中，举止粗鲁、态度刁蛮、表情冷漠、语言失礼，不知道尊重和体谅对手，则会大大加强对方的防卫性和攻击性，无形之中伤害或得罪对方，为自己不自觉地增添了阻力和障碍。

（2）依法办事。在商务洽谈中，利益是各方关注的核心。对任何一方来说，大家讲究的都是"趋利避害"。在不得已的情况下，则会"两利相权取其大，两害相权取其轻"。虽则如此，商界人士在洽谈会上，既要为利益而争，更需谨记依法办事。

所谓在商务洽谈中应当依法办事，是要求商务人员自觉地树立法制思想，在洽谈的全部过程中，提倡法律至尊。洽谈者所进行的一切活动，都必须依照国家的法律办事，唯其如此，才能确保通过洽谈所获得的既得利益。法盲作风、侥幸心理、铤而走险、目无法纪、都只会害人、害己，得不偿失。

有一些人在实践中，喜欢在洽谈中附加人情世故。它如果是指注重处理与对手的人际关系，争取促进双方之间的理解与尊重，那么则是正确的。假若指的是要在洽谈中搞"人情公关"，即对对方吹吹打打，与对手称兄道弟，向对方施之以小恩小惠，则是非常错误的。实际上，这是小农意识在作怪，而且无济于事。因为人情归人情，生意归生意，任何有经验的商界人士，都是不会在洽谈会上让情感战胜理智的。在洽谈中，过多地附加人情，甚至以此为重点，实在是误入歧途。说到底，犯了这种错误的人，主要是没有法制观念，而且不懂得应当怎样做生意。

（3）**平等协商**。洽谈是什么？洽谈就是有关各方在合理、合法的情况下，进行讨价还价。由此可见，洽谈实际上是观点各异的各方经过种种努力，从而达成某种程度上的共识或一致的过程。换言之，洽谈只会进行于观点各异的有关各方之间，所以假如离开了平等协商，成功的洽谈便难于设想。

在洽谈中要坚持平等协商，重要的是要注意两个方面的问题：一方面，是要求洽谈各方在地位上要平等一致、相互尊重。不允许仗势压人、以大欺小。如果在谈判的一开始有关各方在地位上便不平等，那么是很难达成让各方心悦诚服的协议的；另一方面，则是要求洽谈各方在洽谈中要通过协商，即相互商量，求得谅解，而不是通过强制、欺骗，来达成一致。

在洽谈会上，要做到平等协商，就要以理服人。要进行洽谈，就要讲道理，要以理评理。无理找理、说理坚持一成不变，这样容易"自成一说"。

（4）**求同存异**。有一位驰名世界的谈判大师说过："所谓洽谈，就是一连串的不断的要求和一个又一个不断的妥协。"他的这句大白话，肯定会有助于商界人士深化对洽谈本质的理解。

在任何一次正常的洽谈中，都没有绝对的胜利者和绝对的失败者。相反，有关各方通过洽谈，多多少少都会获得或维护自身的利益，也就是说，大家在某种程序上达到了妥协，彼此都"山重水复疑无路，柳暗花明又一村。"

有经验的商务人员都清楚，有关各方既然同意坐下来进行洽谈，那么在洽谈桌上，就绝对不可以坚持"一口价"，一成不变，一意孤行。否则就是作茧自缚、自欺欺人。原因十分简单，在洽谈桌上，有关的一切议题，都是可以谈的。

在洽谈会上，妥协是通过有关各方的相互让步来实现的。所谓相互让步，意即有关各方均有所退让。但是这种相互让步，不等于有关各方的对等让步。在实践中，真正的对等让步，总是难以做到的。**在洽谈会上所达到的妥协，对当事的有关各方只要公平、合理、自愿，只要尽最大程序维护或争取了各自的利益，就是可以接受的。**

（5）**互利互惠**。上述之所以反复地强调：最理想的洽谈结局，是有关各方达成了大家都能够接受的妥协。说到底，就是要使有关各方通过洽谈，都能够互利互惠。

在商务交往中，洽谈一直被视为一种合作或为合作而进行的准备。因此一场商务谈判的最圆满的结局，应当是洽谈的所有参与方，都能各取所需，都取得了一定成功，获得了更大的利益。也就是说，商务洽谈首先是讲究利益均沾、共同胜利的。如果把商务洽谈视为"一次性买卖"，主张赢得越多越好，甚至要与对手拼个"你死我活"，争取以自己的大获全胜和对手的彻底失败，来作为洽谈会的最终结果，则必将危及与对方的进一步合作，并且使社会上对己方产生"心狠手辣""不能容人"的恶劣印象。

因此，**商务人员在参加洽谈会时，必须争取的结局应当是既利己，又利人的。现代的商界社会，最讲究的是伙伴、对手之间同舟共济**。既要讲竞争，又要讲合作。自己所获利的利益，不应当建立在有害对手或伙伴的基础上，而是应当彼此互利。对于这种商界的公德，商务人员在洽谈中务必遵守。

（6）**人事分开**。在洽谈会上，洽谈者在处理己方与对手之间的相互关系时，必须要做到人与事分离，各自分别而论。

在洽谈中，要将对手的人与事分开，是要求商界人士与对方相处时，务必要切记朋友归朋友、洽谈归洽谈，对于二者之间的界限不能混淆。

对于商务洽谈中的人与事分离开，谈谈你的理解。

正确的认识，是应当在洽谈桌上，大家彼此对既定的目标都志在必得、义不容情。因此，既不能指望对手之中的老朋友能够"不忘旧情"，良心发现，对自己"手下留情"，或是"里通外合"，也不要责怪对方"见利忘义""不够朋友"，对自己"下手太黑"。

商界人士在洽谈会上，应当理解洽谈对手的处境，不要对对方提出不切实际的要求，或是一厢情愿地渴望对方向自己施舍或回报感情。

同理，商界人士在洽谈会上，对"事"要严肃，对"人"要友好。对"事"不可以不争，对"人"不可以不敬。不然的话，商务人员要是在商务洽谈中"小不忍则乱大谋"，那可就怪不得旁人了。

在商界，有一句行话："君子求财不求气。"它再次告诫各位：意气用事，在商务交往中的任何场合，其中自然也包括洽谈会在内，都是弊大于利的。

商界同时还流行着另外一句名言："君子爱财，取之有道。"将其应用于洽谈之中，也是合情合理的。它告诉商界人士，要想在商务洽谈之中尽可能地维护己方的利益，减少己方的损失，就应当在洽谈的方针、策略、技巧上下功夫，从而名正言顺地在洽谈会上获得成功。要是心思用到了其他地方，甚至指望以见不得阳光的歪门邪道出奇制胜，这仅是痴心妄想，自欺欺人。

你知道吗

应付尴尬的几大法则

（1）**可以脸红，但是不能心慌**。镇定，再镇定。当尴尬突然出现的时候，瞬间的脸红虽然在所难免，但绝对不能心里慌乱。那样既无补于事，又容易让别人觉得懦弱。

（2）不要轻易辩解，越早承认过失也就越容易被人谅解。

（3）勇于自我解嘲。既然尴尬的局面已经不可避免，就应当拿出足够的勇气来面对现实，甚至直接向尴尬挑战。

（4）随机应变，将尴尬时刻转化为自我宣传的机会。善于随机应变地处理情况不仅可以使尴尬不再那么难堪，而且提供了不可多得的自我表现的机会。李君一直是公司里默默无闻的一员，在一次向新人介绍公司领导时，他误将公司总经理的名字读错，当时现场安静异常，总经理面露不悦。他觉察后立即转而介绍自己，说完后又补充道："我们公司的领导从来没有架子，但在这个公司，除了领导的名字什么都不许错。"紧张的场面一下松弛下来。

（5）装傻充愣，置有形的窘境于无形的无知之中。这是"厚脸皮"的万用灵方。它可以轻而易举地将尴尬施加的影响摒弃出去。谁都知道傻子总被人们嘲笑，但从未有尴尬时刻，因为傻子做傻事没什么新鲜的，他自己也不在乎。虽然我们不是真的要当傻子，可是在特殊时刻采用一些特殊方法来脱危解困又有什么不好呢？

知识点 9 商务文书

一、商务电子邮件

电子邮件是近年来非常受欢迎的一种通信手段，它以操作简单、收达及时快捷，不受篇幅限制，而且成本低廉，已经在商界得到了越来越广泛的使用。但鉴于很多人对电子邮件使用细节的"不经意"，反而常常有违基本的商务礼仪，影响了正常的商务交往。

商界人士在使用电子邮件对外进行联络时，应当遵守的礼仪规范主要包括以下四个方面。

第五章　商务礼仪

1. 电子邮件应当认真撰写

向他人发送的电子邮件，一定要精心构思，认真撰写。若是随想随写，是既不尊重对方，也不尊重自己的。在撰写电子邮件时，下面三点尤其必须注意。

❶ 主题要明确	一个电子邮件，大都只有一个主题，并且往往需要在前注明。若是将其归纳得当，收件人只要一见到它便对整个电子邮件一目了然了。
❷ 语言要流畅	电子邮件要便于阅读，就要以语言流畅为要。尽量别写生僻字、异体字。引用数据、资料时，则最好标明出处，以便收件人核对。
❸ 内容要简洁	电子邮件的内容应当简明扼要，愈短愈好。

2. 电子邮件应当避免滥用

在信息社会中，任何人的时间都是无比珍贵的。对商界人士来讲，这一点就显得更加重要了。所以有人说："在商务交往中要尊重一个人，首先就要懂得替他节省时间。"

有鉴于此，若无必要，轻易不要向他人乱发电子邮件。尤其是不要以之与他人谈天说地，或是只为了检验一下自己的电子邮件能否成功地发出，更不宜随意以这种方式在网上"征友"。

目前，有不少网民时常会因为自己的电子信箱中堆满了无数的无聊的电子邮件，甚至是陌生人的电子邮件而烦心不堪。对其进行处理，不仅会浪费自己的时间和精力，而且还有可能会耽搁自己的正事。

不过一般而言，收到他人的重要电子邮件后，即刻回复对方一下，往往是必不可少的。

3. 电子邮件应当注意编码

编码的问题是每一位电子邮件的使用者均应予以注意的大事。由于中文文字自身的特点加上一些其他的原因，我国以及世界上其他国家里的华人，目前使用着互不相同的中文编码系统。因此，当一位商界人士使用中国内地的编码系统向生活在除中国内地之外的一切国家和地区里的中国人发出电子邮件时，由于双方所采用的中文编码系统有所不同，对方便很有可能只会收到一封由乱字符所组成的"天书"。

因此，商界人士在使用中文向除中国内地之外的国家和地区的华人发出电子邮件时，必须同时用英文注明自己所使用的中文编码系统，以保证对方可以收到自己的邮件。

4. 电子邮件应当慎选功能

现在市场上所提供的先进的电子邮件软件，可有多种字体备用，甚至还有各种信纸可供使用者选择。这固然可以强化电子邮件的个人特色，但是此类功能商界人士是必须慎用的。

这主要是因为，一方面，对电子邮件修饰过多，难免会使其容量增大，收发时间增长，既浪费时间又浪费金钱，而且往往会给人以华而不实之感。另外一方面，电子邮件的收件人所拥有的软件不一定能够支持上述功能。这样一来，他所收到的那个电子邮件就很有可能会大大地背离了发件人的初衷，因而使之前功尽弃。

二、请帖和邀请信

1. 请帖或邀请信的写法

在商务交往中，我们常会碰到写请帖或邀请信的情况。如邀请商界朋友出席宴会、酒会和某项仪式等较正式的活动。而邀请出席非正式场合则一般通过面邀或电话等口头方式。

请帖的格式较固定，没有信头、称呼和结尾套语，甚至没有签名。可在印好的帖子上用手填写或打字。如要求被邀请人回复，则应在请帖上注明"请答复"。如果对被邀请人在着装方面有所要求，应注明着礼服或着便服。

> **试一试**
>
> 假如星期天我们班搞郊游，试着向同年级的其他班同学写一份邀请信。

邀请信一般较简短，但要写得热情，并把有关邀请事项（如邀请对象、活动时间、地点）交代清楚，以免出差错。主要内容为：向被邀请人表示一下简短的问候；请对方出席什么活动及邀请原因；活动的具体安排；如有必要，请对方确认能否参加。

2. 接受和拒绝邀请信

受邀请而及时答复，是起码的礼节。复信要写得热情、诚恳、简洁。对正式邀请，通常用第三人称答复，不用签名，文字简短；对非正式邀请，作书面答复时，通常用第一人称，要签名，而且要有一个较大段落，或分成几小段。包括：感谢对方的邀请；愉快地接受对方的邀请；表示期待应邀赴约的心情。

而婉拒邀请的书信则要求写得简洁明了而婉转，不给人被拒绝的感觉。对于正式邀请的谢绝，一般用第三人称写，或由秘书代写，不必签字；对于非正式邀请的谢绝，一般由第一人称写，并要签名。其内容包括：首先感谢对方盛情邀请，并对不能应邀赴约表示遗憾；再简单陈述不能应邀的理由；最后表示相信今后一定会有机会见面，或向邀请人致以问候。

三、感谢信和介绍信

在应邀赴宴、收到礼品或得到帮助之后，出于惯例和礼貌，应及时给对方写一封感谢信。

感谢信不必过长，或说得过分，否则会使人觉得言不由衷，但也不能太简单，否则使人觉得缺乏诚意。当你对对方不甚满意时，出于礼貌，还是要写信感谢，使对方不至于太难堪。其内容包括：**对对方提供的帮助、给予的接待或赠送的礼品表示衷心感谢；说明对方的帮助所起的作用或赠送的礼品非常好；再次表示感谢或问候对方。**

商务介绍信是写信人因公把自己的同事或业务关系介绍给某单位或个人。这类介绍信，语言、格式较规范严谨，篇幅不长。一般有这些内容：**简单介绍一下被介绍人身份、情况；说明事由，并要求对方给予被介绍人某种帮助；对对方的帮助表示感谢；如对方是老朋友或老关系，可附带询问工作近况或问候一下对方。介绍信既可邮寄，也可由被介绍人面交。**

四、商务传真

在商务交往中，经常需要将某些重要的文件、资料、图表即刻送达身在异地的交往对象手中。传统的邮寄书信的联络方式，已难于满足这一方面的要求。在此背景之下，传真便应运而生，并且迅速走红于商界。

传真，又叫作传真电报。它是利用光电效应，通过安装在普通电话网络上的传真机，对外发送或是接收外来的文件、书信、资料、图表、照片真迹的一种现代化的通信联络的方式。

商界人士在利用传真对外通信联络时，必须注意下述三个方面的礼仪问题。

1. 必须合法使用

国家规定：任何单位或个人在使用自备的传真设备时，均须严格按照电信部门的有关要求，认真履行必要的使用手续，否则即为非法之举。具体而言，安装、使用传真设备前，须经电信部门许可，并办理相关的一切手续，不准私自安装、使用传真设备。

2. 必须得法使用

使用传真设备通信，必须在具体的操作上力求标准而规范。不然，也会令其效果受到一定程度的影响。

本人或本单位所用的传真机号码，应被正确无误地告之自己重要的交往对象。一般而言，在商用名片上，传真号码是必不可少的一项重要内容。

对于主要交往对象的传真号码，必须认真地记好，为了保证万无一失，在有必要向对方发送传真前，最好先向对方通报一下。这样做既提醒了对方，又不至于发错传真。

发送传真时，必须按规定操作，并以提高清晰度为要旨。与此同时，也要注意使其内容简明扼要，以节省费用。

3. 必须依礼使用

商界人员在使用传真时，必须牢记维护个人和所在单位的形象问题，必须处处不失礼数。

在发送传真时，一般不可缺少必要的问候语与致谢语。发送文件、书信、资料时，更是要谨记这一条。

人们在使用传真设备时，最为看重的是它的时效性。因此在收到他人的传真后，应当在第一时间内即刻采用适当的方式告知对方，以免对方惦念不已。需要办理或转交、转送他人发来的传真时，千万不可拖延时间，耽误对方的要事。

你知道吗

对外文书使用的要求

1. 格式

使用对外文书首先要注意格式，不要用错。如外交部长和外交代表使用正式照会，不要用普通照会的格式，非外交代表机构使用对外函件，不要用照会格式，等等。

2. 人称

人称要与文书格式相适应。正式照会、外交函件、电报均是以签署人的口气用第一人称写成。在正式照会中，一般不用"我们"一词，普通照会一般以单位名义用第三人称写成，称对方亦用第三人称，不可用"贵方"或"贵馆"等措词，而是重提受照机关的名称。以机构名义书写的对外函件亦用第三人称。

另外，签署者与受文者要相适应，即人对人、单位对单位。如：正式照会是人对人，普通照会是单位对单位。在个人对个人的外交文书中讲究身份对等，如元首对元首，总理对总理，外交部长对外交部长。但也有特殊情况，如大使作为国家的全权代表可对外交部长、总理、元首，而代办一般只对外交部长。其他的对外函件可根据实际情况书写。

3. 客套用语

客套用语要与格式相适应。如普通照会开头的"×向×致意"这一客套用

第五章 商务礼仪

语不能用作个人函件中的开头语,非外交机关发的对外文书也不用这一套语,照会结尾的致敬语使用时要注意与双方的身份、关系和场合相适应。如,致代办处的文书一般用"顺致敬意"或"顺致崇高的敬意";给外交部和大使馆的文书则一般用"顺致崇高的敬意"。事务性的文书,亦用"顺致崇高的敬意"。致敬语不能自成一页,应紧跟正文后另起一段。

4. 称呼

文书抬头即收文人的职衔、姓名等要全称,文中第一次出现职衔、姓名时也要全称。第二次出现时则可用简称。

5. 国名

文书信封和文中的抬头的国名等均用全称。文中第一次出现时用全称,以后可用简称。但有些国家由于情况特殊,如朝鲜民主主义人民共和国国名则须用全称。有些国家由于发生革命、政变或其他原因,国名可能改变,须随时注意,不要写错。

6. 译文

对外文书一般以本国文字为正本。但为了使收件人能够确切理解文件的实质内容,往往附有收件国文字或通用的第三国文字的译文。在本国向外国常驻代表机关发送事务性函件时,也可仅用本国文字,不附译文。较为重要的文书则附以译文为好(有的国家译文本上注有"非正式译文"字样)。各国套语用法以及行文格式与中文不同,翻译时应注意,要符合各种文字的用法。一般函电也可用接收国文字或通用文字书写。

1. 商务会面中的礼仪有哪些?
2. 商务电话要注意哪些问题?
3. 简述商务宴会中的礼仪规范。
4. 简述商务谈判中的注意事项。
5. 商务文书的种类有哪些?

第六章 餐饮礼仪

◀ 教学目标

通过本章的学习，使学生了解饮食礼仪因宴席的性质、目的的不同而不同，而了解中外餐饮礼仪是走向成功的必要条件之一。

◀ 教学要求

认知： 了解中西餐礼仪的规范以及各国餐饮礼仪的常识。

理解： 深入理解餐饮礼仪的实质，继承和发扬我国的餐饮礼仪。

运用： 对餐饮礼仪熟知后，可将其运用到社会生活中，不断对自身缺点进行改进，迈向成功。

第六章　餐饮礼仪

知识点 1　餐饮礼仪概述

一、餐饮礼仪的概要

餐饮礼仪可谓源远流长。饮食礼仪已成为历朝历代表现大国之貌、礼仪之邦、文明之所的重要方面。正规的程序不仅可以使整个宴饮过程和谐有序,更使主客身份和感情得以体现和交流。因此,餐桌上的礼仪可使宴饮活动圆满周全,使主客双方的修养得到全面展示。

（1）在东方,"英雄排座次"是整个中国食礼中最重要的一项。 总的来讲,座次"尚左尊东""面朝大门为尊",家宴首席为辈分最高的长者,末席为最低者。对于家庭宴请,首席为地位最尊的客人,主人则居末席。若首席未落座,都不能落座,首席未动手,都不能动手。巡酒时自首席按顺序一路敬下,再饮。更讲究的是,如果有人来,无论地位尊卑,全席的人应出迎。在西方,最得体的入座方式是从左侧入座。当椅子被拉开后,身体在几乎要碰到桌子的距离处站直,领位者会把椅子推进来,腿弯碰到后面的椅子时,就可以坐下来了。用餐时,上臂和背部要靠到椅背,腹部和桌子保持约一个拳头的距离。两脚交叉的坐姿最好避免。

（2）入座完毕,就是上菜了。 中餐一般讲究:先凉后热,先炒后烧,咸鲜清淡的先上,甜味浓味厚的后上,最后是饭菜。有规格的宴席,热菜中的主菜,比如燕窝席里的燕窝,海参宴里的海参,鱼翅宴里的鱼翅,应该先上,即所谓最贵的热菜先上,再辅以溜炒烧扒。宴席里的大致顺序是:茶—凉菜—热炒—大菜—甜菜—点心—饭（如果还未吃饱）—水果。但此顺序并非一成不变。在西餐上,正式的全套餐点上菜顺序是:菜和汤—水果—肉类—乳酪—甜点和咖啡—水果,还有餐前酒和餐酒。没有必要全部都点,点太多却吃不完反而失礼。稍有水准的餐厅都不欢迎只点前菜的人。前菜、主菜（鱼或肉择其一）加甜点是最恰当的组合。点菜并不是由前菜开始点,而是先选一样最想吃的主菜,再配上适合主菜的汤。

（3）餐具,东方多用筷子、匙,西方则使刀、叉、汤勺。

（4）进餐时身体要坐正。 不可过于向前倾斜,也不要把两臂横放在桌上,以免碰撞旁边的人。夹菜要文明,应等菜肴转到自己面前时,再动筷,不要抢在邻座前面夹菜,一次夹菜也不宜过多。要细嚼慢咽,这不仅有利于消化,也是餐桌上的礼仪要求。决不能大块往嘴里塞,狼吞虎咽,这样会给人留下贪婪的印象。不要挑食,不要只盯住自己喜欢的菜吃,或者急忙把喜欢的菜堆到自己盘里。用餐的动作要文雅,夹菜时不要碰到邻座,不要把盘里的菜拨到桌上，不要把汤泼翻，不要发出不必要的声音，也不要一边吃东西，一边和人聊天。嘴里的骨头和鱼刺可用餐巾掩口，用筷子取出来放在碟子里。进餐过程中不要玩弄碗筷，或用筷子指向别人。不要用手去嘴里乱抠。用牙签剔牙时，应用手或餐巾掩住嘴。不要让餐具发出任何声响。吃西餐时，当你暂停用餐，无论是要停下来喘口气，聆听别人的说话，或是离席去打电话，请把你的叉子和刀子向内带点角度，一左一右地斜放在盘子上。如果把刀叉放在一起，表示用餐完毕。

（5）除了上述的几点，用餐时还有许多要注意的地方。 例如，不宜涂过浓的香水，以免香水味盖过菜肴的味道；餐具掉在地上时别随便趴到地上捡，应请主人或服务员另外补给；切忌在妙语连珠时不自觉地挥舞餐具；女士用餐前应先将口红擦掉，以免在杯或餐具上留下唇印，给人不洁之感。

总而言之，中华饮食文化就其深层内涵来说，可以概括成四个字：精、美、情、礼。这四个字，反映了饮食活动过程中饮食品质、审美体验、情感活动、社会功能等所包含的独特的文化意蕴，也反映了饮食文化与中华优秀传统文化的密切联系。

二、餐饮礼仪的培养

餐饮礼仪要从小抓起。由于个人在餐桌上用餐的仪态确实会对别人造成某种程度的心理影响，因此父母自孩子进入青少年后，就应该抽出足够的时间在餐桌上陪伴孩子，以确保他们养成良好的餐桌礼仪。

当今这个时代，每个人一天到晚都忙着自己的事情，委实不是一个易于教授礼仪的时代。经过一天辛苦的工作或上课后，一家人在一起常用微波炉把冷冻食物加热了来吃，或者打电话订几道菜请人送到家里来，然后坐在电视机前大吃一番。

不过，孩子上了中学后，至少就应该知道在餐桌上该有什么样的坐姿以及如何在有人服务的餐宴上优雅地用餐，而这种能力日后将有助于他们在工作上发展事业。在大学毕业之前，已经长大成人的年轻人更应该全盘熟悉餐桌上的礼仪。

你知道吗

中国传统的饮食礼仪

"毋放饭。"已盛入碗中的饭，不能再放回饭器中，别人会感到不卫生。

"毋流歠。"不要长饮大嚼，让人觉得是想快吃多吃，好像没够似的。

"毋啮骨。"不要专意去啮骨头，这样容易发出不中听的声响，使人有不雅不敬的感觉。

第六章 餐饮礼仪

> "毋反鱼肉。"自己吃过的鱼肉,不要再放回去,应当接着吃完。
>
> "毋投与狗骨。"客人自己不要啃骨头,也不能把骨头扔给狗去啃。
>
> "毋固获。"不要因喜欢吃某一味肴馔便独取那一味,或者争着去吃,有贪吃之嫌。
>
> "毋扬饭。"不要为了能吃得快些,就用食具扬起饭粒以散去热气。
>
> "饭黍毋以箸。"吃黍饭不要用筷子,但也不是提倡直接用手抓。食饭必得用匙。筷子是专用于食羹中之菜的,不能混用。
>
> "羹之有菜者用梜,无菜者不用梜。"梜即是筷子。羹中有菜时,用筷子取食。如果无菜筷子派不上用场时,直饮即可。
>
> "毋嚺羹。"饮用肉羹,不可过快,不能出大声。有菜时必须用筷子夹取,不可直接用嘴吸取。
>
> "毋絮羹。"客人不能自己动手重新调和羹味,否则会给人留下自我表现的印象,好像自己更精于烹调。

知识点 2 中餐的礼仪规范

一、中国人用餐排坐的讲究

作为客人,赴宴讲究仪容,根据关系亲疏决定是否携带小礼品或好酒。赴宴守时守约。抵达后,先根据认识与否自报家门,或由东道主进行引见介绍,听从东道主安排,然后入座:这个"排座次",是整个中国饮食礼仪中最重要的一部分。

从古到今,因为桌具的演进,座位的排法也相应有所变化。总的来讲,座次是"尚左尊东""面朝大门为尊"。家宴首席为辈分最高的长者,末席为最低者。

对于家庭宴请，首席为地位最尊的客人，主人则居末席。若首席未落座，其余都不能落座，首席未动手，大家都不能动手。

巡酒时自首席按顺序一路敬下。**若是圆桌**，则正对大门的为主客，左手边依次为2、4、6…右手边依次为3、5、7…直至汇合。

若为八仙桌，如果有正对大门的座位，则正对大门一侧的右位为主客。如果不正对大门，则面东的一侧右席为首席。然后首席的左手边坐开去为2、4、6、8，右手边为3、5、7。

如果为大宴，桌与桌间的排列讲究首席居前居中，左边依次为2、4、6席，右边为3、5、7席，根据主客身份、地位，亲疏分坐。

你知道吗

中餐位序讲究

1. 右高左低

当两人一同并排就座时，通常以右为上座，以左为下座。这是因为中餐上菜时多以顺时针为上菜方向，居右者因此比居左者优先受到照顾。

2. 中座为尊

三人一同就餐时，居中坐者在位次上要高于在其两侧就座之人。

3. 面门为上

倘若用餐时，有人面对正门而坐，有人背对正门而坐，依照礼仪惯例则应以面对正门者为上坐，以背对正门者为下座。

4. 观景为佳

在一些高档餐厅用餐时，在其室内外往往有优美的景致或高雅的演出，可供用餐者观赏，此时应以观赏角度最佳处为上座。

5. 临墙为好

在某些中低档餐厅用餐时，为了防止过往侍者和食客的干扰，通常以靠墙之位为上座，靠过道之位为下座。

6. 临台为上

宴会厅内若有专用的讲台时，应该以靠讲台的餐桌为主桌，如果没有专用讲台，有时候以背邻主要画幅的那张餐桌为主桌。

7. 各桌同向

如果是宴会场所，各桌子上的主宾位都要与主桌主位保持同一方向。

8. 以远为上

当桌子纵向排列时，以距离宴会厅正门的远近为准，距门越远，位次越高贵。

第六章　餐饮礼仪

二、开始用餐

用餐时,要讲究文明礼貌,要注意自己的"吃相"。养成良好的用餐习惯。

> **想一想**
> 为什么吃饭不要咂巴嘴呢?

一般应注意以下几点:

❶ 让长辈先动碗筷用餐,或听到长辈说"大家一块吃吧"时,你再动筷,不能抢在长辈的前面。

❷ 吃饭时,要端起碗,大拇指扣住碗口,食指、中指、无名指扣碗底,手心空着。如果不端碗而伏在桌子上对着碗吃饭,不但吃相不雅,而且压迫胃部,影响消化。

❸ 夹菜时,应从盘子靠近或面对自己的盘边夹起,不要从盘子中间或靠别人的一边夹起,更不能用筷子在菜盘子里翻来倒去地"寻寻觅觅",眼睛也不要老盯着菜盘子,一次夹菜不宜太多。遇到自己爱吃的菜,不可如风卷残云一般地猛吃一气,更不能干脆把盘子端到自己跟前,大吃特吃,要顾及同桌的长辈和他人。如果盘中的菜已不多,你又想把它"打扫"干净,应征询一下同桌人的意见,别人都表示不吃了,你才可以把它吃光。

❹ 要闭嘴咀嚼,细嚼慢咽,这不仅有利于消化,也是餐桌上的礼仪要求。决不能张开大嘴,大块往嘴里塞,狼吞虎咽的,更不能在夹起饭菜时,伸长脖子,张开大嘴,伸着舌头用嘴去接菜;一次不要放入太多的食物进口,不然会给人留下一副馋相和贪婪的印象。

❺ 用餐的动作要文雅一些。夹菜时,不要碰到邻座,不要把盘里的菜拨到桌子上,不要把汤泼翻,不要将菜汤滴到桌子上。嘴角沾有饭粒时,要用餐纸或餐巾轻轻抹去,不要用舌头去舔。咀嚼饭菜时,嘴里不要发出"叭叭""呱唧呱唧"的声音。口含食物时,最好不要与别人交谈,开玩笑要有节制,以免口中食物喷出来,或者呛入气管,造成危险;确需要与他人谈话时,应轻声细语。

❻ 吐出的骨头、鱼刺、菜渣,要用筷子或手取接出来,放在自己面前的桌子上,不能直接吐到桌面上或地面上。如果要咳嗽,打喷嚏,要用手或手帕捂住嘴,并把头向后方转。吃饭嚼到沙粒或嗓子里有痰时,要离开餐桌去吐掉。

❼ 在吃饭过程中,要尽量自己添饭,并能主动给长辈添饭、夹菜。遇到长辈给自己添饭、夹菜时,要道谢。

❽ 吃饭时要精神集中,有些小同学在吃饭时看电视或看书报,这是不良的习惯,既不卫生,又影响食物的消化吸收,还会损伤视力。

143

你知道吗

用餐礼仪8个"不"

用餐时经常会遇到食物塞进牙缝、不小心掉下刀叉,甚至在菜肴中见到"异物"等既普遍又尴尬的情况。倘若处理不当便会予人没有礼貌的感觉,更糟糕的会影响别人的食欲。要化险为夷,处理得体,便应留意用餐礼仪的8个"不"。

(1) 不宜涂过浓的香水,以免香水味盖过菜肴味道。
(2) 女士出席隆重晚宴时避免戴帽子及穿高筒靴。
(3) 刀叉、餐巾掉在地上时别随便趴到桌下捡回,应请服务员另外补给。
(4) 食物屑塞进牙缝时,别一股脑儿用牙签把它弄出,应喝点水,试试情况能否改善。若不果,应该到洗手间处理一下。
(5) 菜肴中有异物时,切勿花容失色地告知邻座的人,以免影响别人的食欲。应保持镇定,赶紧用餐巾把它挑出来并弃之。
(6) 切忌在妙语连珠的时候不自觉地挥舞刀叉。
(7) 不应在用餐时吐东西,如遇太辣或太烫的食物,可赶快喝下冰水作调适,实在吃不下时便到洗手间处理。
(8) 女士用餐前应先将口红擦掉,以免在杯或餐具上留下唇印,给人不洁之感。

三、汉族古代食仪

在中国古代,在饭、菜的食用上都有严格的规定,通过饮食礼仪体现等级区别。如王公贵族讲究"牛宜秩,羊宜黍,象直穆,犬宜粱,雁直麦,鱼宜涨,凡君子食恒放焉"。而贫民的日常饭食则以豆饭藿羹为主,"民之所食,大抵豆饭藿羹。有菜肴二十余种。""凡王之馈,食用六谷,膳用六牲,饮用六清,羞用百二十品,珍用八物,酱用百有二十瓮。"这告诉我们,进献王者的饮食要符合一定的礼教。《礼记·礼器》曰:"礼有以多为贵者,天子之豆二十有六,诸公十有六,诸侯十有二,上大夫八,下大夫六。"

平民的饮食之礼则"乡饮酒之礼,六十者三豆,七十者四豆,八十者五豆,九十者六豆,所以明养老也"。乡饮酒,是乡人以时会聚饮酒之礼,在这种庆祝会上,最受恭敬的是长者。

礼产生于饮食,同时又严格约束饮食活动。不仅讲求饮食规格,而且连菜肴的摆设也有规则,《礼记·曲礼》说:凡是陈设便餐,带骨的菜肴放在左边,切的纯肉放在右边。干的食品菜肴靠着人的左手方,羹汤放在靠右手方。细切的和烧烤的肉类放远些,醋和酱类放在近处。姜葱等伴料放在旁边,酒浆等饮料和羹汤放在同一方向。如果要分陈干肉、牛脯等物,则弯曲的在左,挺直的在右。这套规则在《礼记·少仪》中也有详细记载。

上菜时,要用右手握持,而托捧于左手上;上鱼肴时,如果是烧鱼,以鱼尾向着宾客;冬天鱼肚向着宾客的右方,夏天大鱼脊向着宾客的右方。

在用饭过程中,也有一套繁文缛节。《礼记·曲礼》载:"共食不饱,共饭不泽手。毋抟饭,毋放饭,毋流歠,毋咤食,毋啮骨,毋反鱼肉,毋投与狗骨,毋固获,毋扬饭。饭黍毋以箸,毋嚃羹,毋絮羹,毋刺齿,毋歠醢。客絮羹,主人辞不能亨。客歠醢,主人辞以窭。濡肉齿决,干肉不齿决,毋嘬炙。卒食,客自前跪,彻饭齐,以授相者。主人兴辞于客,然后客坐。"

这段话的大意是讲:大家共同吃饭时,不可只顾自己吃饱。如果和别人一起吃饭,就要检查手的清洁。不要用手搓饭团,不要把多余的饭放进锅中,不要喝得满嘴淋漓,不要吃得啧啧作声,不要啃骨头,不要把咬过的鱼肉又放回盘碗里,不要把肉骨头扔给狗。不要专据食物,吃黍蒸的饭不用箸,不可以大口囫囵地喝汤,也不要当着主人的面调和菜汤。不要当众剔牙齿。

如果有客人在调和菜汤,主人就要道歉,说是烹调得不好;如果客人喝到酱类的食品,主人也要道歉,说是备办的食物不够。湿软的肉可以用牙齿咬断,干肉就得用手分食。吃炙肉要撮作一把来嚼。吃饭完毕,客人应起身向前收拾桌上的碟子交给主人,主人跟着起身,请客人不要劳动,然后,客人再坐下。

四、餐桌上的点菜技巧

如果只是为了果腹,那就随便找个餐馆要几个菜就是了。为了营养搭配,也是要有荤有素的好。如果是有意到某个餐馆吃饭,那就要有些技巧了。

◆ 首先	要了解这家餐馆的特点,属于哪个菜系,这个菜系的特点是什么,哪些菜是这个菜系有名或者是目前流行的菜式。
◆ 其次	要根据聚餐的人数和费用合理地选择适当的菜肴。基本上保证一人一菜,外加一汤和一两样点心就可以了。在用餐时现场临时点菜,这样自由度较大,可以兼顾个人的财力和口味。
◆ 再次	荤素搭配是必要的,而且尽量不点用同样手法烹调的两种菜肴,或者不点主料内容一样的菜肴。点了鱼香肉丝,就不要再点肉丝、肉片类的菜品了。点菜时除了要分配各种烹调方法外,也要注意口味的搭配是否重复,甜酸、麻辣、盐酥等口味要适当搭配。

还有，一定问清聚餐的人有没有忌口的食品，有没有民族习惯的忌讳，点菜时一定要先问问桌上同餐者有没有什么人有特殊忌讳。 比方说有素食者、不食牛羊肉者、不吃辣椒者、不吃海鲜者等，做到胸中有数。这样点菜时就可以兼而顾之，不会有人大快朵颐，有人停箸默然。有老年人参加的聚餐，一定要考虑到老年人的饮食习惯和身体状态，点一些绵软、清淡、好消化的菜品。出于健康的原因，对于某些食品，也有所禁忌。比如，心脏病、脑血管、动脉硬化、高血压和中风后遗症的人，不适合吃狗肉；肝炎病人忌吃羊肉和甲鱼；胃肠炎、胃溃疡等消化系统疾病的人也不适合吃甲鱼；高血压、高胆固醇患者，要少喝鸡汤等。

一般地讲，特价菜一定要点，特价菜是餐馆招揽顾客的一种促销措施，基本上是平价揽客的，而且和这家餐馆的特色也有很大关系，点特价菜可以达到省钱尝鲜的效果。

可以听服务员的介绍，但不能完全听服务员的安排，除非你想尝试自己体验餐馆菜肴特色的时候。除了服务员介绍的餐馆特色菜之外，他们还会推荐一些有问题原料或者快要过保质期的原料烹调的菜肴。尤其是那些味重油大的菜品，更是要予以注意。

实在不了解餐馆的特点时，可以看看别人桌子上的菜。北京有句俗话叫作"傻子过年看街坊"。说的是傻子不知道如何过年，看看街坊是怎么准备的，也就大致可以模仿了。看看别人桌子上的菜，从分量到成色以及进食的程度，大致可以估计个八九不离十，这样点菜虽然是一种笨办法，但对于进一家陌生的餐厅吃饭还是有帮助的。

实在不行了，害羞不敢看也不敢问，那么就把领班叫过来，把自己的标准告诉他，请他帮助点菜，领班对自己餐厅的菜肴肯定了解，让他安排能够保证品尝到餐馆的特色，而且在菜肴的搭配上也会比较合理，同时领班为了多揽回头客，也不会在菜品的质量上做什么手脚，一般是可以满意的。点套餐或包桌，这样费用固定，菜肴的档次和数量相对固定，省事。

遇到标有时价的菜品时，一定要问清楚具体的价格。

如果自己是被请的，在让点菜时，可以告诉主人随便点，如果推让不行，就尽量点一个价格适中且能适合在座诸位口味的中档菜，再请其他人点。别人点的菜，无论如何都不要挑三拣四。

宴请一定要注意主宾的口味和喜好，在体现餐馆地方特色的同时还要注意主宾的地域特点。

要是想吃好吃精，还是要在餐前做好准备工作，多做点功课。 了解一下餐馆的特点和特色菜肴，这样去了就会心中有数，再加上上面说的几点，基本上就可以点到一桌价格合理、口味丰富、老少皆宜的菜品了。古语讲"凡事预则立，不预则废"，如何点菜也是这样的道理。

第六章 餐饮礼仪

你知道吗

"酒桌文化"礼仪诀窍

诀窍 1 酒桌上虽然"感情深,一口闷;感情浅,舔一舔",但喝酒的时候决不能把这句话挂在嘴上。

诀窍 2 韬光养晦,厚积薄发,切不可一上酒桌就自以为是。

诀窍 3 领导相互敬完才轮到自己敬。

诀窍 4 可以多人敬一人,决不可一人敬多人,除非你是领导。

诀窍 5 自己敬别人,如果不碰杯,自己喝多少可视乎情况而定,比如对方酒量,对方喝酒的态度,切不可比对方喝得少,要知道是自己敬人。

诀窍 6 自己敬别人,如果碰杯,一句"我喝完,你随意",方显大度。

诀窍 7 若自己职位卑微,记得多给领导添酒,不要瞎给领导代酒,就是要代,也要在领导确实想找人代,还要装作自己是因为想喝酒而不是为了给领导代酒而喝酒。比如领导若不胜酒力,可以通过旁敲侧击把准备敬领导酒的人拦下。

诀窍 8 端起酒杯(啤酒杯),右手扼杯,左手垫杯底,记着自己的杯子永远低于别人。自己如果是领导,知趣点,不要放太低,不然叫下面的人怎么做?

诀窍 9 如果没有特殊人物在场,碰酒最好按时针顺序,不要厚此薄彼。

诀窍 10 碰杯,敬酒,要有说辞。喝好了,生意也就差不多了,大家心里面了然,不然人家也不会敞开了跟你喝酒。

诀窍 11 不要装歪,说错话,办错事,不要申辩,自觉罚酒才是硬道理。

诀窍 12 假如遇到酒不够的情况,应将酒瓶放在桌子中间,让人自己添,不要去一个一个倒酒,不然后面的人没酒怎么办?

五、中餐餐具的使用

和西餐相比较,中餐的一大特色就是就餐餐具有所不同。下面主要介绍一下平时经常出现问题的餐具的使用。

1. 筷子

筷子是中餐最主要的餐具，通常必须成双使用。用筷子取菜、用餐的时候，要注意下面几个"小"问题：

❶ 不论筷子上是否残留着食物，都不要去舔。用舔过的筷子去夹菜，会有点倒人胃口。

❷ 和人交谈时，要暂时放下筷子，不能一边说话，一边像指挥棒似的舞着筷子。

❸ 不要把筷子竖插放在食物上面。因为这种插法，只在祭奠死者的时候才用。

❹ 严格筷子的职能。筷子只是用来夹取食物的。用来剔牙、挠痒或是用来夹取食物之外的东西都是失礼的。

2. 勺子

它的主要作用是舀取菜肴、食物。有时，用筷子取食时，也可以用勺子来辅助。尽量不要单用勺子去取菜。用勺子取食物时，不要过满，免得溢出来弄脏餐桌或自己的衣服。在舀取食物后，可以在原处"暂停"片刻，汤汁不会再往下流时，再移回来享用。

暂时不用勺子时，应放在自己的碟子上，不要把它直接放在餐桌上，或是让它在食物中"立正"。用勺子取食物后，要立即食用或放在自己碟子里，不要再把它倒回原处。而如果取用的食物太烫，不可用勺子舀来舀去，也不要用嘴对着吹，可以先放到自己的碗里等凉了再吃。不要把勺子塞到嘴里，或者反复吮吸、舔食。

想一想

有人说饭菜掉到桌子上浪费怪可惜，为什么却再夹到嘴里有点不雅？

3. 盘子

稍小点的盘子就是碟子，主要用来盛放食物，在使用方面和碗略同。盘子在餐桌上一般要保持原位，而且不要堆放在一起。

需要着重介绍的，是一种用途比较特殊的被称为食碟的盘子。食碟的主要作用，是用来暂放从公用的菜盘里取来享用的菜肴的。用食碟时，一次不要取放过多的菜肴，看起来既烦乱不堪，又像是饿鬼投胎。不要把多种菜肴堆放在一起，弄不好它们会相互"窜味"，不好看，也不好吃。不吃的残渣、骨、刺不要吐在地上、桌上，而应轻轻取放在食碟前端，放的时候不能直接从嘴里吐在食碟上，要用筷子夹放到碟子旁边。如果食碟放满了，可以让服务员更换。

4. 水杯

水杯主要用来盛放清水、汽水、果汁、可乐等软饮料时使用。不要用它来盛酒,也不要倒扣水杯。另外,喝进嘴里的东西不能再吐回水杯。

5. 餐巾

中餐用餐前,比较讲究的话,会为每位用餐者上一块湿毛巾。它只能用来擦手。擦手后,应该放回盘子里,由服务员拿走。有时候,在正式宴会结束前,会再上一块湿毛巾。和前者不同的是,它只能用来擦嘴,却不能擦脸、抹汗。

6. 牙签

尽量不要当众剔牙。非剔不行时,用另一只手掩住口部,剔出来的东西,不要当众观赏或再次入口,也不要随手乱弹,随口乱吐。剔牙后,不要长时间叼着牙签,更不要用来扎取食物。

你知道吗

绝对禁忌的几种筷子用法

中国人使用筷子是从远古流传下来的,古时又称其为"箸",日常生活中对筷子的运用是非常有讲究的。一般我们在使用筷子时,正确的使用方法是用右手执筷,大拇指和食指捏住筷子的上端,另外三个手指自然弯曲扶住筷子,并且筷子的两端一定要对齐。在使用过程中,用餐前筷子一定要整齐码放在饭碗的右侧,用餐后则一定要整齐地竖向码放在饭碗的正中。但要绝对禁忌以下几种筷子的使用方法。

1. 三长两短

这意思就是说在用餐前或用餐过程中,将筷子长短不齐地放在桌子上。这种做法是很不吉利的,通常我们管它叫"三长两短"。其意思是代表"死亡"。因为中国人过去认为人死以后是要装进棺材的,在人装进去以后,还没有盖棺材盖的时候,棺材的组成部分是前后两块短木板,两旁加底部共三块长木板,五块木板合在一起做成的棺材正好是三长两短,所以说这是极为不吉利的事情。

2. 仙人指路

这种做法也是极为不能被人接受的,这种拿筷子的方法是,用大拇指和中指、无名指、小指捏住筷子,而食指伸出。这在北京人眼里叫"骂大街"。因为在吃饭时食指伸出，总在不停地指别人，北京人一般伸出食指去指对方时，大都带有指责的意思。所以说，吃饭用筷子时用手指人，无异于指责别人，这同骂人是一样的，是不允许的。还有一种情况也是这种意思，那就是吃饭时同别人交谈并用筷子指人。

3. 品箸留声

这种做法也是不行的，其做法是把筷子的一端含在嘴里，用嘴来回去嘬，并不时地发出咝咝声响。这种行为被视为是一种下贱的做法。因为在吃饭时用嘴嘬筷子这本身就是一种无礼的行为，再加上配以声音，更是令人生厌。所以一般出现这种做法都会被认为是缺少家教，同样不能够允许。

4. 击盏敲盅

这种行为被看作是乞丐要饭，其做法是在用餐时用筷子敲击盘碗。因为过去只有要饭的才用筷子击打要饭盆，其发出的声响配上嘴里的哀告，使行人注意并给予施舍。这种做法被视为极其下贱，被他人所不齿。

5. 执箸巡城

这种做法是手里拿着筷子，做旁若无人状，用筷子来回在桌子上的菜盘里寻找，不知从哪里下筷为好。此种行为是典型的缺乏修养的表现，极其令人反感。

六、中国节日饮酒活动礼仪

中国人一年中的几个重大节日，都有相应的饮酒活动，如端午节饮"菖蒲酒"，重阳节饮"菊花酒"，除夕夜的"年酒"。在一些地方，如江西民间，春季插完禾苗后，要欢聚饮酒，庆贺丰收时更要饮酒，酒席散尽之时，往往是"家家扶得醉人归"。

过年，也叫除夕，是中国人最为注重的节日，是家人团聚的日子，年夜饭是一年中最为丰盛的酒席，即使穷，平时不怎么喝酒，年夜饭中的酒是必不可少的。吃完年夜饭，有的人还有饮酒守夜的习俗。正月的第一天，有的地方，人们一般是不出门的，从正月初二开始，才开始串门，有客人上门，主人将早已准备好的精美的下酒菜肴摆上桌子，斟上酒，共贺新春。

新年伊始，古人有合家饮屠苏酒的习俗，饮酒时，从小至大依次饮用。据说饮此酒可以避瘟气。

（1）"岁酒"。这是朝鲜族酿的酒。这种酒多在过"岁首节"前酿造。岁首节相当于汉族的春节，"岁酒"以大米为主料，配以桔梗、防风、山椒、肉桂等多味中药材，类似于汉族的"屠苏酒"，但药材配方有所不同。用于春节期间自饮和待客，民间认为饮用此酒可避邪，长寿。

（2）"新谷酒"。这是哈尼族酒的习俗。每年秋收之前，居住在云南元江一带的哈尼族，按照传统习俗，都要举行一次丰盛的"喝新谷酒"的仪式，以欢庆五谷丰登，人畜平安。所谓"新谷酒"，是各家从田里割回一把即将成熟的谷把，倒挂在堂屋右后方山墙上部的一块小篱笆沿边，意求家神保护庄稼，然后勒下谷粒百十粒，有的炸成谷花，有的不炸，放入酒瓶内泡酒。喝"新谷酒"选定在一个吉祥的日子，家家户户置办丰盛的饭菜，全家老少都无一例外地喝上几口"新谷酒"。这顿饭人人都要吃得酒酣饭饱。

（3）"菊花酒"。古已有之，《西京杂记》曾记载："菊花舒时，并采茎叶，杂黍为酿之，至来年九月九日始熟，就饮焉，故谓之菊花酒。"

你知道吗

河北食俗礼仪拾零

婚姻食俗：女儿出嫁上轿时要嘴含一口饭，即到了婆家有饭吃。现在此俗已不存在了。

生育寿诞食俗：旧时河北省大部分地区，婴儿出生后，其祖母要到左邻右舍、各家各户象征性地索取五谷杂粮，碾碎为粉，熬成粥糊，供产妇食用。俗谓此举可使母亲的奶水充足，婴儿可消灾灭难，长命百岁。婴儿出生后三天，要"做三日"（俗称喜三、洗三），以后还要"做满月""做百天""做周"（周岁生日）。亲戚要送豆芽，希冀孩子像豆芽一样生根、长命。

为老年人祝寿时要送寿面、寿桃和寿酒。

丧葬食俗：祭奠死人用的馍馍叫"食团儿"，呈圆球形，一盘放一个，一桌共用16个，供毕，该家人一般留下一半，俗称"折礼""折供"。灵床前放一只罐子，俗称"仙食罐子"。每顿吃饭时，孝子、孝妇挑些死者生前爱吃的食品放到罐里，以示孝心。出殡时要带到坟上，埋入坟坑内。发丧（又称出殡、送葬）归来，要给送殡人和小孩散发馒头块儿，并要吃掉，意思是吃了晚上不害怕，夜里睡觉不咬牙。

上供的食品是饺子，讲究所谓"神三鬼四"，给神上供用三碗，每碗盛三个；给祖先、逝者上供用四碗，每碗四个。唯灶王爷待遇最低，上供只上一碗，碗里只有一个饺子。

摆割食的食俗：摆割食。过去兄弟分家或买卖土地宅基，在立契约文书时，请有关人员（族长、闾长等）一起坐座，席间讲条款、立字据文约。这样的宴席，一般由分家者的家长、买卖田地的买主做东，俗谓"摆割食"。吃"摆割食"后，契约生效，双方不能后悔了。

七、中国正餐的上菜程序和餐桌的摆设礼仪

1. 中餐的出菜顺序

（1）**开胃菜**。通常是四种冷盘组成的大拼盘。有时种类可多达十种。最具代表性的是凉拌海蜇皮、皮蛋等。

有时冷盘之后，接着出四种热盘。常见的是炒虾、炒鸡肉等。不过，热盘多半被省略。

（2）**主菜**。紧接在开胃菜之后，又称为大件、大菜。如菜单上注明有"八大件"，表示共有八道主菜。

主菜的道数通常是四、六、八等的偶数，因为，中国人认为偶数是吉数。在豪华的餐宴上，主菜有时多达十六或三十二道，但普通是六道至十二道。

这些菜肴是使用不同的材料，配合酸、甜、苦、辣、咸五味，以炸、蒸、煮、煎、烤、炒等各种烹调法搭配而成。其出菜顺序多以口味清淡和浓腻相互搭配，或以干烧、汤类搭配为原则。最后通常以汤作为结束。

（3）**点心**。指主菜结束后所供应的甜点，如馅饼、蛋糕、包子、杏仁豆腐等。最后则是水果。

2. 餐桌摆设礼仪

每个人座位面前都摆有筷子、汤匙、取菜盘子、调味盘、汤碗、茶杯、酒杯等。有时也会备有放置骨头的器皿或餐巾。

◆ 筷　子	多使用柱形长筷。以往会以象牙、珊瑚制作的筷子作为地位的象征，不过，今日仿象牙的塑胶筷子已相当普遍了。使用长筷子的原因是便于夹菜。
◆ 汤　匙	多为陶瓷制，有时会备置搁置汤匙的汤匙架。
◆ 取菜盘	是盘缘稍高的中型盘子。有时准备两只。
◆ 深　碗	开口较深的汤碗。

你知道吗

有趣的乔迁食礼

旧时民间新屋落成或搬进新居时，有摆酒款待亲朋好友的饮食礼仪。

"乔迁"二字典出《诗经·小雅·伐木》"伐木丁丁，鸟鸣嘤嘤，出自幽谷，迁于乔木。"这是用小鸟飞出深谷登上高大的乔木，比喻人的居所改变，步步高

升。乔迁之礼多在亲朋好友之间举行，届时亲友携带礼物登门祝贺，主人摆酒款待，表示感谢。此礼传播深远，至今犹存。

"暖房"

又称"闹屋"或"温居"。是汉族地区古时的乔迁食礼。唐人王建的《宫词》中便有"太仪前日暖房来"的诗句；南宋吴自牧的《梦粱录》亦载："或有新搬移来居止之人，则邻人争相助事，遗献汤茶，指引买卖之类，则见睦邻之义，又率钱物，安排酒食，以为之贺，谓之'暖房'。"元明间陶宗仪的《南村辍耕录》和清人李绿园的《歧路灯》，也有类似的记载。至近代，广西一带称其为"入火酒"，又称"进火酒"。即先拨一盆旺火到新房中，用以象征日子会过得红火兴旺，然后再搬其他器物。等到收拾停当，亲朋会前来祝贺。舅家须送"发糕"与"小鸡"，意为"家财大发"和"六畜兴旺"；主人置酒招待，应备"苹果"和"糍粑"，意为"家宅平安"和邻居今后"亲密无间""彼此关照"。

"升火庆"

是滇西奉泸沽湖畔摩梭人（纳西族的一支）新屋落成后的升火礼宴。他们认为火是房屋的心脏，首次升起烈焰熊熊的灶火能保证未来的日子火红。升火前，主妇要在正房内砌一方形火塘，底部放一个装满银圆、粮食、松子、鱼干、酥油、彩珠、火镰、火石的陶罐，上面再覆盖从狮子山女神洞中取来的泥土，火塘正方安放一块象征祖宗神位的锅庄石。

升火的时间请喇嘛占卜选定，多在正午红日当空之际。吉辰一到，由两位男女长者背水架锅，用火把点燃火塘中的薪柴，随即取出火把在满屋飞舞，将沸水满屋泼洒，此为"净屋"；接着又用五谷祭锅庄石。最后设宴，招待前来观礼祝贺的亲友。整个升火庆典，鞭炮、土雷、火枪、乐鼓、海螺号、歌声、笑声喧腾不息，极为火爆热烈。

"贺火塘"

这是川东、湘西、鄂西的土家族村寨新屋落成后的民俗庆宴。因其间有搬迁三脚架，请祖先火塘神等仪式，故名。其做法是：在鸡鸣之际，路上无人时，由火把引路，迅即将火塘上的三脚架（据说此乃祖先神的头角）搬进新屋，准确安位，再搬其他物件。接着亲友乡邻鸣放鞭炮，送礼祝贺，举行点火仪式。待火焰腾空，主人忙用鼎罐装饭做菜，众人围着火塘四言八句念诵祝词，饮酒吃肉。祝词的内容，可追溯火塘源流，颂扬神功；可讲述主人家世，赞美新居吉祥千秋；可祝贺主人从此富贵荣华，儿孙满堂。如"十杯酒，祝主东，火塘烈焰满屋红；福禄寿喜样样有，光宗耀祖永昌隆"之类。

此外，乔迁食礼在少数民族地区还有"拥担达"（哈尼族）、"竹楼酒"（傣族）等，大多与崇拜火神、祖灵有关，带有原始宗教礼俗的遗风。

知识点 3　西餐的礼仪规范

一、西餐礼仪概述

吃的礼节，不同的国家或文化常存在着许多差异，你认为礼貌的举动，如代客夹菜、劝酒，欧洲人可能感到很不文雅；尽管有许多不同，但还是有许多规则是大多数国家通用的礼节。

1. 预订饭店或接受赴宴邀请

（1）**提早预约餐厅**。越高档的饭店越需要事先预约。预约时，不仅要说清人数和时间，也要表明是否要吸烟区或视野良好的座位。如果是生日或其他特别的日子，可以告知宴会的目的和预算。在预定时间内到达，是基本的礼貌。

（2）**接受他人邀请时，应尽早回复**。接到请柬后应尽快答复，这是最起码的礼节，特别是指定了席位的宴会，如不及早告知你将缺席，主办方面来不及补充人员，造成席位的空缺，这样既不礼貌，又很浪费。现在一般采用电话答复，简单快捷。用书信的形式，婉转地说明一下不能出席的理由则更好。

2. 着装

吃饭时穿着得体、整洁是欧美人的常识。去高档的餐厅，男士要穿着整洁的衣服和皮鞋；女士要穿套装和有跟的鞋子。如果指定穿正式服装时，男士必须打领带。再昂贵的休闲服，也不能随意穿着上餐厅。此外最重要的是手一定要保持干净，指甲修剪整齐。进餐过程中，不要解开纽扣或当众脱衣。如主人请客人宽衣，男客人可将外衣脱下搭在椅背上，不要将外衣或随身携带的物品放在餐台上。

3. 入座

进入西餐厅后，需由侍者带领入座，不可贸然入位。最得体的入座方式是从左侧入座。当椅子被拉开后，身体在几乎要碰到桌子的距离站直，领位者会把椅子推进来，腿弯碰到后面的椅子时，就可以坐下来。手肘不要放在桌面上，不可跷足。不可在进餐时中途

第六章　餐饮礼仪

退席。如有事确需离开则应向左右的客人小声打招呼。用餐时，坐姿端正，背挺直，脖子伸长。上臂和背部要靠到椅背，腹部和桌子保持约一个拳头的距离，两脚交叉的坐姿最好避免。记得要抬头挺胸吃，在把面前的食物送进口中时，要以食物就口，而非弯下腰以口去就食物。

4. 餐巾

西餐餐巾一般用布，餐巾布方正平整，色彩素雅。经常放在膝上，在重礼节场合也可以放在胸前，平时的轻松场合还可以放在桌上，其中一个餐巾角正对胸前，并用碗碟压住。餐巾布可以用来擦嘴或擦手，对角线叠成三角形状，或平行叠成长方形状，擦拭时脸孔朝下，以餐巾的一角轻按几下。污渍应全部擦在里面，外表看上去一直是整洁的。若餐巾脏得厉害，请侍者重新更换一条。离开席位时，即使是暂时离开，也应该取下餐巾布叠成方块或三角形放在自己的座位上。若暗示用餐结束，可将餐巾放在餐桌上。一定要注意这方面，否则在你中途去洗手间时将餐巾放在桌子上，等你回来时侍者可能已经把你还未吃完的菜收走了。

> **试一试**
>
> 你会叠餐巾吗？用一块方块纸试一试。

用餐巾过程中，千万要注意不要有如下失礼之举：

❶ 不要当成围兜般塞在衣领或裤腰。
❷ 不要用餐巾擦拭餐具、桌子，会有看不起主人家之意。
❸ 不要用餐巾拭抹口红、鼻涕或吐痰，不要用餐巾擦眼镜、抹汗，应改用自己的手帕。
❹ 不要在离席时将餐巾布掉落在地上。
❺ 不要把餐巾布用得污迹斑斑或者是皱皱巴巴。
❻ 不要将吃剩食物放到餐巾上。

---

5. 取食

取食时不要站立起来，坐着拿不到的食物应请别人传递。有时主人劝客人添菜，如有胃口，添菜不算失礼，相反主人会引以为荣。对自己不愿吃的食物也应要一点放在盘中，以示礼貌。

当参加西式自助餐时，不要一次就把食物堆满整个盘子。盘子上满满的食物让人看起来认为你非常贪得无厌。每次拿少一点，不够再去。

6. 招呼侍者

在一流餐厅里，客人除了吃以外，诸如倒酒、整理餐具、捡起掉在地上的刀叉等事，都应让侍者去做。侍者会经常注意客人的需要。若需要服务，可用眼神向他示意或微微把手抬高，侍者会马上过来。在国外，进餐时侍者会来问："How is everything？"如果没有问题，可用"Good"来表达满意。如果对服务满意，想付小费时，可用签账卡支付，即在账单上写下含小费在内的总额再签名。最后别忘记口头致谢。

7. 其他

在餐厅吃饭时就要享受美食和社交的乐趣，沉默地各吃各的会很奇怪。所以进餐时应与左右客人交谈，不要只同几个熟人交谈，左右客人如不认识，可先自我介绍。别人讲话时不可搭嘴插话。音量要合适，保持对方能听见的程度，别影响到邻桌，切忌大声喧哗。

在高级餐厅中，别使用移动电话。必要时也要长话短说，否则就应该暂时离开到外面讲。女士们则切记补妆要到化妆室，别在餐桌上就梳头发或补起妆来，那是非常不礼貌的。在进餐尚未全部结束时，不可抽烟，直到上咖啡表示用餐结束时方可。如在左右有女客人时，应有礼貌地询问一声"您不介意吧。"

吃东西时别把盘子拿起来，甚至在吃东西时用手持着盘也是不礼貌的。吃完面前的食物后，也记得别把盘子推开。**不要把东西吐在桌上。**吃到坏的食物非吐出来不可时，也别吐在盘子里，最好在别人不注意时，吐在餐巾上包起来，并要求更换一块新的餐巾。用餐时打嗝是最大的禁忌，万一发生此种情况，应立即向周围的人道歉。**就餐时不可狼吞虎咽。**每次送入口中的食物不宜过多，咀嚼食物时，记得把嘴闭上，而且别说话，在大多数的文化中，都会认为让对方看见你满嘴的食物是非常粗俗的表现。**打喷嚏时，应转过脸，用餐巾遮住嘴巴，然后说："对不起"。**

赴家宴时，在女主人拿起她的匙或叉子以前，客人不得食用任何一道菜。女主人通常要等到每位客人都拿到菜后才开始。她不会像中国习惯那样，请你先吃。当她拿起匙或叉子时，那就意味着大家也可以那样做了。

吃西餐在很大程度上讲是在吃情调：一般的西餐厅都很别致、高雅，即使小馆子也各具特色，或古典，或现代，或前卫，不拘一格，厅堂内的绿色植物，艺术气质的墙砖和壁灯，使人恍惚身处异邦，舒适、温暖，让人放松陶醉。高级饭店更有华美的大理石的壁炉、熠熠闪光的水晶灯、银色的烛台、美艳的鲜花、缤纷的美酒、抒情的萨克斯，再加上人们优雅迷人的举止，这本身就是一幅动人的油画。为了你在初尝西餐时举止更加娴熟，费些力气熟悉一下这些进餐礼仪，还是非常值得的。

第六章 餐饮礼仪

你知道吗

几种西餐礼仪须知

（1）预约的窍门。越高档的饭店越需要事先预约。预约时，不仅要说清人数和时间，也要表明是否要吸烟区或视野良好的座位。如果是生日或其他特别的日子，可以告知宴会的目的和预算。在预定时间内到达，是基本的礼貌。

（2）再昂贵的休闲服，也不能随意穿着上餐厅。

（3）吃饭时穿着得体是欧美人的常识。去高档的餐厅，男士要穿着整洁的衣服和皮鞋；女士要穿套装和有跟的鞋子。如果指定穿正式服装时，男士必须打领带。

（4）最得体的入座方式是从左侧入座。当椅子被拉开后，身体在几乎要碰到桌子的距离站直，领位者会把椅子推进来，腿弯碰到后面的椅子时，就可以坐下来。

（5）用餐时，上臂和背部要靠到椅背，腹部和桌子保持约一个拳头的距离，两脚交叉的坐姿最好避免。

（6）正式的全套餐点上菜顺序是：菜和汤—水果—肉类—乳酪—甜点和咖啡，还有餐前酒和餐酒。没有必要全部都点，点太多却吃不完反而失礼。稍有水准的餐厅都不欢迎只点前菜的人。前菜、主菜（鱼或肉择其一）加甜点是最恰当的组合。点菜并不是由前菜开始点，而是先选一样最想吃的主菜，再配上适合主菜的汤。

（7）点酒时不要硬装内行。在高级餐厅里，会有精于品酒的调酒师拿酒单来。对酒不大了解的人，最好告诉他自己挑选的菜色、预算、喜爱的酒类口味，请调酒师帮忙挑选。

（8）主菜若是肉类时应搭配红酒，鱼类则搭配白酒。上菜之前，不妨来杯香槟、雪利酒或吉尔酒等较淡的酒。

二、西餐用餐礼仪详解

西餐是饮食形式的一个类型，通俗地讲，是以吃喝为主题的一种进餐方式。当今人们对吃喝的理解已不只是维持生命的一种手段，而是一种享受，同时也是一种交流方式。

西餐因选材用料、烹饪方式和进餐方式决定了在各方面都要求有一定的基本规则和礼节。为了使宾客都能愉快顺利地用餐，就必须了解其中的规范和道理。在这里需指出的是，这些规则不是一些死板的教条，它是为目的而服务的，而且我们的目的是：享用西餐，当个内行人。

1. 西餐入席礼仪

西餐的贵宾席同中餐规定完全不同。西餐通常采用长条桌，因此，在座位的排列上有其特点。通常以离主人座位的远近来决定客人座次的高低。离主人越近者，地位越高；反之，则地位越低。中国人请客时，很少考虑到男女比例问题。西方人则喜欢男女各半，入席时男女间隔而坐。

在入席时，由女主人陪同第一男主宾，男主人陪同第一女主宾入席。其他客人依次入席。男宾应为邻座的女宾拉开椅子，照顾她坐下。男女主人应分坐桌子两端。

2. 用餐时的礼仪

（1）**姿态**。规范的姿势非常重要，例如，坐姿应保持稳定，不能前后摇摆。可以这样想象：你的背后藏着一只小老鼠，而一只小猫卧在你的膝盖上，那么你就应腰板挺直，膝盖放平。无论男女，用餐时跷起二郎腿都是不美观的，而且失礼。众多难堪而令人不快的情景，大都因这类不合时宜之举而造成。应避免的类似举动还有：把腿张成八字形、伸懒腰、松裤带、摇头晃脑、伸展双臂，等等，这些姿势都很失礼，不雅观。

在美国，当一只手用餐时，另一只手可以放在膝盖上。而在欧洲大陆就不同了，两只手都要保留在桌面上。但要注意：不能用手臂支撑身体，靠在桌子上，也不能双手交叉在胸前，只是把手腕轻轻搭在桌上。手指要自然平稳地放在桌上，不可在桌上乱弹或玩耍餐具。

（2）**进餐**。吃西餐最麻烦的是如何正确选用餐具。餐具的选用可遵循这些原则：依上菜顺序从外向里选用餐具，通常叉子置于餐盘左侧，刀和匙置于右侧。其中最大的匙是喝汤用的，最大的刀叉是食肉用的。

用餐时，一般右手拿刀或勺，左手拿叉，杯子也用右手来握。身体不要过于接近餐盘，且要用餐具把食物送到嘴里，而不要把盘、碗端起。

❶ 在进汤类食物时，应避免发出向嘴里抽吸的声音，如果汤的温度较高，可稍等片刻再享用，不可举盘直接倒入口中。

❷ 应闭嘴咀嚼食物，口内含有食物时切忌饮用酒等饮料。

❸ 食用面包时不可用面包来蘸盘子里的汤（特别是有身份或讲究的女士更要避免此种举动）；面包要放在专用的小盘里或者桌布上，不应放在你进餐盘的盘边；用黄油抹面包，在一块小的面包上抹上少许黄油，用手掰食用，切勿用刀去切或者用牙去咬；面包只在进汤或头盘菜时食用。

❹ 如不想饮用葡萄酒，可以客气地说："我不喝酒，谢谢！"不要用手盖住杯口。

❺ 谈话时，应将刀叉放在盘子上。手里握着刀叉时切勿指手画脚地谈话，也不要将刀叉竖起，这会让人感到"胆战心惊"，而且的确有对自己或他人造成伤害的危险。

第六章　餐饮礼仪

❻ 在桌上切勿大笑或喧哗。

❼ 忌讳口中或体内发出声响，用餐时或饭后不可打嗝儿、吧唧嘴。

❽ 不可在桌上当众化妆、补妆或整理衣饰。

❾ 不可用自己的餐具为他人夹菜、舀汤或选取其他食物。

❿ 不可毫无掩盖地当众剔牙。

（3）喝汤。喝用盘子盛的汤时，要用汤匙从桌沿向桌中心的方向盛去；汤少了时，可以用左手稍微将盘子边提起，朝前面斜着盛。有时汤是用杯子来盛的，这时，不能用汤匙舀来喝，而应把勺子放在杯托里，端起杯子直接喝。汤太烫时，不能用嘴吹，可用勺子搅动使之冷却。喝咖啡或茶时也是这样。

（4）摆台。摆台主要是指餐桌席位的安排和台面的摆设。摆出一桌造型美观的台面，不仅为客人提供一个舒适的就餐场地和一套整洁的用具，而且可为其带来赏心悦目的艺术享受。这当然是美食不可缺少的一部分。

无论是散桌的摆台还是宴会的摆台，大多使用方桌、长桌或圆桌。桌上的摆设和使用的工具大同小异。餐具基本上使用金属餐具，以刀、叉和匙三类为主。因菜肴种类不同，食用方式各异，使用的餐具在形状大小上也有区别。这里我们可以分为两大类：基本摆台和豪华摆台。

❶ **中低档餐厅。**

基本摆台：（一道主菜）一把刀、一把叉、一块餐巾（也可用纸巾）、一个杯子。

- ◆ 刀要放在右面，刀刃方向朝左。
- ◆ 叉应放在左面，叉杈向上，刀和叉之间应足够放一个主餐盘，叉和刀底部应离桌边1厘米。
- ◆ 杯子放在刀的正上方，距离约1厘米。如有头盘菜，若是汤菜，汤勺应放在刀的外端；如果头盘菜是沙拉，勺应改为叉。饭后若有甜品，根据甜食种类不同，可以摆放一把叉和一把勺，或者一把刀和一把叉。

❷ **高档餐厅。**

基本摆台：（一道主菜）一把刀、一把叉、面包盘和黄油刀。

- ◆ **一个酒杯和一个水杯：**水杯放在刀的正上方约1厘米处，酒杯放在水杯的右下侧。
- ◆ **一个垫盘：**有时是为了装饰，放在席位的正中，盘的中心对着椅背中间，盘边离桌边1厘米。有的餐厅只用餐巾花来代替垫盘。
- ◆ **一块餐巾：**根据餐厅的要求，有的追求美观，有的追求实用；有种说法认为，布餐巾尽量不用手去多碰，以保持它的清洁。

❸ 讲究和高雅的海鲜餐厅。

　　基本摆台：（一道主菜）一把鱼刀、一把鱼叉、面包盘和黄油刀，一个酒杯和一个水杯，一块餐巾。

　　餐巾，可以是布料也可以是纸张，一般都放在摆设的中央，也可以放在左侧。如有菜单，应放在左上角或者其他较适合的地方，如果对面也有摆设，则应与对面看齐。与左右邻居的距离大约应保持 80 厘米（从一个摆设中心到另一个摆设中心）。

　　如果有用左手进餐的客人，餐具位置应全部调换方向，从中体现对这些客人的尊重和关心。总而言之，摆设的规定应以桌上整体的和谐和舒适为宗旨，不应让客人有不悦之感。

3. 吃的技巧

❶	鱼	将鱼对半剖开，剔去鱼骨。鱼刺用手拿出放于餐盘边。
❷	面包	用手撕开吃。
❸	水果	苹果和梨，切成四块，分别去皮，用手拿着吃；葡萄和樱桃用手拿着吃；橘子用刀去皮，用手一瓣瓣拿着吃；橙子，切成四块，用手拿着吃；香蕉去皮置于餐盘上，用刀切成小段叉着吃；草莓，用叉叉来吃；西瓜，切片西瓜可用刀叉切成小块吃，半个西瓜用茶匙舀来吃；柠檬，是用来除去某些海鲜的腥味的，要用手将其汁挤在鱼、虾等海鲜上吃。
❹	煮鸡蛋	置于蛋杯上，用茶匙破开一头，然后掏吃。
❺	整只的鸡或家禽	先切下翅及腿，用刀叉切吃。便餐中，也可用手拿来吃，但最好注意主人的做法。
❼	排骨	用刀叉叉着吃。若是便餐，在肉差不多吃完时，可用手拿起骨头来吃。

你知道吗

参加西餐礼仪小提示

　　东方与西方进餐的习惯多有不同，特别是正式的西餐宴会，规矩颇多。如果对此一无所知，难免贻笑大方。参加西餐宴会时应该注意下列事项：

（1）应等全体客人面前都上了菜，女主人示意后才开始用餐。

(2）餐巾应铺在膝上。如果餐巾较大，应双叠放在腿上；如果较小，可以全部打开。

(3）进餐时身体要坐正，不可过于向前倾斜，也不要把两臂横放在桌上，以免碰撞旁边的客人。

(4）使用刀叉时，应右手用刀，左手用叉。只用叉时，可用右手拿。使用刀时，不要将刀刃向外，更不要用刀送食物入口。切肉时应避免刀切在瓷盘上发出响声。

(5）取面包应该用手去拿，然后放在旁边的小碟中或大盘的边沿上，绝不要用叉子去叉面包。取黄油应用黄油刀，而不要用个人的刀子。

(6）吃色拉时只能用叉子。应用右手拿叉，叉尖朝上。如果上色拉的同时也上了面包、饼干，则可以用左手拿一小块面包或饼干，帮着把色拉推上叉子。

(7）吃鱼时可以用左手拿着面包，右手拿着刀子，把刺拨开。已经入口的肉骨或鱼刺，不要直接吐入盘中，而要用叉接住后轻轻放入盘中。

(8）要喝水时，应把口中的食物先咽下去。

(9）进餐时不要将碗碟端起来。

三、西餐的品尝

西餐里的各道菜式，在具体的品尝方法上均有所不同。不了解各种菜肴的具体品尝方法，同样也吃不好西餐。以下，将扼要介绍一下西餐里常见的开胃菜、面包、汤、主菜、点心、甜品、果品等的具体吃法，以供参考。

1. 开胃菜

在一般情况下，开胃菜多以色拉为主。在个别时候，也会上一些海鲜或果盘。

(1）**色拉**。吃色拉时，通常只宜使用餐叉，这是因为色拉在上桌前，均已被切割完毕，故不应再煞有介事地去"大动干戈"，持刀大切。

(2）**海鲜**。开胃菜里的海鲜，主要有鲜虾、牡蛎、蜗牛。吃小虾时，可以用叉取食。吃大虾时，则应先用手剥壳，再送入口内，有时亦可以用叉取食，但不必切割。

吃牡蛎时，应采用专门的餐叉，一只一只地吃。

吃带壳的蜗牛时，可先用专门的夹子将肉夹出食之，然后再吮吸壳内的汤汁。若蜗牛已去壳，则可直接以餐叉取用。

2. 面包

在西餐中所吃的面包，主要有鲜面包、烤面包两种。二者在吃法上小有差别，对此应予以注意。

（1）**鲜面包**。吃未烤过的鲜面包，不可一下拿得过多。正确的吃法是，用左手拿大小适当、刚巧可以一次入口的一小块，涂上黄油、果酱或蜂蜜后，再送入口中。不要像吃汉堡包那样双手捧着吃，或是拿着一大块，一口接一口地咬着吃。吃未烤的切片面包，也可以这样一小块、一小块撕着吃。

（2）**烤面包**。吃已烤过的面包时，是不能撕食的，否则将使面包屑乱飞。在吃的时候，可慢慢地咬着吃。吃的时候，可配以黄油、鱼子酱。挤些柠檬，味道会更好。不论吃哪种面包，都不能用它沾汤或擦盘子。

3. 汤

在西餐里，汤是一道菜，故对其不可轻视。

（1）**正确的做法**。喝汤时，讲究以右手持握汤匙，由近而远，向外侧将汤舀起，然后就嘴而食之。

倘若以盘盛汤，盘内之汤所剩无几时，可以左手由内侧托起盘子，使其外倾，然后以右手持匙舀之。

（2）在喝汤时，要做到三不：第一，不端起汤来喝；第二，不趴到汤盆、汤盘上去吸食；第三，不用嘴吹汤，或是用盆、盘或汤匙去反复舀汤降温。

4. 主菜

西餐的主菜花样甚多。冷菜里的冻子、泥子，热菜里的鱼、鸡、肉最为多见，下面就对其分别加以介绍。

（1）**冻子**。冻子，即用煮熟的食物和汤汁冷却凝结而成的一种菜肴。最常见的冻子有肉冻、鱼冻和果冻。吃冻子时，须以刀切割，以叉取食。

（2）**泥子**。泥子，通常指的是以虾、蟹或动物的肝、脑为主料，配以鸡蛋、芹菜，加上佐料，搅拌而成的一种菜肴。吃泥子时，应主要使用餐叉。

（3）**鱼**。西餐中所吃的鱼，往往骨、刺很多。必要的时候，可先用餐刀将其切开，轻轻将骨、刺剥出后，再把它切成小块，以叉入口。对不想吃的鱼皮，亦可照此办理。要是鱼的腥味太重，可吃前用手挤上一点柠檬汁。

（4）**鸡**。吃鸡的时候，切勿直接下手操练。而须先设法去骨后，再以刀叉切割成小块，而后分而食之。

（5）**肉**。在西餐里，肉菜往往指的是猪、牛、羊肉。平常所说的主菜，往往只与肉菜画等号。吃肉菜时，一般要从左往右，以大小一次入口适度为宜，将其以刀叉切割进食。

5. 点心

在西餐里，经常吃的点心有饼干、馅饼、三明治、通心粉、土豆片、烤土豆，等等。

（1）饼干。吃饼干时，应当用右手单独拿着吃。吃蛋糕时，亦须如此。

（2）馅饼。吃馅饼时，应当先用刀叉切成大小适当的小块，然后再用右手托着吃。

（3）三明治。吃三明治时，一般应当用双手捧着吃。如果它不太大，则可仅用右手捏着吃。

（4）通心粉。通心粉，又叫意大利面条。吃它的时候，不应一根一根挑着吃。标准的方法是，右手握叉，在左手所握的汤匙的帮助下，把它缠绕在餐叉上，然后入口而食。吸食它的做法，也是不对的。

（5）土豆片。油炸土豆片，在西餐里多被当作点心。吃它的时候，应以手取食。但数量不要过大，也不要捏碎了吃。

（6）烤土豆。烤土豆大都是连皮一起上桌的。吃的时候，应用左手轻轻按住它，右手持刀先在其上切个口子，令其散热。过一会儿，再用餐叉从口子里取食之。必要时，还可略作切割之后再吃。吃时，还可浇上一些专用的肉汁。

6. 甜品

西餐里最常见的、最受欢迎的甜品有布丁、冰淇淋等。

（1）布丁。西餐里上桌的布丁一般是流质的，故不应直接以手取食，或以刀叉助餐。正确的做法，是以专用的餐匙取食。

（2）冰淇淋。在西方国家里，冰淇淋是正餐必备的主要甜品，而非可有可无的一种冷饮。冰淇淋上桌时，通常被置于专用的高脚玻璃杯内，应以餐匙食之。

7. 果品

吃西餐时，所提供的水果有干果、水果之分，不过水果是最常见的。以下，分别介绍一下草莓、菠萝、苹果、香蕉、橙子、葡萄等最受喜爱的水果的食用方法。

（1）草莓。普通的草莓，可用手取食，沾些糖或酸奶油也可以。吃带调味汁的草莓时，则必须使用餐匙。

（2）菠萝。吃菠萝时，首先应当将其切割成小块，然后再以餐叉进食。不要用手抓食，或举而咬食。

（3）苹果。最正规的吃苹果的方法，是取一个苹果，先切成大小相仿的四块，然后逐块去皮，再以刀叉食之。不过现在绝大多数人，都是用手拿着去皮的小块苹果直接吃了。

（4）香蕉。对付整只的香蕉，应先剥除其外皮，再用刀叉切成小段，逐段食之，一般不应当一边用手拿着剥皮，一边慢慢咬着吃。

（5）橙子。吃橙子有两种方法。正规的吃法，是先用刀除去其外皮，再用刀叉将其内皮剥离，然后用刀叉分瓣而食。大众的吃法，则是在用刀去皮后，切成几小块，然后用手取食。

（6）葡萄。吃葡萄时，可取一小串，一粒一粒用手揪下来吃。其皮、核，可先悄然吐入手中，再转移至餐盘内。吃果盘内不成串的单粒葡萄时，则宜以餐叉相助取食。

你知道吗

寿司店的"10秒钟规则"

寿司料理店有一个"10秒钟规则"。寿司料理店的师傅做好寿司后，放在你面前，过了10秒，你若还没吃，就形同放弃，旁人吃之无妨。

寿司师傅费尽心思帮你做寿司，刚做好的刹那是最好吃的时候，却有人慢条斯理地一会儿抽烟、一会儿聊天、一会儿喝酒，迟迟不肯动筷，这对寿司师傅真是失礼。料理上桌后，要马上吃。这是用餐礼仪。料理刚做好时，最好吃。

拍料理的照片时，也是一样。如果没有在料理刚做好的瞬间按下快门，料理就会逐渐"死去"。料理是活的东西，它有灵魂。所谓料理"死去"，是指氧化，因此寿司上桌必须马上吃。

寿司师傅每次在切完生鱼片之后，都会尽快包好，放回冰柜，再做其他事。寿司师傅这么小心翼翼地怕生鱼片氧化，可是那几位上班族老兄却迟迟不吃，即使筷子已经挟住了，却还口沫横飞，聊个没完，这样太对不起寿司师傅了。因此可以视他已经放弃吃的权利。

当寿司师傅把刚做好的寿司递给我时，我通常不放在桌上，而是直接送入口中。不只寿司如此，其他所有的料理也是一样。有些冒牌的游乐人为了炫耀其博识，在餐厅高谈阔论。结果，在他高谈阔论的过程中，料理却"死"了，变得不好吃了。

宴会时，迟迟不肯碰料理的人也不是生活高手。料理的生命如此短暂，因此端上桌后立刻吃，才能表示对厨师的感谢。若有人先动筷吃的话，其他人就很容易跟进。大家互相客气，迟迟不愿动筷是不行的。别多言，勿客气。

四、餐厅调味品礼仪

1. 水果酱

食用胡萝卜酱、薄荷胶、葡萄干胶、芥末、苹果酱、酸果萝酱时,要先用汤匙将其舀入盘子里。然后用叉子叉肉抹油食用。液体酱汁,如薄荷、樱桃或杏鸭酱,要直接浇到肉上面。浇的最好要少些,这样不会影响肉的整体味道。吃蛋卷和饼干用的果胶、果酱和蜜饯要用汤匙舀到黄油盘子的一边,然后用刀平抹在面包或蛋卷小块上。如果没有汤匙,用刀取果胶前,先在盘子边上擦一擦。吃咖喱菜时,可把花生、椰子、酸辣酱等调料放到盘子里混合后配咖喱食用。酸辣酱也可作为配菜吃,不用混合。

2. 盐和胡椒粉

先品尝食物,后加盐和胡椒粉。先放盐或胡椒粉是对厨师不礼貌的表现。如果桌上有盐罐,使用里面的盐匙,如果没有,就用干净的刀尖取用。蘸过盐的食物要放在自己的黄油盘里或餐盘里的一边。如果为你提供一个专用盐罐,你可以用手捏取。

3. 色拉

按照传统,色拉要用叉子来吃,但是如果色拉的块太大,就应切开以免从叉子上掉下来。吃冰山莴苣时一般要使用刀和叉。当色拉作为主食吃的时候,不要把它放在餐盘里,要放在自己的黄油盘里,靠在主盘旁。通常用一块面包或蛋卷把叉子上的色拉推在盘子里。

4. 黄油

往面包、蛋卷、饼干或土司上抹黄油要用刀,而且小块面包只能抹少量的黄油。不要往蔬菜上抹黄油。因为这被认为是对厨师的污辱。

你知道吗

西餐在吃肉时需要的礼仪

1. 从左边开始切

法国料理中所使用的肉类有牛、猪、羊、鸡、鸭等,种类相当多,又依调理方式分为烧、烤、蒸、煮等各式各样。一打开菜单,烤小羊排、烤鸭、焖牛肉等各样的肉类料理名称琳琅满目地排列在一起,而且吃法千奇百样,令人垂涎三尺。

首先必须记住的是排餐的用餐方法。排餐可说是自古至今的肉类料理代表，排餐的吃法自然也就成为其他肉类料理的基本形式，所以最好下点功夫研究。点用牛排时，首先服务生会询问烧烤程度，可依你所喜欢的料理方式供应。

用餐时，以叉子从左侧将肉叉住，再用刀沿着叉子的右侧将肉切开，如切下的肉无法一口吃下，可直接用刀子再切小一些，切开刚好一口大小的肉，然后直接用叉子送入口中。

2. 重点在于利用刀压住肉时的力度

为了轻松地将肉切开，首先要放松肩膀，并用叉子把肉叉住。再以刀轻轻地慢慢地前后移动。用力点是在将刀伸出去的时候，而不是将刀拉回时。

3. 将取得的调味酱放在盘子内侧

点排餐时，会附带一杯调味酱。在正式的场合中，调味酱应是自行取用，而非麻烦服务生服务。

首先将调味酱钵拿到盘子旁边，以汤勺取酱料时要注意不要滴到桌巾上。调味酱不可以直接淋在牛排上，应取适当的量放在盘子的内侧，再将肉切成一口大小蘸酱料吃。

调味酱的量约以两汤匙为最适量。取完调味酱后，将汤勺放在调味酱钵的侧边，并传给下一个人。

4. 切肉的方法

不可一开始就将肉全部切成一块一块的，否则好吃的肉汁就会全部流出来了。如果用叉子叉住肉的左侧却从肉的右侧开始切，会很难将肉切开。因左手拿叉子，所以从左侧开始切才是基本。

千万不要从右侧开始切。如果太用力切，在切开时会因与盘子碰撞而发出很大的声音。而且身体向前倾的姿势很难使用刀子。

5. 不要剩下装饰的蔬菜

点缀的蔬菜也要全部吃完，放在牛排旁边的蔬菜不只是为了装饰，同时也是基于营养均衡的考虑而添加的。国人大都会把水芹留下，如果不是真的不爱吃，最好不要剩下。

第六章 餐饮礼仪

知识点 4 各国餐饮的礼仪常识

一、法国西餐桌上的礼仪

1. 法国餐饮概述

因为用西餐规矩颇多，很多中国人可能不甚了解。我们在此介绍一些最基本的知识。

（1）**选用酒杯**。如果你面前放着四个杯子，不要随便拿起哪只就用。要知道其中的区分。**大杯用于盛水**，人们不用它来干杯。因此，干杯时不能举这个大杯。**中杯用于盛红葡萄酒，小杯用于盛白葡萄酒，细长杯子用来盛香槟酒。**

在饮用杯中物时，应先将口中咀嚼物咽下，然后将刀、叉在盘中放成八字形或交叉，再用餐巾纸将嘴唇擦拭干净。然后再喝酒、水等。

在喝酒时，中国人习惯举杯仰头痛饮，一口喝光。而在西方这恰恰是应避免的。在西方，最文明的方式是头保持平直，一口口啜饮。喝到底时，杯中总还是留一点酒。

在喝饮料、汤、酒、水等时，不要用嘴唇吸出声音来，而应一口一口地轻轻喝。

在祝酒时，总是由主人或是地位、身份最高者倡议。

在握杯时，应一手抓满杯子，不要在擎杯时翘起小指或其他手指。

（2）**使用刀叉**。如在用餐时要放下刀叉，应将其放在盘子两边，刀与叉子头向内。

如用完了餐（即使盘中仍有剩余食物），应把刀叉平行斜放入盘中，叉齿朝下。叉离自己近，刀离自己远。在将盘中食物推到叉上去时，应使用面包，而不要用刀去推。不要始终拿着刀，也不要刀朝上。而要在切好食物后，便放下刀，让刀放在盘子平行的右侧，然后使用叉吃。

注意，如果不知该怎么正确使用刀叉时，就看别人如何做，依样画葫芦。在有许多刀叉排列在桌上时，其使用规则也是每次使用最外侧的刀与叉。在使用刀时，应刀刃向下，食指按在刀脊上切割。

（3）**食用面包**。将面包放在自己左面小盘中。**在食用面包时，是不用刀去切割面包的，而是用手撕下一块一块的面包，然后再放入嘴中**。因此，人们也不用嘴去直接咬面包，除非是三明治。

如果要将黄油涂上面包，应是用手一块块撕下面包，然后一小块一小块涂。不要一下子将整个面包涂满。

（4）其他注意事项。 除了用手撕面包吃外，其他食物都用刀、叉、匙来吃。

① 食用生菜不用刀去切割，只用叉的边缘去切割。

② 盘中最好不要留下剩余食品。当然也不用"涮"得很干净。

③ 使用餐巾时，应将其平摊在膝盖上。用完餐后略一叠就留在桌旁好了。不能将其完全叠好，也不能将其揉成一团扔在桌上。

④ 在西餐桌上很少用牙签，因此最好不用。

⑤ 万一打翻酒杯等，不用大惊小怪，只道歉一声便可。到用餐结束后再道歉一声更好。

⑥ 如要吐出嘴中硬核、鱼刺等，不要直接吐在手上，而要用叉接好并放在盘子边沿。

⑦ 吃东西时，用叉将食物取起放入口中，而不要低头用嘴去接近食物。

⑧ 初进餐厅时，应在等候区等待领台人员带位，不可以径自进去找到自己认为合适的座位就座。

2. 吃法国菜的 6 大法则

现代人吃法国菜虽已尽量一切从简，但法国菜始终都是比较讲究、细致的，有些餐桌礼仪和用膳细节你不可不知，记熟以下 6 大法则就肯定不会失礼于人。

① 吃法国菜基本上是红酒配红肉，白酒配白肉，至于甜品多数会配甜餐酒。

② 吃完饭抹手抹嘴时切忌用餐巾大力擦，注意仪态。应用餐巾的一角轻轻拭去嘴上或手指上的油渍即可。

③ 吃完第一道（通常是海鲜）之后，侍者应会送上一杯雪葩（用果汁或香槟调制），它除了让口腔清爽之外，更有助增进吃下一道菜的食欲。

④ 就算椅子多舒服，坐姿都要保持正直，不要靠在椅背上。进食时身体可略向前倾，两臂紧贴身体，以免撞到隔篱。

⑤ 吃法国菜同吃西餐一样，用刀叉时记住由最外边的餐具开始，由外到内，不要见到美食就扑上去，失礼于人。

⑥ 吃完每碟菜之后，将刀叉随便放会非常难看。正确的方法是将刀叉并排放在碟上，叉齿朝上。

第六章　餐饮礼仪

法国作为举世皆知的世界三大烹饪王国之一，法国人十分讲究饮食。在西餐之中，法国菜可以说是最讲究的。法国人爱吃面食，面包的种类很多；他们大都爱吃奶酪；在肉食方面，他们爱吃牛肉、猪肉、鸡肉、鱼子酱、鹅肝，不吃肥肉、宠物、肝脏之外的动物内脏、无鳞鱼和带刺骨的鱼。法国人特别善饮，他们几乎餐餐必喝，而且讲究在餐桌上要以不同品种的酒水搭配不同的菜肴；除酒水之外，法国人平时还爱喝生水和咖啡。法国人用餐时，两手允许放在餐桌上，但不许将两肘支在桌子上，在放下刀叉时，他们习惯于将其一半放在碟子上，一半放在餐桌上。

参加烛光晚宴有讲究

优美的音乐、朦胧的烛光、鲜嫩多汁的牛排和溢香满口的香槟；迷人的夜晚和那美丽多情的伴侣，更多的是浪漫无尽的遐想……与中餐相比，西餐的上餐顺序不同。一般分为头盘、汤、副菜、主菜、蔬菜类菜肴、甜品和咖啡。

1. 头盘开胃汤在前，蔬菜总在肉类后

头盘也称为开胃品，一般有开胃沙拉、鹅肝酱、鱼子酱，或者焗蜗牛等。如果没有其他的头盘，汤类也可以作为头盘进食，大致可分为清汤、奶油汤、蔬菜汤和冷汤四类。通常水产类菜肴与蛋类、面包类、酥盒菜肴均称为副菜。肉、禽类菜肴是主菜，其中最有代表性的是牛肉或牛排。蔬菜类菜肴一般会在肉类菜肴之后，或者与肉类菜肴同时上桌。蔬菜类菜肴在西餐中也称为沙拉，但是与头盘中的沙拉不一样，这里的沙拉不用沙拉酱。接着上来的甜点可以算作是第六道菜，包括布丁、冰淇淋、奶酪、水果等。最后上来的才是咖啡或者茶类饮料。

在这里需要特别向您提醒酒水的上桌顺序，开胃酒会在头盘之前上桌，一般会包括威士忌、鸡尾酒或者软饮料（即不含酒精的饮料）。接着上来的是餐酒，一般是红葡萄酒或者白葡萄酒，餐酒会伴随主菜一起上桌，其中白葡萄酒伴随冷菜、头盘菜或者海鲜类菜肴饮用，红葡萄酒则要伴随牛肉、羊肉或者禽类肉饮用。而餐后酒，例如白兰地一般会在主菜后上桌。如果您觉得这么多种酒水比较麻烦，那么您不妨点香槟酒。香槟酒是唯一一种可以贯穿用餐始终的酒，尤其适合节日或欢乐场合饮用。

2. 右手拿刀，左手拿叉，餐具用法有讲究

餐巾：点完菜后，您需要在头盘送来前的这段时间把餐巾打开，往内折三分之一，让三分之二平铺在腿上，盖住膝盖以上的双腿部分。或者将餐巾一角压在盘子下面，另一端铺在腿上，最好不要把餐巾塞入领口。

刀叉：料理上桌后的基本动作，即是"右手拿刀切开，然后左手拿叉将料理叉起"。要注意叉子的齿和刀子的刃部都要朝下。如果桌上有多副刀叉，切记从最远离餐盘的一副开始用起，一般吃海鲜会上专门的鱼刀叉。

勺子：喝汤、酱会有各自的勺子。喝汤时汤匙首先由里向外将汤汁舀入匙内，汤匙的底部放在下唇的位置将汤送入口中。如果碗内剩下的汤汁已经不多，则要将碗向外轻轻倾斜，使汤汁略微集中后用汤匙舀用。

杯子：正确的握杯姿势是用手指握杯脚，以避免手的温度使酒温增高。应用大拇指、中指和食指握住杯脚，小指放在杯子的底台固定。喝酒时绝对不能吸着喝，而是倾斜酒杯，像是将酒放在舌头上似的喝。轻轻摇动酒杯让酒与空气接触以增加酒味的醇香，但不要猛烈摇晃杯子。

3. 餐具别碰响，喝汤不出声，面包撕着吃

有人笑言西餐吃的不是食品，而是风度。在吃西餐时哪些是有失风度的举动？

餐具碰撞发出响声：在用刀叉切取食物时不要用力太猛，使刀叉与盘子碰撞发出响声是非常失礼的。如果您觉得刀子难以切开食物，请注意您是不是用错了刀子。

喝汤时发出响声：喝汤时直接端起汤碗是十分失礼的举动，发出咕噜咕噜地喝汤声更不可取。喝汤要轻声，一勺一勺地喝，如果汤碗旁边有把手，则可以在快要喝完的时候端起饮用。

刀叉摆放错误：西餐的每道菜都是等前一道菜用毕才会上下一道，客人通过将刀叉平行摆放的方式告诉侍者此道菜已经用毕，将刀叉成八字放在餐盘两边则代表用餐还未结束。有的客人责骂服务生还不上下一道菜，其实是对西餐礼仪不了解。

二、美国餐饮礼仪

1. 美国人用餐的戒条

- 不允许进餐时发出声响。
- 不允许替他人取菜。
- 不允许吸烟。
- 不允许向别人劝酒。

第六章 餐饮礼仪

- ◆ 不允许当众脱衣解带。
- ◆ 不允许议论令人作呕之事。

2. 美国商务餐礼仪

在美国身为白领阶层，一些商务性的工作餐是避免不了的。然而，怎样有礼仪地吃顿工作餐，却并不被很多的国人所知晓。

（1）**衣着方面**。晚餐可以是商务性的也可以是社交性的，不管是哪一种，都有正式非正式之分。如果你应邀参加晚餐，你不清楚是否是正式的，应当直接问清楚，如果无法得知，那你就要以参加正式宴会的形式来着装，以免引起任何不愉快和惊讶的意外。

（2）**邀请与受邀**。邀请异性就餐，最好是午餐而不是晚餐。如果口头邀请你，你应给予口头答复。如果正式向你发出请帖，就应书面回复；谢绝商务性的邀请，应以业务的理由予以婉拒（如工作太忙、有工作安排等）。不要以私人事务为由予以谢绝，因为这样会使对方认为你受生活的约束而无法将时间倾注在工作上。

（3）**餐馆的选择**。一定要避免选择有罗曼蒂克的餐馆，最好在适宜商务会谈的餐馆。

除了重要的、比较有名的餐馆外，你还应预先选定两到三家你比较熟悉的餐馆，这样，领班很快就会按照你的习惯，为你预留最好的席位；即使在你没空预定时，也会为你找到一张好桌子，你的客人会因为领班对你的热情服务而留下深刻的好印象。而且因为餐馆的人跟你很熟悉，你可以让他们为消费开出发票而无须当面付清账单。

（4）**座位**。根据礼仪，最舒服的位子总是留给最重要的客人。如果桌子位于角落里，你的客人的座位应当背墙，以便他能看到整个大厅或者看到最好的景色。

（5）**饮料**。如果在你的餐巾前有4个杯子，你应明确，用大杯子盛凉白开水，中杯盛红葡萄酒，小杯盛白葡萄酒，而高脚杯盛香槟酒。如果是你做东或者由你斟酒，那你应先斟自己的酒杯（仅倒满杯底）尝一尝。如果你认为酒味不佳（有瓶塞味或异味），应该要求换一瓶同一产地的酒。如果酒好，那你就应按地位重要的顺序为你的客人斟酒。喝了酒后要用餐巾抹一下嘴唇，即使你认为不需要。

（6）**进餐**。在某些西餐馆，餐桌上摆有好几副餐具：用于吃鱼的、吃鸡肉的、吃沙拉的和吃甜食用的。如果你不知道要选用哪种，那么你只要记住首先要用最外边的餐具（吃沙拉），最后用最近的（吃甜食）。左手拿叉，右手拿刀，食指稍微按在刀背上。不要用刀切面包而要用手掰面包。不要用刀而要用叉来切沙拉。尝菜时，不要去选你想吃的，而要取离你最近的菜，除非你要拿最小的一块。

别人还没吃完盘中的菜时，你不要再去取菜（这里说的盘是每个人面前盛菜的盘，不是桌上共用的菜盘）。

（7）**不同的文化差异**。西方人与东方人的习惯相反，在西方，饭后极少使用牙签。因此，如果你与外国人一道就餐，你要暂时摈弃这个习惯。

切忌在餐桌上夸夸其谈,要用手捂住嘴去答话,尽量少说客套话。切记不要让你的客人看见或者猜到账单的金额。绝不要议论价格和对账单提出质疑,最好的办法是吃完饭后你最后起身以便结账。如果要向请你吃饭的主人道谢,应在饭馆外而不要在付账时进行。

三、韩国餐饮礼仪

1. 韩国民间待客传统礼节

韩国的待客食品具有鲜明的民族特色,饺子汤、烤牛肉、脯食、冷面等是待客的传统食品。饺子汤是将用牛肉、猪肉、蔬菜、麻油、辣椒等做成馅,用面皮包成饺子,放入用牛肉和各种作料熬成的汤中煮熟,食用时蘸上盐、胡椒面、芝麻面等,味道鲜美可口。

试一试

请上网查一下世界上各国国菜是什么?最少5个国家。

韩国的烤牛肉制作方式独特,将牛肉片拍松,放入葱、姜、蒜、梨汁、香油、麻酱等佐料,浸泡后放到炭火上慢慢烤,食时外焦里嫩,芳香诱人。脯肉是用鱼干、牛肉干、猪肉干、羊肉干、狗肉干制成的民间传统食品,香脆味浓,独具特色。韩国的冷面种类繁多,制作精细,面韧色鲜,汤清凉爽,酸辣适度,开胃提神,声名远扬,在许多国家都开设有韩国冷面馆,自然以韩国人制作的冷面最正宗,平壤冷面尤为驰名。

另外,狗肉汤、打糕、甲皮饼、凉粉、生拌牛百叶、生拌鱼等也是韩国人常常用来待客的传统食品。韩国人的饭菜以米饭、泡菜、酱为主,菜肴味道清淡鲜辣,异国他乡的客人品尝后总是留下难忘的印象。

2. 韩国的餐桌礼仪

招待外宾时,要特别注意摆席,不得让外宾感到不便或别扭,最好能让外宾带着兴致接受招待。首先,要决定餐桌的形状。传统的餐桌为四方桌或圆桌。按用餐人数摆为独桌、共餐桌、3人餐桌、4人餐桌。超过4人时,摆为圆桌或四方形大餐桌。按韩国的传统,应该把食物和匙、筷摆在桌子上招待客人,但超过4人时,对外宾来讲站着吃要比坐着吃更加方便。

除了桌布、桌垫、匙筷托子、汤匙和筷子、餐叉、餐刀、餐巾、水杯和酒杯之外,服务时使用的剪刀或擦桌子的抹布清洁与否,将对影响到外宾下次还会不会再用我们的饭菜。

(1)桌布和桌垫。 传统的饭桌不需要桌布,桌子的原样会显得更加雅致、干净。但在饭店使用桌布或单人桌垫看起来会更加美观且卫生。桌布虽然以白色为原则,但饭馆也可在上面铺上彩色正方形桌布,以营造气氛,也较容易清洗。桌布下垂30厘米左右,不抵膝盖时最恰当,但坐在坐垫上的时候,还要稍短一些。

如果桌布不能盖住整个桌面时，不要将食物、匙和筷放在桌面上，最好要使用桌垫，至少使用用纸做的桌垫。这时即使不使用匙筷托，也能使人以愉快的心情用餐。一般桌布的大小要能放下前碟、匙和筷、餐刀、水杯等餐具。

大体上，以30厘米×45厘米的四方形或椭圆形桌布，印上漂亮的条纹、饭店名称和菜单等来使用，或者就直接使用纸制桌垫，纸制桌垫是一次性的。

（2）匙筷托子。匙筷托子的材料有瓷器、木头、银等多种，但最好是用物美价廉、方便使用的简单式样。使用桌布时，或在大方桌上使用匙筷托子会显得更加高雅。

（3）匙筷以及餐叉。中国、日本及东南亚人会使用筷子，因此，可以在桌上放匙和筷子。但对不能熟练使用筷子的外国人，把餐刀和餐叉与匙、筷子一起摆在桌上更恰当。放餐刀的时候，把餐刀放在匙和筷的左边，并将餐叉放在左手易拿到的左边，这样会使人感到更加亲切。

（4）餐巾。餐巾种类和大小式样繁多。最好是用与桌布相似的布做成的50～60厘米长方形或正方形餐巾。但在一般饭店不能每次使用这种餐巾时，可使用餐巾纸。餐巾纸最小标准为边长为30厘米的正方形，更小的餐巾纸用于茶席。

（5）水杯和酒杯。瓷器制成的水杯使用起来较方便。一般用餐之前准备凉水是迎接客人的一种礼仪，但中国、新加坡以及东南亚人一年四季喝热水，所以最好也要准备热水。在正餐席或酒席上，应准备玻璃杯或水晶杯。用正宗清酒或传统民俗酒招待外宾时，应准备瓷器酒杯。

（6）食物剪刀和餐桌抹布。餐桌抹布要白净、整洁。擦桌子的抹布若不干净，食物再好吃，也会影响食欲。常在冷面店或排骨店看到，剪面和肉的剪刀太尖，使人感到恐怖。因此，剪刀的尖最好是圆的，并用不锈钢材料。

3. 韩国人饮食和季节反着吃

很多人喜欢吃韩国料理，烤肉、石锅拌饭、泡菜都是大家所熟悉的韩国食品。但是，韩国人还有一些特殊的饮食习惯是我们所不了解的。

每年的隆冬时节，韩国最流行的食物不是烤肉，也不是各种热汤，而是冷面。记者发现，冬季是韩国大大小小的冷面店生意最红火的时候。

韩国的冷面大多以荞麦或马铃薯制成，分为水冷面和拌冷面两种。前者在吃的时候配以冰凉的肉汤、蔬菜、牛肉和煮鸡蛋，后者则直接用辣椒酱拌着吃。之所以叫"冷面"而不是"凉面"，是因为它绝对够"冷"。尤其是水冷面，即使在冬天，吃的时候也是带着大冰块上桌，看着就让人打寒战。

相反，到了炎炎夏日，韩国人又一窝蜂地去喝参鸡汤。所谓参鸡汤，就是在仔鸡的肚子里塞上糯米、人参、大枣、板栗等材料，炖制成汤。喝的时候还要盛在烧得滚烫的石锅里，以保持汤的温度。首尔有好几家老字号的参鸡汤店，每到夏天，尤其是三伏天，每家店门口都会排起拐几道弯的长队；可到了冬天，这里的客人却寥寥无几。

为什么韩国人喜欢和季节反着吃呢？记者在和他们的接触中了解到，他们认为，这才是顺应气候变化的饮食方法。很多韩国人认为：冬季天气寒冷，如果进食过于燥热的食物，使人体内的温度与环境的温度相差过大，反而容易患感冒等疾病；同理，夏季贸然用冰冷的食物降低体温求得一时的清凉快感，也不可取。

韩国传统医学有"天人合一"的理论，也就是人体内的小环境要与自然界的大环境相协调，才能使人更顺应自然界的变化，增加人体对外界不利影响的抵抗力。这也是他们喜欢冬天吃冷的食物、夏天吃热的食物的原因之一。

此外，韩国还有"以热治热"的说法，夏天喝参鸡汤就是最好的例证。韩国医生认为，夏季天气炎热，人体大量排汗会导致能量和营养排出，此时需要进补。而制作参鸡汤所使用的是未经加工的新鲜人参，俗称水参，能起到"凉补"的作用。同时，鸡肉性凉，红枣、板栗等辅料性质温和，搭配在一起正好可以满足夏季进补的需要。制作冷面的荞麦和马铃薯，则是性质温和的食品，符合冬季进补需要。现代医学证明，荞麦粉营养丰富，有降低血脂和胆固醇、软化血管的作用。寒冷的冬天，韩国人喜欢和家人朋友围坐桌前，吃烤肉等高脂肪食物。而冰冷的荞麦面条和肉汤中添加的食醋，正好可以化解油腻、分解脂肪。

韩国营养学家认为，这种和季节反着吃的饮食习惯，在一定程度上和韩国自身的气候环境有关。由于身处寒冷的环境中，韩国人耐寒能力很强，所以韩国菜也以冷菜为主。

不过，专家提醒，这种吃法不一定适合亚热带人的肠胃。尤其是冬天，冷食吃多了容易引起胃部不适，会增加胃酸分泌，导致胃胀、恶心。因此，即使你很喜欢吃韩国料理，也不要轻易模仿。

你知道吗

各国餐饮礼仪简录

1. 加拿大

加拿大人对法式菜肴比较偏爱，并以面包、牛肉、鸡肉、土豆、西红柿等物为日常之食。从总体上讲他们以肉食为主，特别爱吃奶酪和黄油。加拿大人重视晚餐。他们有邀请亲朋好友到自己家中共进晚餐的习惯。受到这种邀请应当理解为是主人主动显示友好之意。

2. 德国

德国人是十分讲究饮食的。在肉类方面，德国人最爱吃猪肉，其次才是牛肉。以猪肉制成的各种香肠，令德国人百吃不厌。德国人一般胃口较大，喜食油腻之物，所以德国的胖人极多。在饮料方面，德国人最欣赏的是啤酒。德国人在用餐时，有以下几条特殊的规矩：

其一，吃鱼用的刀叉不得用来吃肉或奶酪。

其二，若同时饮用啤酒与葡萄酒，宜先饮啤酒，后饮葡萄酒，否则被视为有损健康。

其三，食盘中不宜堆积过多的食物。

其四，不得用餐巾扇风。

其五，忌吃核桃。

3. 波兰

波兰人的饮食习惯与其他东欧国家大致相似。具体而言，波兰人平时以吃面食为主。他们爱吃烤、煮、烩的菜肴，口味较淡。在饮料方面，他们爱喝咖啡和红茶。在饮用红茶之时，波兰人大都爱加入一片柠檬，并且不喜欢茶水过浓。在饮食禁忌方面，波兰人主要不吃酸黄瓜和清蒸的菜肴。波兰人在人际交往中非常喜欢请客吃饭。在宴请客人时，波兰人有不少的讲究。

一是，忌讳就餐者是单数，他们认定此乃不吉之兆。

二是，在吃整只的鸡、鸭、鹅时，波兰人通常讲究要由在座的最为年轻的女主人亲手操刀将其分割开来，然后逐一分到每位客人的食盘之中。

三是，不论饭菜是否合自己的口味，客人都要争取多吃一点，并要对主人的款待表示谢意。

四是，口中含着食物讲话，在波兰人看来，是很粗鲁的。

4. 俄罗斯

在饮食习惯上，俄罗斯人讲究量大实惠，油大味厚。他们喜欢酸、辣、咸味，偏爱炸、煎、烤、炒的食物，尤其爱吃冷菜。总的讲起来，他们的食物在制作上较为粗糙一些。一般而论，俄罗斯以面食为主，他们很爱吃用黑麦烤制的黑面包。除黑面包之外，俄罗斯的特色食品还有鱼子酱、酸黄瓜、酸牛奶等。吃水果时，他们多不削皮。在饮料方面，俄罗斯人很能喝冷饮。具有该国特色的烈酒伏特加，是他们最爱喝的酒。此外，他们还喜欢喝一种叫"格瓦斯"的饮料。用餐之时，俄罗斯人多用刀叉。他们忌讳用餐时发出声响，并且不能用匙直接饮茶，或让其直立于杯中。通常，他们吃饭时只用盘子而不用碗。参加俄罗斯人的宴请时，宜对其菜肴加以称道，并且尽量多吃一些。俄罗斯人将手放在喉部，一般表示已经吃饱。

5. 墨西哥

墨西哥人的传统食物主要是玉米、菜豆和辣椒。它们被称为墨西哥人餐桌上必备的"三大件"。墨西哥的菜以辣为主，有人甚至在吃水果时也要加入一些辣椒粉。墨西哥人还有吃仙人掌的嗜好。在他们看来，仙人掌与香蕉、菠萝、西瓜一样，可以当水果吃。在墨西哥，许多人都有以昆虫做菜的爱好。

1. 简述中餐的礼仪规范。

2. 西餐中的礼仪规范包括哪些?

涉外礼仪

第七章

教学目标

通过本章的学习，使学生懂得礼仪是融洽双方关系、促进友好往来、展现个人风采的有力工具。

教学要求

认知： 了解简单的涉外礼仪知识，使学生能够应对涉外交往。

理解： 涉外礼仪关系到一个国家、民族、个人的形象问题。学生在初步学习的基础上，应进一步理解涉外礼仪所包含的内容。

运用： 涉外礼仪是一个很实用的礼仪之一，学生掌握后可以应对基本的涉外交往。

知识点 1 涉外礼仪概述

一、涉外礼仪的基本概念

礼仪是一门综合性较强的行为科学，是指在人际交往中，自始至终地以一定的、约定俗成的程序、方式来表现的律己、敬人的完整行为。

由于地区和历史的原因，各地区、各民族对于礼仪的认识各有差异。在长期的国际往来中，逐步形成了外事礼仪规范，也叫涉外礼仪。它起源于习惯和惯例，植根于许多国家丰厚的礼仪传统。**涉外礼仪就是人们参与国际交往所要遵守的惯例，是约定俗成的做法。主要包括国际交往中的日常交际礼节、典礼仪式、外交礼遇、外交特权与豁免等内容**。其中许多已构成国际多边条约的内容，如1961年的《维也纳外交关系公约》，明确规定了外交代表和外交代表机构在接受国所享受的外交特权和豁免权，对外交代表的等级以及礼宾秩序也有明确的规定。目前这个公约是各国确定对外礼遇的重要根据。同时，礼仪是互惠的、平等的，各国外交都设有专门的礼宾司或礼宾局，掌握对外交往的礼节。

在国际交际中，礼宾是一项很重要的工作，许多外事活动，往往是通过各种交际礼宾活动进行的。一般来说，各种交际活动，国际上都有一定惯例，但各国往往又根据本国的特点和风俗习惯，有自己独特的做法。我们在对外交往中，除应发扬我国礼仪之邦的优良传统，注意礼貌、礼节之外，还应尊重各国、各民族的风俗习惯，了解它们不同的礼节、礼貌的做法，从而使得我们在对外活动中真正做到不卑不亢，以礼相待。

二、涉外礼仪的特点

1. 规范性：惯例、约定俗成

从国际交往的角度来看，宏观上的涉外礼仪有三个基本要求。第一，以尊重为本。强调自尊自爱、尊重自己的职业和尊重自己的单位。第二，要善于表达。第三，在国际交往中，接待外国客人，要强调接待"三声"——来有迎声，问有答声，去有送声。

与人交往要尊重为先，尊重别人就是尊重自己。发现别人的优点，实际上就等于肯定自我。所以，在国际交往中，要善于发现别人的所长。涉外礼仪实际上就是我们参与国际

第七章　涉外礼仪

交往所要遵守的惯例，是约定俗成的做法。换而言之，它是讲规范，规范就是标准。这个在国际交往中是很强调的。

2. 对象性：关心有度、内外有别

实际上，从比较研究的角度来看，我们现在讲的涉外礼仪，国际交往中要遵守的国际惯例，和我国传统礼仪还是有一些差异的。我国有五千年的传统文明，有五千年的礼仪文化，我们都在这个良好的氛围中继任成长。但是，从国际交往的角度来看，中外礼仪是有一些差异的。譬如，国际礼仪是强调关心有度，换而言之，不得打探或者涉及个人隐私问题。而我国传统礼仪，强调亲密无间。按照我们的规范性说法，国际交往中不宜随便探讨对方、请教对方的问题有五个，我们叫**涉外交往"五不问"：第一，不问收入问题；第二，不问年纪大小；第三，不问婚姻家庭；第四，不问健康状态；第五，不问个人经历。**
涉外交往的第二个特征，就是要讲对象性。对不同的人，有不同的要求，内外有别。

3. 技巧性：沟通互动

人和人之间有接触才有了解，有了解才能沟通，有沟通才会互动。这是三个重要的程序。其中，接触是第一程序，是前提。接触了之后才会了解，逐渐了解之后，知己知彼才容易沟通。

所谓沟通，是双向了解，我理解你，你也理解我。但是这个有难度，不同地方的人有不同的招呼。

三、涉外礼仪原则

所谓涉外礼仪的基本原则，通常是指在运用涉外礼仪时必须共同遵循的规则，即对运用涉外礼仪时所提出的最基本也是最重要的要求。

1. 主权平等原则

主权平等是现代国际关系的基本准则，是指国家不论大小，都应当具有独立自主地处理自己内外事务、管理自己国家的主权。

2. 维护形象原则

在涉外活动中，尤其是比较正式的外事场合，个人形象自始至终都会受到其交往对象的高度关注，并且在一定程度上影响着外事活动的开展。因此，在涉外活动中务必要重视个人形象、规范个人形象、维护个人形象。

所谓个人形象，一般是指一个人在社会上所形成的公众印象，以及社会公众由此而对其产生的基本看法和做出的总体评价。**维护形象，首先就要求我们在涉外活动中认真维护**

个人形象。就具体要求而论，维护个人形象主要包括两个方面：一是要重视个人形象，因为个人形象体现着个人的教养和素质，客观地反映出所在单位的整体形象，同时，良好的个人形象也客观地被人们视作一种宝贵的无形资产，是一种宣传、效益和服务。二是要规范个人形象，包括规范个人的仪容、表情、举止、言谈、服饰和为人等。

3. 不卑不亢原则

不卑不亢，是涉外礼仪的一项基本原则。它的主要要求是：每一个人在参与国际交往时，都必须意识到自己在外国人的眼里，是代表着自己的国家，代表着自己的民族，代表着自己所在的单位。因此，其言行应当从容得体，堂堂正正。在外国人面前既不应该表现得畏惧自卑，低三下四，也不应该表现得自大狂傲，放肆嚣张。

这是事关国格、人格的大是大非问题，要堂堂正正、坦诚乐观、豁达开朗、从容不迫、落落大方、一视同仁。

> **想一想**
>
> 同学们，你认为涉外礼仪和个人日常交往礼仪有哪些是共同的，有哪些是迥异的呢？

4. 求同存异原则

求同就是遵守国际惯例，取得共识，便于沟通，避免周折；存异就是注意"个性"，了解具体交往对象的礼仪习俗禁忌，并予以尊重。

（1）应当如何对待中外礼仪与习俗的差异性？

> ❶ 对于中外礼仪与习俗的差异性，是应当予以承认的。
>
> ❷ 在涉外交往中，对于类似的差异性，尤其是我国与交往对象所在国之间的礼仪与习俗的差异性，重要的是要了解，而不是要评判是非，鉴定优劣。

（2）在国际交往中，到底应当遵守何种礼仪为好？

在国际交往中，究竟遵守哪一种礼仪为好呢？一般而论，目前大体有三种主要的可行方法。

❶ "以我为主"	所谓"以我为主"即在涉外交往中，依旧基本上采用本国礼仪。
❷ "兼及他方"	所谓"兼及他方"，即涉外交往中基本上采用本国礼仪的同时，适当地采用一些交往对象所在国现行的礼仪。
❸ "求同存异"	所谓"求同存异"，是指在涉外交往中为了减少麻烦，避免误会，最为可行的做法，是既对交往对象所在国的礼仪与习俗有所了解并予以尊重，更要对于国际上所通行的礼仪惯例认真地加以遵守。

第七章 涉外礼仪

5. 礼宾次序原则

所谓礼宾次序，是指国际交往中对出席活动的国家、团体、各国人士的位次按某些原则和惯例进行排列的先后次序。

① 按身份与职务的高低排列。

② 按字母顺序排列。

③ 按通知代表团组成的日期先后排列。

6. 信守约定原则

作为涉外礼仪的基本原则之一，所谓"信守约定"的原则，是指在一切正式的国际交往之中，都必须认真而严格地遵守自己的所有承诺。说话务必要算数，许诺一定要兑现，约会必须要如约而至。在一切有关时间方面的正式约定之中，尤其需要恪守不怠。在涉外交往中，要真正做到"信守约定"，对一般人而言，尤须在下列三个方面身体力行，严格地要求自己。

① 在人际交往中，许诺必须谨慎。

② 对于自己已经做出的约定，务必要认真地加以遵守。

③ 万一由于难以抗拒的因素，致使自己单方面失约，或是有约难行时，需要尽早向有关各方进行通报，如实地解释，并且还要郑重其事地向对方致以歉意，并且主动地负担按照规定和惯例因此而给对方所造成的某些物质方面的损失。

7. 热情有度原则

热情有度，是涉外礼仪的基本原则之一。它的含义是要告诉人们在参与国际交往，直接同外国人打交道时，不仅待人要热情而友好。更为重要的是，要把握好待人热情友好的具体分寸。否则就会事与愿违，过犹不及。

中国人在涉外交往中要遵守好"热情有度"这一基本原则，关键是要掌握好下列四个方面的具体的"度"。

① 要做到"关心有度"。	② 要做到"批评有度"。
③ 要做到"距离有度"。	
在涉外交往中，人与人之间的正常距离大致可以划分为以下四种，它们各自适用不同的情况。	

- ◆ 私人距离

  其距离小于 0.5 米之内。它仅适用于家人、恋人与至交。因此有人称其为"亲密距离"。
- ◆ 社交距离

  其距离大于 0.5 米，小于 1.5 米。它适合于一般性的交际应酬，故亦称"常规距离"。
- ◆ 礼仪距离

  其距离大于 1.5 米，小于 3 米。它适用于会议、演讲、庆典、仪式以及接见，意在向交往对象表示敬意，所以又称"敬人距离"。
- ◆ 公共距离

  其距离在 3 米开外，适用于在公共场所同陌生人相处。它也被叫作"有距离的距离"。

❹ 要做到"举止有度"。

　　要在涉外交往中真正做到"举止有度"，要注意以下两个方面。一是不要随便采用某些意在显示热情的动作。二是不要采用不文明、不礼貌的动作。

8. 不必过谦原则

　　不必过谦的原则的基本含义是：在国际交往中涉及自我评价时，虽然不应该自吹自擂，自我标榜，一味地抬高自己，但是也绝对没有必要妄自菲薄，自我贬低，自轻自贱，过度地对外国人进行谦虚、客套。

9. 不宜先为原则

　　在交往活动中，面对自己一时难以应付、举棋不定，或者不知道到底怎样做才好时，如有可能，最明智的做法，是尽量不要急于采取行动，尤其不要急于抢先，冒昧行事。

　　所谓"不宜先为"原则，也被有些人称作"不为先"的原则。也就是讲，若有可能的话，面对这种情况时，不妨先是按兵不动，然后再静观一下周围之人的所作所为，并与之采取一致的行动。

　　"不宜先为"原则具有双重的含义。一方面，它要求人们在难以确定如何行动才好时，应当尽可能地避免采取任何行动，免得出丑露怯。另一方面，它又要求人们在不知道到底怎么做才好，而又必须采取行动时，最好先是观察一些其他人的正确做法，然后加以模仿，或是同当时的绝大多数在场者在行动上保持一致。

10. 尊重隐私原则

　　中国人在涉外交往中，务必要严格遵守"尊重隐私"这一涉外礼仪的主要原则。一般而论，在国际交往中，下列八个方面的私人问题，均被海外人士视为个人隐私问题。

❶ 收入支出。	❷ 年龄大小。	❸ 恋爱婚姻。	❹ 身体健康。
❺ 家庭住址。	❻ 个人经历。	❼ 信仰政见。	❽ 所忙何事。

要尊重外国友人的个人隐私权,首先就必须自觉地避免在对方交谈时,主动涉及这八个方面的问题。

11. 入乡随俗原则

入乡随俗,是涉外礼仪的基本原则之一,它的含义主要是:在涉外交往中,要真正做到尊重交往对象,首先就必须尊重对方所独有的风俗习惯。之所以必须认真遵守"入乡随俗"原则,主要是出于以下两方面的原因。

> ❶ 原因之一
>
> 因为世界上的各个国家、各个地区、各个民族,在其历史发展的具体进程中,形成各自的宗教、语言、文化、风俗和习惯,并且存在着不同程度的差异。这种"十里不同风,百里不同俗"的局面,是不以人的主观意志为转移的,也是世间任何人都难以强求统一的。

> ❷ 原因之二
>
> 因为在涉外交往中注意尊重外国友人所特有的习俗,容易增进中外双方之间的理解和沟通,有助于更好地、恰如其分地向外国友人表达我方的亲善友好之意。

当自己身为东道主时,通常讲究"主随客便";当自己充当客人时,则又讲究"客随主便"。接待人员必须充分地了解交往对象的风俗习惯,无条件地加以尊重,不可少见多怪、妄加非议。

12. 女士优先原则

所谓"女士优先"(Ladies first)是国际社会公认的一条重要的礼仪原则,是指在社会交往中,女士在男士面前,处于尊者地位,享受相应的礼仪待遇。"女士优先"的含义是:在一切社交场合,每一名成年男子都有义务主动自觉地以自己的实际行动,去尊重妇女、照顾妇女、体谅妇女、关心妇女、保护妇女,并且还要想方设法、尽心竭力地去为妇女排忧解难。倘若因为男士的不慎,而使妇女陷于尴尬、困难的处境,便意味着男士的失职。这是西方一项体现教养水平的重要标志。

"女士优先"原则主要适用于成年的异性进行社交活动之时。这并不代表女性是弱者,而是像尊重母亲一样尊重女性。"女士优先"原则还要求,男士们对所有的妇女都一视同仁。

你知道吗

中法礼仪文化区别

中国自古以来就是礼仪之邦，以礼待人。法国也是一个讲文明重礼貌的国家，日常生活中随处都能见到。中国传统的礼仪是对长辈叩首请安，平辈中拱手作揖或打千问安，现代礼仪则是握手问好。西方人则是拥抱亲吻，已人人习知。但比较一下中西方在公共场合的不同礼仪，仍能见出一些文化传统的不同。

法国人重视社交礼仪。无论购物办事，不相识的人，总要先互道"您好"，笑脸相向，离开时道声"再见"。开门出地铁口，前面的人出了门，总要继续侧身用手撑着门让后面的人出来，后面的又重复同一动作，以方便他人。进电梯出电梯亦如是。如遇女士，男士会侧身请女士先进或者先出，这已是公共场所的礼貌习惯。下班、换班时，下班的人总要一一向同事道再见，接班的人也会依次与正在上班的同事先打招呼。笔者有次去卢森堡公园的上议院参观，亲见一男子换班，即先与其他值班同事一一握手，然后履行自己的职责。这样的礼仪无疑加强了集体观念，我认为是值得仿效的。

中国人也有独到的礼仪，那就是尊老爱幼。无论在地铁或公共汽车上，如遇有老迈的人或年幼小孩，中国人大多会自然起立让座。稍留心你就会发现，如是老太太，会欣然接受，并用赞赏的目光看着你。若是老先生，则摆手婉拒。也许是老太太理解成"女士优先"的礼仪。公共汽车上有给老弱病残的专座，空间多些。你可常看到一些年青法国人坐在那儿，遇有老弱病残，并不理会，旁若无人。这种场合，中国人一般是看不下去的，因为这不符合中国人的礼仪。家人聚会，中国人习惯是先请老人坐下，方才落座。遇有出行，或请长辈先行，或前呼后拥。敬老尊老，这是中国人的传统文化中世代相袭的礼仪。西方人在这些方面并不考虑，满屋子人，各人自择座位。一家三代人出行，也并没有长辈在前在后的问题，各人随意。

第七章　涉外礼仪

知识点 2　日常涉外礼仪

一、见面介绍

在涉外交际场合，人们相互认识往往需要经过介绍。自我介绍时，要主动自然地讲清自己的姓名、身份等内容；为他人做介绍时，应说明被介绍人姓名、身份和与自己的关系。一般应遵循三个原则：把男士介绍给女士；把年轻人介绍给年长者；把身份低的人介绍给身份高的人。

介绍时要以手示意，不能用手指点；被介绍人应有礼貌地起立，微笑点头，并致以问候；彼此认识后通常要握手，握手时，主人先向客人伸手，身份高的先向身份低的伸手；男士被介绍给女士时，女士一般只微笑着问好，是否握手应由女士来定。

初次见面时，可主动双手向对方递上自己的名片，并将有文字的一面顺着对方；接受对方名片时，也应双手，并当即浏览，然后妥善收置，不可随意扔在桌上、放入裤兜或拿在手里把玩。

二、姓名称呼

由于各国历史背景和风俗习惯的区别，人的姓名排列顺序大体上分3类。

❶ 姓前名后	中国、朝鲜、越南、日本、蒙古、阿富汗、匈牙利和一些非洲国家。
❷ 名前姓后	欧美各国等。
❸ 有名无姓	缅甸、印度尼西亚。

按国际惯例，一般称男子为先生，称女子为夫人、女士、小姐。已婚女子称夫人，未婚女子称小姐。对不了解婚否的女子可称小姐，对戴有结婚戒指的可称夫人。这些称呼前均可冠以姓名、职称、头衔等，如"施密特先生""市长先生""上校先生""玛丽小姐""秘书小姐""护士小姐""怀特夫人"等。对部长以上的官员一般称"阁下"。君主制国家称国王、皇后为"陛下"，称王子、公主、亲王为"殿下"。

三、服饰仪容

日常生活中，不同场合有着不同的服饰要求。非正式场合往往衣着随便，讲究宽松舒适；正式、隆重、严肃的场合，如出席宴会或参加会谈时，则要求男士穿西服，女士着套装或礼服，做到整洁大方、穿着得体、恰到好处。

男士穿西服要注意外衣、衬衫和领带颜色的和谐，衬衣内不宜穿高领棉毛衫，西服内若穿有毛衣或背心，领带一定要放在毛衣或背心的里面。领带夹是用来将领带固定在衬衣上的装饰品，不能夹在西服的驳领上。穿西服同时还应注意将头发梳理平整，脸面刮净，再配上整洁的皮鞋，千万不可配穿旅游鞋或布鞋。

女士的套装最好选用单色，不要配迷你裙。穿裙子需配穿长袜和高跟皮鞋，忌穿露出袜口的短袜，更不可用毛裤或健美裤代长袜。另外，女士出席正式场合应适度化妆，根据个人爱好配戴耳环、项链、戒指等首饰，但不可弄得一身珠光宝气，以免显得造作和俗气。

四、西餐礼俗

吃西餐讲究文雅，就餐时，要求坐姿端正，不可以手托腮或臂肘交叉放在餐桌上。坐定后将餐巾打开，平铺在腿上，不能将餐巾吊在领口（婴幼儿除外）。西餐餐具与中餐不同，一般有刀、叉、匙、盘、杯等，使用时通常是右手拿刀，左手拿叉，切下一小块后直接用叉送入口中。吃面包时，应撕成片后送入口中，不能拿起整块面包用嘴直接啃。喝汤时，应用汤勺舀起一勺一勺地喝，不能端起汤碗直接喝，最重要的是千万不要喝出声来，汤太烫时，不能用嘴吹，要想冷得快，唯一的方法是用小勺轻轻搅拌。喝酒或饮料时要先擦擦嘴再喝，以免将嘴上的油渍遗留在杯口上。

进餐时，一面嚼东西一面交谈是不礼貌的。同桌人可相互敬酒，但绝对不能劝酒。用餐时也不能抽烟。万一有东西嵌入牙缝时，可以用餐巾抿嘴偷偷取出，如果不能简单取出，就借故去一下洗手间再想办法，千万不可当桌用手指或叉子剔。喝茶或咖啡时如愿加牛奶和糖，自取后用小茶匙搅拌，搅好后将茶匙放在小碟内，不要插在杯中。喝时应端起杯子就口慢慢喝，不要用勺舀，也不要端起杯子一饮而尽。

自助式西餐，取食时应沿菜台按顺时针方向移动，以免与人发生碰撞。要掌握好分量，以少为宜，不够再取，切勿浪费。

吃好后暗示服务生收拾餐具的方法是：将刀叉合拢并列放在盘子中间。

五、礼貌用语

"您好" "早上好" "谢谢" "对不起" "请原谅" "没关系" "再见" "晚安" 等客气话是经常挂在我们嘴边的口头禅。涉外交往中，我们更要很好地使用这些礼貌用语。

人们走在路上，特别在厅堂、楼梯、走廊里"狭路相逢"时，即使相互并不认识，也要问声好，人多而不能一一问候时，至少也要微笑点头致意。

俗话说："礼多人不怪。"涉外社交场合经常不忘致谢和道歉，非但不会降低你的身份，只会博得人们对你的尊敬和好感。

六、拜访礼节

到外国人办公室或住所（宾馆），均应预先约定、通知，并按时抵达。如无人迎候，进门前先按门铃或敲门，得到主人应允后方得进入。如无人应声，可再次按门铃或敲门（但按门铃时间不要过急过长）。无人或未经主人允许，则不得擅自进入。

进入室内，如说话所需时间较短，则可不必坐下，事毕也不要逗留；如所需时间较长，则要在主人邀请之下方可入座。在没有预先安排的情况下，谈话时间尽量不要过长。如需洽谈，应安排在宾馆其他合适的场所进行。

七、对外赠礼

在涉外交往中，为了表达友谊、祝贺或为了纪念，往往需要送一些小礼品。选择礼品时应考虑到客人的爱好、习惯和忌讳，同时应考虑具有一定的纪念意义、民族特色、艺术价值和实用价值，一般可选用本地小件土特产、工艺品、纪念品、水果或鲜花等。赠送的礼品要用礼品纸包扎，并用彩带系上花结。外国人接到礼品后往往有当面打开包装并加以欣赏、赞赏的习惯，当遇到这种情况时，送礼人可进一步对礼品做一些介绍说明。

你知道吗

日本沐浴文化为何教人谦逊

1. 以谦卑姿态聆听自然

近几年来，"东方热"在西方国家里极度风靡。但是，西方艺术家们却缺乏对东方人文、哲学、宗教、精神等方面的感知。他们在日式园林创作上遭到的失败便是典型的例子。究其原因，是因为他们没有"日式"般俯首谦逊地去聆听自然。

1500多年来，在对中国园林的借鉴和思考中，日本人创造了许多风景宜人的园林景观。在传统的"天人合一"之外，日本园林更注重教人谦逊，因为他们认为，造园者只是自然的学生，不论人怎样努力尝试，自然的力量永远是巨大的，值得人学习的。

2. 凝视太阳升起的地平线

你可能觉得不可思议，日本人好像特别喜欢沐浴，就连他们的园林设计中，浴缸也占据了很重要的地位。

日本人绝不会错过任何观赏风景的时机，特别是在身心放松的洗浴中；这对日本人而言，不光是身体的洁净和舒坦，也是心灵的升华和凝练。于是，必然地，在接近园林景致的一隅，浴缸被埋在了地里而非突出于地上；浴缸和园子中也许有一道透明的玻璃隔断，但无论如何绝不会有视线阻隔。这样，当人躺于浴缸中时，视线就正好和地平线化为一致，而人的视平面也与地平面化为了一体。

3. 反省自身会站得更高

更高的视线，往往代表了强势的角度，但也关联着霸权、强迫、征战杀戮和愚昧无知；而越放低视线，越接近大地，才能真正认识人与自然、与其他生命的关系，才能获取更高的智慧。

这种思想其实是从中国古典文化中一脉传承下来：老子的"涤除玄鉴"，易经中的"虚一而静"，宗炳的"澄怀观道"，郭熙的"身即山川而取之"……无不提出这个思想。

日本人则通过浴缸设计，为人们提供了自省的机会。人在清洁躯体的同时，涤荡心灵的尘埃，这时，你会重新领略自然界的力量。

更为重要的是，这种放低视线的自省，代表了人和自然将以何种关系交往。和日本园林本身尊敬自然的精神合二为一，这正是西方艺术家们所未能领略到的"聆听自然"的精神。

4. "同浴"文化代表回归天真

日本不仅通过园林中的浴缸设计使人们放低视线，在其"同浴"传统里，这种精神依然存在。

日本历来有着男女同浴、父母与孩子同浴的传统，乍一想似乎有点色情和奇怪。

按照日本心理学者的解释："人类生来便有回归母亲胎内的愿望，泡在浴缸就像漫泡在母腹羊水中似的，有一种安全感和安心感，因此泡澡后有从疲劳中解放出来的感觉，觉得很快乐。"

与欧美的群体性感官性狂欢式的"快乐"不同，日本人的快乐表现为：个体、内向、内省、追求精神上的极乐净土。

在这种自省式快乐的同浴里，没有穿着金衫与披着草褂的区别，只有自然赋予人类的差别，彼此坦诚而无隔阂。特别是在以男性为强势的日本，呼唤男性放低视线，平等正视女性，这层意义显得更为可贵。

第七章 涉外礼仪

知识点 3 涉外礼宾礼仪规范

一、迎送

1. 迎宾的准备工作

（1）**了解外宾的情况**。不论外宾主动来访，还是受本地组织的邀请来访，都应了解来访的目的，要求，会谈的内容，参观的项目，来访路线，交通工具，抵达和离开的具体时间，来宾的人数、姓名、性别、职务，来宾的生活习惯、个人爱好、饮食禁忌等。可能的话，索取有关书面材料，以便确定接待规格和日程安排。

（2）**确定接待规格**。接待规格就是对外宾的礼遇规格。接待规格的高低表现在安排礼仪活动多少、场面规模大小、招待的档次、迎送陪同人员职务的高低等方面。这要根据来宾的情况和本组织的情况来确定相应的规格，与我方关系密切者，可以破格接待。

（3）**安排访问日程**。包括迎送、宴请、会见、会谈、晚会、参观、交通工具、下榻宾馆等项目。日程的安排应考虑对方的愿望、风俗习惯、宗教信仰、日程。力求详细、具体，确定后，应译成来宾使用的文字，打印好，供双方使用。

（4）**其他准备工作**。要事先与有关交通部门联系好，核实客人的班机或车船班次的抵达时间，安排好迎送车辆，订好客人下榻的客房及膳食。如对所接宾客不熟悉，又无我方陪同人员同机（车、船）到达时，则要准备好接站牌，并且要提前抵达迎接地。对身份比较高的外宾还应准备好鲜花。

2. 迎宾礼节

在外宾抵达时，由适当的人员前往机场、车站迎接，表示欢迎，并妥帖安排各项礼仪程序和活动。这是外宾进入国门后的第一项正式活动，各国对此都十分重视。在外宾结束访问离开时，则要给予热情欢送，使访问得以圆满结束。在外宾进行访问期间，还可能到国内各个城市参观访问，也要有迎有送。所以，迎送不仅是一般的迎来送往，

而是对外交往中一项重要的礼仪活动。

迎送的安排,视来访者的身份地位,都有一定的规格。有时,为了表示双方的特殊关系,对迎送可破格安排。

(1)迎接。外宾走下飞机(车、船)后,我方应上前表示欢迎,说一些"欢迎您,××先生""欢迎光临××地""一路辛苦了"之类的问候语。通常由我方公关人员或接待翻译将前往欢迎的人员按身份依次介绍给来宾,亦可由我方中身份最高者或熟悉来宾的人员出面介绍。有的国家,如日本的客人习惯以交换名片来介绍自己的姓名和身份。如果双方是初次见面,应首先将自己的名片递给对方,使对方一目了然,这也是一种有效的介绍方式。

双方见面,按国际惯例,一般行握手礼。外宾由于国籍、习俗的不同,可能还要向我方行不同的拥抱礼、亲吻礼、鞠躬礼等,我方均应做相应表示,不可推卸或流露勉强表情。

献花适用于礼遇较高的外宾,献花须用鲜花或由鲜花扎成的花束。献花时要注意保持花束整洁、鲜艳。通常由儿童或女青年向贵宾献花。在迎送的主要领导人与客人握手后,献花人员将花献上,并向来宾行礼。

(2)陪同乘车。**外宾抵达后,从机场、车站、码头到下榻地及访问结束,一般都要安排迎送人员陪同乘车,有的安排主人陪车。**主人陪车,应请主宾坐在主人右侧,随员坐在司机旁边。上车时,客人从右侧门上车,主人从左侧门上车。如果客人已先上车并坐在了主人位置上,则不宜再请客人挪换座位。

同学们,请讨论一下,你们坐车时一般是喜欢坐在哪儿?为什么?

关于车的前排与后排,我国和亚洲许多国家习惯以后排的右边座位为上,主人陪同客人坐于轿车后排,以示敬意。然而欧美有些国家却把前排视为上座,他们认为前排座视野开阔,便于观望景色,而把客人安排在后排视为"失礼"。

主客人上车后,主人应通过交谈来活跃车内气氛,主要话题是本地风土人情、人文景观等,如介绍沿途景点,并将事先准备好的日程表送到客人手中,以便于他们安排私人活动或回访、宴请等时间,同时还应将客人下榻的酒店情况做较详细的介绍。

(3)下榻。**依照惯例,通常将外宾安排到条件优越、设施完备的涉外饭店里住宿。**客人到达住处后,迎送人员应陪至客房,但不要停留太久。在可能的情况下,对对方的各种生活需要尽可能地予以满足。但应注意的是,对外宾的关心、照顾,应以不妨碍对方私生活为准。

3.送别的礼节

在外宾结束了在本地的访问,即将离别之际,接待方必须认真做好话别和送行工作。按照涉外礼仪的规范,当外宾正式离开本地的前一天,主人应专程前往外宾下榻处探望,

第七章 涉外礼仪

并正式与之话别。送行时，送行人员应在客人起程之前到达送行地点，如有送别仪式，应在仪式之前到达。外宾在正式登机、登车或登船离开之前，前往送行的有关人员应按照一定的顺序列队与对方一一握手道别，并预祝对方旅途愉快。当外宾乘坐的交通工具正式起程离开后，送行的人员方可离去。

你知道吗

新加坡风俗礼仪

新加坡人接待客人一般是请客人吃午饭或晚饭。和新加坡的印度人或马来西亚人吃饭时，注意不要用左手。到新加坡人家里吃饭，可以带一束鲜花或一盒巧克力作为礼物。谈话时，避免谈论政治和宗教。可以谈谈旅行见闻，你所去过的国家以及新加坡的经济成就。

由于新加坡居民中华侨多，人们对色彩想象力很强，一般对红、绿、蓝色很受欢迎，视紫色、黑色为不吉利，黑、白、黄为禁忌色。在商业上反对使用如来佛的形态和侧面像。在标志上，禁止使用宗教词句和象征性标志。喜欢红双喜、大象、蝙蝠图案。数字禁忌4、7、8、13、37和69。

新加坡是一个文明的国家，讲究礼貌已成为他们的行动准则。在新加坡进行贸易谈判时，不要跷二郎腿，否则将破坏成交机会。假如不知不觉把一只脚颠来颠去，以至鞋底朝向了对方，这笔买卖就要告吹了。哪怕是无意中稍微碰了对方一下，也会被认为是不可忍受的。

为了使人人都讲礼貌，新加坡政府对礼貌还做了一些规定。店员礼貌：顾客临门，笑脸相迎；顾客选购，主动介绍，百挑不厌；顾客提问，留神听取，认真解答；顾客离去，热情欢送，礼貌道别。邻里之间的礼貌：邻居见面要互相问候，逢年过节要邀邻做客，帮助邻居照看房屋，利用公共场所时，要时时为别人着想。新加坡待人接物总是笑脸相迎。如用完公用电话，就会笑着对等候的人说："对不起，让您久等了。"甚至街头宣传文明礼貌的宣传画上面也都印着一个笑容可掬的人物像和一些口号，如"处世待人，讲究礼貌""人人讲礼貌，生活更美好""真诚微笑，处世之道"。夜晚，五颜六色宣传礼貌的幻灯标会不停地闪动。内阁部长和议员们也经常到人民群众中去演讲文明礼貌的重要性。就连警察对违反交通规则的人处以罚款时，也总是笑眯眯的。因此，新加坡人诙谐地说："就怕警察微笑。"——他一笑就得掏腰包。因为到处都有笑脸，所以外国人到新加坡总有"宾至如归"之感。

商务活动一般穿白衬衫，着长裤，打领带即可。访问政府办公厅仍应着西装、穿外套。新加坡大部分人为华侨或华裔，因此他们也很爱饮茶。农历新年，一盅清茶，佐以橄榄，称为"无宝茶"，寓意恭喜发财。应邀赴宴宜注意言行，给予对方稳重、可信赖之感。

新加坡人把一种名叫"卓锦·万代兰"的胡姬花（即兰花）作为国花，有卓越锦绣、万代不朽之意。胡姬花就是兰花，东南亚人民通称兰花为胡姬花。

新加坡人非常讨厌男子留长发，对蓄胡子者也不喜欢。在一些公共场所，常常竖有一个标语牌："长发男子不受欢迎"。新加坡对嬉皮型留长发的男性管制相当严格，留着长发、穿着牛仔装、脚穿拖鞋的男士，可能会被禁止入境。尤其是年轻人，出国时必须穿得清清爽爽，不要把头发留得长可及肩。

商务旅游最好选择在3—11月，避免在圣诞节及中国农历新年前后进行，因为每年10月至翌年1月份为雨季。

二、会见与会谈

凡身份高的人士会见身份低的，或主人会见客人，称为接见或召见。反之，凡身份低的人士会见身份高的，或是客人会见主人，称为拜会或拜见。接见和拜会后的回访称为回拜。

会谈是指双方就某些重大的政治、经济、文化及其他共同关心的问题交换意见。会谈内容较为正式，且政治性或专业性较强。

会谈首先要组成专门班子，确定主谈人。我方主谈人的职位要与对方主谈人的职位相同或相近。会谈人数大体双方相等。其次是准备会谈提纲，如需在会谈结束时双方签署《会谈纪要》或《协议书》，应事先草拟好文本。

在国际交往中，会见与会谈是一种十分重要的交往方式。因为，它既具有礼仪性，又具有实质性。它有广泛的适用范围，可以在不同的层次和各个不同方面的人员中进行。

国家领导人之间的会见与会谈，无疑具有最为重要的性质。在历史上，一些国家领导人之间的会见与会谈，曾经就对当时各国人民命攸关的重大的问题，达成妥协与谅解，成为具有深远影响的历史事件。

正式会谈的人员，亦应事先商定。在一般情况下，各方参加人员的名单、职务等，由各方自定后，只要通知对方并取得大体平衡，就不会产生什么问题。关于会见或会谈的时间与地点，也应由双方协商同意。通常认为，只要对双方便，并大体符合对等原则，就不难取得一致意见。但有时候，由于涉及的问题比较敏感，在这类问题上也会产生一些周折。

美国总统会见外宾，大多在他的椭圆办公室里进行。总统与客人分坐壁炉两边，进行谈话。

正式会议通常用长方形或椭圆的桌子。双方相对而坐。主谈人坐在正中间,他的两侧为各自的代表团成员。译员通常坐在主谈人的右侧,也有的国家坐在后边。如以会议室的正门为准,通常主方占背门一侧或左边一侧,客方面向正门或在右边一侧。

正式会谈时,在会场挂两国国旗或在会谈桌上放置双方小国旗。在每个人的位置上放置座位卡,并放一些纸、笔以及水杯和矿泉水。如会谈时间过长,可在休息时上咖啡、茶及小点心等。如会谈规模较大,可放置无线的扩音器。如会谈参加者只有少数人,亦可考虑不用长桌,而只用沙发。座位排列可参照会见的办法。会谈由主谈人主持,其他人员未经主谈人许可,不得随便发表意见。如有不同看法,可写条子递给主谈人,供主谈人参考。如主谈人请大家做补充发言时,其他人可按主谈人的谈话口径作适当补充,但不能提出与主谈人意见相反的看法。

主人一方应先到达会见、会谈场所,并在此迎候客人。如安排合影,则在双方见面后先合影,然后入座。会见、会谈结束后,主人送客到门口告别。

三、签字仪式

国与国之间缔结条约、协定,要经过双方全权代表签字。国家领导人之间互访时,发表联合公报、联合声明时,一般也要签字。两国政府的有关部门之间的经济、贸易、文化、科技、航运、侨务、体育等各项业务达成的协议、协定、议定书,也要经过签字。不同国家的企业、团体之间就合作项目达成的协议、合同、契约等也要签字才能有效。所有这些经过双方代表签字的文本(有时还要经过其他必要的批准手续),对双方具有约束力,为国际法所承认,具有相应的法律效力。

凡重要的条约、协定、议定书以及联合公报、联合声明和重大合作项目的协议书、合同等签字时,一般要举行签字仪式。属于一般性质的协议书、合同等,也可以由双方代表分别签字,然后交换文本;或者双方代表在一定场所会齐签字,而不举行仪式。

各国间的条约、协定、议定书以及联合声明、公报等的签字代表,均须具有相应的身份。和平条约、互不侵犯条约、友好合作条约、友好同盟条约等,通常由政府首脑或外交部长签字。

一般在签字厅设置一张长方桌作为签字桌,桌面覆盖深色台呢,桌后并列置放两把椅子,供双方签字人使用,主左客右。座前摆放各自保存的文本,上端分别放置签字文具,中间摆一旗架,悬挂签字双方的国旗。

双方参加签字仪式的人员进入签字厅,签字人入座,助签人分别站在签字人外侧,其他人员分主客各一方按身份顺序排立于各自的签字人座位之后。签字时,由助签人协助翻揭文本,指明签字处,本方保存的文本上签毕后,由助签人互相传递文本,再在对方保存的文本上签字,签妥后由双方签字人交换文本,相互握手。有时备有香槟酒,签字后,共同举杯庆贺。

四、国旗悬挂

国旗是一个主权国家的标志,代表一个国家的地位和尊严。人们往往通过悬挂国旗,表示对本国的热爱或对他国的尊重。在国际上,已经形成了一些公认的悬挂国旗的惯例。

1. 悬挂国旗的场合

- 按国际关系准则,一国元首、政府首脑在他国领土上访问时,在其住所及交通工具上悬挂其本国国旗。有的是元首旗,这是一种外交特权。
- 东道主国接待来访的外国元首、政府首脑时,在隆重场合,在贵宾下榻的宾馆、乘坐的汽车上要悬挂对方或双方的国旗或元首旗,这是一种礼遇。
- 一个国家的外交代表在接待国境内,有权在其办公处和官邸以及交通工具上悬挂本国国旗。
- 在国际会议上,会场悬挂与会国国旗。各国政府代表团团长亦可按会议组织者有关规定,在一些场所或在车辆上悬挂本国国旗。有些展览会、体育比赛等国际活动,也往往悬挂有关国家的国旗。在大型国际比赛中,还往往为获前三名的运动员升起其代表国家的国旗。

2. 悬挂国旗的礼仪

- 悬挂国旗时要挂正面,严禁倒挂。国旗要整洁,不能破损、有污染。
- 在建筑物或室外悬挂国旗,一般应日出升旗,日落降旗。升降国旗时,司职人员要庄严、肃穆。升旗时,要托起国旗的一角,不能使国旗触地,国旗一定要升至旗杆顶。其他在场人员要立正脱帽,行注目礼。
- 悬挂两国国旗,要右挂客方国旗,左挂主方国旗。左右方位是以旗面本身为准。有时两国国旗大小不一样,就要相应地放大或缩小。有的国旗文字、图案不能竖挂或反挂,这时需另制国旗,以将图案转正。
- 降半旗是一种致哀的挂旗方式,一般在特定致哀纪念日或重要人物逝世时悬挂半旗。下半旗时,先将国旗升至杆顶,然后降至距旗杆顶三分之一的地方。降旗时,也应先将国旗升至杆顶,然后再降下。
- 国际会议上,会场外须悬挂每个与会国国旗;国际性体育、展览等活动中,也要在有关正式场合悬挂所有与会国国旗。
- 悬挂双方国旗时,以右为上,左为下。两国国旗并挂,应以正面为准,右挂客方国旗,左挂本国国旗;汽车上挂旗,应以驾驶员左手为主方,右手为客方。双方对座会谈时,主客双方分别在各自主谈人桌上用旗架悬挂本国国旗。

第七章　涉外礼仪

你知道吗

美国社交场合中的礼仪

1. 见面礼节去繁就简

欧洲国家在传统上有一套烦琐的见面礼节，从握手、问候到互相介绍都有约定俗成的习惯。相形之下，美国人在人与人间的交往上就比较随便。在美国，朋友之间通常是熟不拘礼地招呼一声"hello"，哪怕两个人是第一次见面，也不一定握手，只要笑一笑，打个招呼就行了，还可直呼对方的名字，以示亲热。

但在正式场合下，人们就要讲究礼节了。握手是最普通的见面礼。在美国，握手时，男女之间由女方先伸手。男子握女子的手不可太紧，如果对方无握手之意，男子就只能点头鞠躬致意。长幼之间，年长的先伸手；上下级之间，上级先伸手；宾主之间，则由主人先伸手。

握手时应注视对方，并摘下手套。如果因故来不及脱掉手套，一定要向对方说明原因并表示歉意。还要注意人多时不可以交错握手，女性彼此见面时可不握手。介绍两个人认识的时候，要先把男子介绍给女子，先把年轻的介绍给年长的，先把职位低的介绍给职位高的。

2. 称呼随便，舍姓喊名

大多数美国人不喜欢用先生、夫人或小姐这类称呼，他们认为这类称呼过于郑重其事了。他们都喜欢别人直呼自己的名字，并把它视为亲切友好的表示。

人们初次见面，往往是连名带姓一起介绍，譬如说："我叫玛丽·史密斯。"这时对方可以随便叫她"玛丽"或"史密斯小姐"。常见的情况是，刚开始交谈的时候可能互相用姓称呼，过不了一会儿就改称名字了。

有时刚同一个美国人结识，不知如何称呼好，你可以只称先生或女士。这时，对方会很快理解你的心理，热情地告之："我叫詹姆斯·威尔逊，叫我詹姆斯好了。"或者"别叫我史密斯夫人，叫我萨利好了"。

的确，美国人之间，不论职位、年龄，总是尽量喊对方的名字，以缩短相互间的距离。美国有家刊物曾专就称呼问题在150种工商行业中做过调查，结果发现他们之中85%的称呼是只喊名字。

美国人很少用正式的头衔来称呼别人。正式的头衔一般只用于法官、高级政府官员、军官、医生、教授和高级宗教人士等。例如，哈利法官、史密斯参议员、克拉克将军、布朗医生、格林教授、约翰主教等。美国人从来不用行政职务如局长、经理、校长等头衔称呼别人。这一点和我们不同。

五、宴请

宴请分宴会、冷餐招待会、酒会、茶会等形式。

宴请的时间应对主客双方都合适，注意避开对方的重大节假日、有禁忌的日子和时间。例如，宴请基督教徒不要选 13 日，更不要选 13 日又是星期五；伊斯兰教徒在斋月内白天禁食，宴请应安排在晚上。

各种宴请活动，一般应发请柬，这既是礼貌，亦可对客人起备忘之用。请柬内容包括活动形式、时间及地点、应邀人的姓名、对服饰的要求、是否要求回复等。请柬行文所提及的人名、单位名、节日名称都应用全称。正式宴会最好能在发请柬之前排好席次，并在信封下角注明席次号。

正式宴会的席位、桌次高低以离主桌位置远近而定，右高左低。同一桌上，主人居中，主宾位于主人右侧，其他席位的高低以离主人的座位远近而定。外国的习惯是，男女交替安排。

宴会厅的布置应该严肃、庄重、大方。不要用红绿灯、霓虹灯装饰，可以少量点缀鲜花。

用餐前二十分钟，应将冷盘放好。凡是花式冷盘，如凤凰、孔雀、蝴蝶等拼盘，以及鸡鱼等，头要朝主位。食品、饮料摆好后，服务人员不要离开餐厅。宾主落座后，即可斟果酒、汽水等，斟酒斟水八分满即可。

宴会如有讲话，要拟好书面讲稿。通常宾主双方事先交换讲话稿。主、宾讲话在宴会开始时进行。主人、主宾讲话时，其他人员不得用餐。主桌首次起立祝酒时，其他桌也应起立祝酒；一般情况下，主桌祝酒之前，其他桌不可首先起立或串桌祝酒。

宴会进行中，主人和陪客应普遍地同外宾交谈，不要只和个别外宾或我方人员之间长谈而冷落其他客人。

便宴不排座位，不安排正式讲话，菜肴道数亦不多，气氛较随便。

工作进餐是现代国际交流中经常采用的一种非正式宴请形式（有时由参加人各自付费），利用进餐时间，边谈问题边进餐。此类活动一般只请与工作有关的人员。

冷餐会一般是在招待人数较多时举行，规格有高有低。冷餐会一般在较大的场所举行，设餐台、酒台，食品较丰富实惠。由客人自取餐具、自取食品。酒水由招待员端送，也可自取。

酒会，又称鸡尾酒会。除了鸡尾酒外，还有其他类的非烈性酒及各种果汁。食品多为三明治、面包托、炸春卷及香肠之类的小吃，人们可用牙签取食。一部分饮料和食品，应事先摆在茶几上；另一部分，由招待员随时以托盘端送。酒会可自由入座，也可不设座椅，站立进餐，以便于进餐者自由活动和攀谈。**酒会一般在中午和傍晚举行，时间较短。**

茶会是一种更为简便的招待形式，常在客厅或室外花园举行。不排席位，可以随便就座，主宾和主人坐在一起。茶会主要是请客人品茶（也有喝咖啡的），**茶叶、茶具的选择应该讲究。除茶之外，还可略备点心和地方风味小吃。**

六、文娱活动

各国的戏剧、音乐、舞蹈等艺术，鲜明地表现了不同民族的思维观念和生活方式，也反映了一个国家的文化发展水平。许多国家的首都和一些大城市里，都有漂亮的剧院。有的国家的大剧院，内有宽敞的休息厅，有的还有总统包厢。整个剧院富丽堂皇，是城市的主建筑之一，音乐厅的建筑也很讲究。人们把进剧院看戏，到音乐厅听乐，视为一种高雅的艺术享受。剧院、音乐厅成了城市社交中心之一。如有外宾来访，看戏、听音乐或参加其他形式的文娱晚会，便成为一项重要的日程安排。在国宾来访时，有时还要举行专场晚会。

剧院和音乐厅的规矩相当严格。必须按时到达，准时入场。 如果迟到，看戏必须等待一幕演完、音乐会奏完一曲后，来者方可入场，有时甚至要等到中间休息后，才能入场就座。

场内要保持安静。 特别是音乐会，在演出过程中，上千人的表演厅内，除了演奏的音乐声外，几乎是鸦雀无声。谈话、评论节目，有时甚至翻阅节目单的沙沙作响声，都会使邻座的人不高兴。咳嗽也要尽量避免，可以带一点止咳浆备用。

中间，当一段独舞或双人舞表演之后可鼓掌；听音乐则只能在曲终了之后才能鼓掌，不可在中间稍有停顿时鼓掌。

西班牙的习俗礼仪

西班牙位于欧洲西南部的伊比利亚半岛。

西班牙人对饮食极为爱好和讲究，因此，在西班牙境内，一流的餐馆为数不少。这里的餐馆以"叉子"的数量多少分为高低五等。餐馆通常每周休息一天，多为星期天或星期一。每天开市和收市的时间比欧洲其他国家晚些，只有在游客区内才会较早开市，或有些昼夜营业。

西班牙具有特殊风味的烹调术，是旅游资源的一个重要组成部分。塞哥维亚的烤乳猪，米兰达埃布罗的烤羊肉，巴伦西亚的以红色作配料的"巴戈亚饭"，曼卡的奶酪，比斯开湾的海味等，皆是脍炙人口的美食。西班牙全国有2万多间饭馆和餐厅，拥有120多万个座位，各式建筑保留着古老的民族风格，屋内装饰按传统风格布置，点油灯和蜡烛，使人仿佛回到了17～18世纪。在每家餐馆、店铺门前，多会摆放着其餐单，标出其明码实价，客人亦可先查问餐单后才决定是否光顾。总而言之，在西班牙享受一顿美食，绝对无须很大的花费。在西班牙，顾客到了早餐店里,只要对服务员说一声"啾罗",很快就会端出一份像中国油条一样的食品。"啾罗"意为"油棒子",出锅时有2丈多长,像一大堆卷起来的肠子,据说这技术是由中国水手传到西班牙的。

按照西班牙商人的商业习惯和礼俗,建议你随时穿着保守式样西装,内穿白衬衫,打保守式样的领带。在西班牙,通常在晚间赴宴或参观剧院也不是盛装出现。

在西班牙,商人和实物不可分离,只要有可能,客人应将产品的样品或者服务项目递送给或者介绍给主人。到西班牙做客的商人,在办公时间以穿黑色皮鞋为宜,不要穿棕色皮鞋。尤其在日落之后,一定要穿黑色的鞋子,因为西班牙人历来就喜欢黑色。喜欢狮子、鹰、花卉、石榴,而不喜欢山水、亭台、楼阁。西班牙人是拉丁血统的人,性格开朗而纯朴。南北方有区别,北方的巴斯克人朴实而稳健,而南部的卡迈兰人,则因自古以来从事商业的关系,大多数是地地道道的商人,西班牙这个国家现在还遗留着阶级制度,即限于上流阶级的人,才能上大学,而一流公司的高层人员,则多为这些上流阶级的人所占据。因此,较低一级的公司,他们的领导人员就都是职业学校毕业的中等阶级的人了。但是,他们多数是从实际工作中训练出来的。因此,在经营方面,态度非常积极。谈判时,出面磋商的人也具备绝对的决定权,所以,商务谈判时我方也必须派遣相当的人员前往洽谈,否则,他们会不予理睬的。

拜会公司单位,必须要预先约会。最好持用有西班牙文、中文对照的名片,这样,会给会面和谈判提供方便。在首都马德里及全国最大商港和工业中心巴塞罗那的西班牙商人作风颇为贵族化及保守。西班牙人好朋友相见时,通常情况下男的要相互抱一抱肩膀,女的要轻轻搂一搂并亲吻双颊。商务活动见面和道别时,务必颔首、握手为礼。

西班牙人只有在看斗牛时才准时到达。许多西班牙商人不知"守时"为何物,上午11点到办公室,中午午餐即不见人,直到下午4:00~5:00方回办公室,往往又工作到8:00~9:00才离去。午餐一定在下午1:30以后,晚餐吃得很晚,到10点左右才开始。初抵西班牙,赴约前还是先吃点东西为妙。饭馆一般晚上9点才开门营业,到晚上11点才有大批吃饭的人光顾。

由于西班牙的气候温和,每日都有长时间的阳光,所以居民都不习惯早起,较其他欧洲国家的人起得更迟。

第七章 涉外礼仪

知识点 4 涉外礼仪禁忌

涉外禁忌是指在国际交往中，不同文化背景的人员之间在交往与应酬过程中应注意避免的事情。

世界经济一体化越来越发展的今天，涉外活动已经是经常而平常的事。在涉外活动中，不仅应做到尊重国际公众、礼貌待人，也应了解国外人们的种种忌讳，避免不礼貌情况的发生，这也是十分重要的礼仪内容。

一、数字的忌讳

西方人认为 13 是不吉利的，应当尽量避开，甚至每个月的 13 日，有些人也会感到忐忑不安。他们还认为星期五也是不吉利的，尤其是逢到 13 日又是星期五时，最好不举办任何活动。在日常生活中的编号，如门牌号、旅馆房号、层号、宴会桌等编号、汽车编号也尽量避开 13 这个数字。

"四"字在中文和日文中的发音与"死"相近，所以在日本与朝鲜等东方国家将它视为不吉利的数字，因此这些国家的医院里没有四号病房和病床。在我国也是如此，如遇到"四"，且非说不可时，忌讳的人往往说"两双"或"两个二"；另外，日语中"九"发音与"苦"相近似，因而也属忌讳之列。

二、食品的忌讳

信奉伊斯兰教的国家和地区的居民不吃猪肉和无鳞鱼；日本人不吃羊肉；东欧一些国家的人不爱吃海味，忌吃各种动物的内脏。

三、颜色的忌讳

日本人认为绿色是不吉利的象征，所以忌用绿色；巴西人以棕黄色为凶丧之色；欧美许多国家以黑色为丧礼的颜色，表示对死者的悼念和尊敬；埃塞俄比亚人则是以穿淡黄色的服装表示对死者的深切哀悼；叙利亚人也将黄色视为死亡之色；而巴基斯坦忌黄色是因为那是僧侣的专用服色；而委内瑞拉却用黄色作医务标志；蓝色在埃及人眼里是恶魔的象征；比利时人也最忌蓝色，如遇有不吉利的事，都穿蓝色衣服；土耳其人则认为花色是凶兆，因此在布置房间、客厅时绝对禁用花色，好用素色。

四、花卉的忌讳

德国人认为郁金香是没有感情的花；日本人认为荷花是不吉祥之物，意味着祭奠；菊花在意大利和南美洲各国被认为是"妖花"，只能用于墓地与灵前；在法国，黄色的花被认为是不忠诚的表示；绛紫色的花在巴西一般用于葬礼；在国际交际场合，忌用菊花、杜鹃花、石竹花、黄色的花献给客人，已成为惯例；在欧美，被邀请到朋友家去做客，献花给夫人是件令人愉快的事，但在阿拉伯国家则是违反了礼仪。

五、其他忌讳

在使用筷子进食的国家，不可用筷子垂直插在米饭中；在日本不能穿白色鞋子进房间，这些均被认为是不吉利之举；在信奉佛教的国家，不能随便摸小孩的头，尤其在泰国，认为人的头是神圣不可侵犯的，头部被人触摸是一种极大的侮辱；住宅门口上也忌悬挂衣物，特别是内衣裤；脚被认为是低下的，忌用脚示意东西给人看，或把脚伸到别人跟前，更不能把东西踢给别人，这些均是失礼的行为；欧洲国家，新娘在婚礼前是不试穿结婚用的礼服的，因为害怕幸福婚姻破裂；还有些西方人将打破镜子视作运气变坏的预兆；另外西方人不会随便用手折断柳枝，他们认为这是要承受失恋的痛苦的；在匈牙利，打破玻璃器皿，就会被认为是厄运的预兆；中东人不用左手递东西给别人，认为这是不礼貌的；英美两国人认为在大庭广众中节哀是知礼，而印度人则相反，丧礼中如不大哭，就是有悖礼仪。

试一试

请上网查一查，涉外礼仪中还有哪些是书中没有提到的。

你知道吗

德国的社交礼仪

1. 重视称呼

重视称呼,是德国人在人际交往中的一个鲜明特点。对德国人称呼不当,通常会令对方大为不快。

一般情况下,切勿直呼德国人的名字,称其全称,或仅称其姓,则大都可行。与德国人交谈时,切勿疏忽对"您"与"你"这两种人称代词的使用。对于熟人、朋友、同龄者,方可以"您"相称。在德国,称"您"表示尊重,称"你"则表示地位平等、关系密切。

2. 服饰礼仪

德国人在穿着打扮上的总体风格是庄重、朴素、整洁。

在一般情况之下,德国人的衣着较为简朴。男士大多爱穿西装、夹克,并喜欢戴呢帽。妇女们则大多爱穿翻领长衫和色彩、图案淡雅的长裙。

德国人在正式场合露面时,必须要穿戴得整整齐齐,衣着一般多为深色。

在商务交往中,他们讲究男士穿三件套西装,女士穿裙式服装。

德国人对发型较为重视。在德国,男士不宜剃光头,免得被人当作"新纳粹"分子。德国少女的发式多为短发或披肩发,烫发的妇女大半都是已婚者。

3. 餐饮礼仪

德国人是十分讲究饮食的。

在肉类方面,德国人最爱吃猪肉,其次才能轮到牛肉。以猪肉制成的各种香肠,令德国人百吃不厌。

德国人一般胃口较大,喜食油腻之物,所以德国的胖人极多。在饮料方面,德国人最欣赏的是啤酒。

德国人在用餐时,有以下几条特殊的规矩:

(1) 吃鱼用的刀叉不得用来吃肉或奶酪。

(2) 若同时饮用啤酒与葡萄酒,宜先饮啤酒,后饮葡萄酒,否则被视为有损健康。

(3) 食盘中不宜堆积过多的食物。

(4) 不得用餐巾扇风。

(5) 忌吃核桃。

4. 习俗禁忌

德国人在所有花卉之中，对矢车菊最为推崇，并且选定其为国花。在德国，不宜随意以玫瑰或蔷薇送人，前者表示求爱，后者则专用于悼亡。

白鹳是德国的国鸟。

德国人对黑色、灰色比较喜欢。

对于"13"与"星期五"，德国人极度厌恶。他们对于四个人交叉握手，或在交际场合进行交叉谈话，也比较反感。因为这两种作法，都被他们看作是不礼貌的。

德国人认定，在路上碰到了烟囱清扫工，便预示着一天要交好运。

在德国，星期天商店一律停业休息。在这一天逛街，自然难有收获。

向德国人赠送礼品时，不宜选择刀、剑、剪、餐刀和餐叉。以褐色、白色、黑色的包装纸和彩带包装、捆扎礼品，也是不允许的。

1. 简述涉外礼仪的特点及原则。

2. 日常涉外礼仪包括哪些？

3. 涉外礼仪禁忌有哪些？